CLV

Wang Ming-tao

Ein Stein wird geschliffen

CLV
Christliche
Literatur-Verbreitung e.V.
Postfach 110135 · 4800 Bielefeld 11

Originaltitel: A STONE MADE SMOOTH

Postfach 110135 · 4800 Bielefeld 11
Umschlag: Dieter Otten, Bergneustadt
Satz: CLV / C·S·E · Computer-Satzservice Enns, Bielefeld
Druck und Bindung: Druckhaus Gummersbach

ISBN 3-89397-323-0

Inhalt

Vorwort

Jahrelang habe ich bemängelt, daß es kaum Bücher über herausragende chinesische Christen gibt. Die christlichen Schriftsteller neigten dazu, sich auf Pioniermissionare aus dem Westen zu konzentrieren und versäumten häufig, den großen Einfluß chinesischer Männer Gottes aufzuzeigen.

Es gibt tatsächlich nur wenige Biographien bekannter chinesischer Christen außer der von Watchman Nee. Deshalb ist es erfreulich, daß A. Reynolds sich soviel Mühe gegeben hat, dieses Ungleichgewicht auszuräumen. Mit Wang Ming-tao hat er dabei eine besonders gute Wahl getroffen.

Wang Ming-tao wurde im Jahr des Boxeraufstands in Peking geboren und ist Chinese mit Haut und Haar. Ja, man könnte sagen, daß er eine regelrechte Verkörperung der Prinzipien des „Drei Selbst“ ist: Selbstversorgung, Selbstverwaltung, Selbstverbreitung.

Kein anderer bedeutender Christ im China des zwanzigsten Jahrhunderts hat klarer die Kraft des Evangeliums von Jesus Christus ausgesprochen oder schmerzlicher erfahren, was der Apostel Paulus als „die Gemeinschaft seiner Leiden“ beschrieb. Nachdem er aus 23jähriger Haft entlassen wurde, erzählte er, wie ihn die Worte des Propheten Micha (Kap. 7,8.9) gestärkt haben:

Ich aber, ich will nach dem HERRN ausschauen, will warten auf den Gott meines Heils; mein Gott wird mich erhören. Freue dich nicht über mich, meine Feindin! Denn bin ich gefallen, stehe ich wieder auf; wenn ich [auch] in Finsternis sitze, ist der HERR [doch] mein Licht. Das Zürnen des HERRN will ich tragen – denn ich habe gegen ihn gesündigt –, bis er meinen Rechtsstreit führt und mir Recht verschafft. Er wird mich herausführen an das Licht, ich werde seine Gerechtigkeit anschauen.

James H. Taylor III

Vorwort zur deutschen Ausgabe

„Ein Stein wird geschliffen“ ist die Autobiographie eines Mannes, der jahrzehntelang wegen seiner Unerschütterlichkeit, Kompromißlosigkeit und Hingabe an Christus das Vorbild einer jungen Generation Christen in China war, und wir sind dankbar, sie nun auch deutschsprachigen Lesern zugänglich machen zu können. Arthur Reynolds hat die englische Ausgabe bearbeitet und der Autobiographie interessantes Material aus Wang Ming-taos Schriften zugefügt. Dieses Werk war die Vorlage für unsere deutschsprachige Übersetzung.

Bereits vor ca. 30 Jahren gab es in deutscher Sprache eine Kurzfassung der Autobiographie Wang Ming-taos, die er wenige Jahre vor seiner Inhaftierung durch die Kommunisten am 8.August 1955 niedergeschrieben hatte. Auch Leslie Lyall hatte 1974 in einem kleinen Taschenbuch auf das Leben bekannter Männer in China wie Watchman Nee, David Yang und Wang Ming-tao aufmerksam gemacht. Ansonsten aber hörte man kaum etwas über diesen mutigen Zeugen Jesu, der wegen seiner christlichen Überzeugungen zunächst zu 15 Jahren und schließlich zu lebenslanger Haft verurteilt wurde, aus der er 1979 krank, aber nicht rehabilitiert entlassen wurde.

In den 80iger Jahren nahm dann die ÜMG (früher China Inland Mission) Kontakt mit Wang Ming-tao und seiner Frau auf, so daß vereinzelt Nachrichten über dieses Ehepaar in den Westen drangen. So wurde bekannt, daß der inzwischen fast völlig erblindete Prediger seit 1980 eine kleine, staatlich nicht registrierte Hausversammlung in Shanghai leitete.

Das Besondere an dieser Autobiographie ist die für europäische Christen ungewöhnliche – vielleicht sogar schockierende Offenheit und Aufrichtigkeit dieses Mannes. Kein Wunder, daß er – so Winrich Scheffbuch in einem Idea-Nachruf – von seinen Freunden „ein Mann von Eisen" genannt wurde, während seine Verfolger behaupteten, er habe ein „Herz aus Blei".

Auch die Ehrlichkeit, mit welcher der Autor die eigenen Charakterschwächen und Stärken und die seiner Frau schildert, wird manchen Leser zunächst eigenartig berühren. Aber genau dadurch wird die Lebensgeschichte dieses Mannes so hilfreich und herausfordernd. Hier wird nicht eine zurechtfrisierte Biographie eines abgeklärten Glaubenshelden erzählt, sondern die Geschichte eines von Natur aus furchtsamen Mannes geschildert, mit zunächst ehrgeizigen, menschlichen und fleischlichen Lebenszielen, die dem Leser aus eigenem Erleben nicht unbekannt sein dürften. Umso erstaunlicher und ermutigender ist, was Gott aus einem Leben machen kann, in dem Ihm die Verfügungsgewalt übergeben wird und wie Gott dann widrige Lebensumstände, Menschen und politische Situationen benutzt, um Christen christusähnlicher zu machen und so zu formen, daß sie ein brauchbares Werkzeug in Gottes Hand werden.

Ungewöhnlich ist auch, mit welch ungetrübtem Blick Wang Ming-tao die Mißstände der christlichen Gemeinden damals beurteilt hat. Sie unterscheiden sich nicht wesentlich von heutigen westlichen Zuständen – der Unterschied ist, daß wir uns hier im Westen mit Korruption und moralischer Fäulnis irgendwie abgefunden zu haben scheinen. Auch hier schärft uns der Autor das Auge für biblische Maßstäbe und ermutigt zu einem gehorsamen, von Gott abhängigen Glaubensleben, das nicht materielle Vorteile oder die Anerkennung der Masse, sondern allein Gottes Verherrlichung sucht.

Auch Leser, die in einigen Fragen wie Taufe, Gemeindestruktur usw. anders geprägt oder anderer Überzeugung sind, werden großen Gewinn von dieser Lebensgeschichte haben, denn sie macht einige offensichtliche Mangelerscheinungen heutiger Christen deutlich. Wie Unbestechlichkeit, Konsequenz, Verantwortungsbewußtsein und „heilige Rücksichtslosigkeit" in unserer Zeit aussehen können, wird hier beispielhaft vorgelebt.

Über das Leben Wang Ming-taos nach seiner Inhaftierung ist leider bisher kaum etwas bekannt geworden.

Wenige Stunden vor seiner Verhaftung hatte er über das Thema „Des Menschen Sohn wurde überantwortet in die Hände von Sündern" gepredigt und anschließend Kopien seines persönlichen Manifests verteilt, in dem er seine Überzeugungen und seine Sicht der Zeitereignisse niedergeschrieben hatte. Leslie Lyall berichtet, daß Wang Mingtao danach in den ersten Monaten der Haft einer gründlichen und brutalen Gehirnwäsche unterzogen wurde. Zuletzt brach er zusammen und unterzeichnete seine eigene Anklageschrift und bekannte sich antiautoritärer Handlungen für schuldig. Daraufhin wurde er aus dem Gefängnis entlassen und sein Geständnis in einer öffentlichen Versammlung vorgelesen.

Dieses Geständnis wurde als großer Sieg der Drei-Selbst-Reformbewegung gefeiert. Er selbst war psychisch krank, geistig zerrüttet und wurde von schweren Depressionen geplagt. Oft klagte er sich an mit den Worten „Ich bin Judas" oder „Ich bin Petrus". Er wußte, daß er seinen Herrn, dem er viele Jahre kompromißlos gedient hatte, verleugnet hatte. Bereits kurze Zeit später, als er wieder geistig zurechnungsfähig war, widerrief er öffentlich mit seiner Frau sein Geständnis, das er unter Druck unterschrieben hatte und welches in keiner Weise seinen eigenen Überzeugungen entsprach. Sofort wurde Wang Ming-tao wieder eingekerkert, seine fünfzehnjährige Haft wurde in „lebenslänglich“ umgewandelt, bis er nach 23 Jahren als kranker Mann entlassen wurde.

Am 28.Juli 1991 – drei Tage nach seinem 91. Geburtstag – wurde er von seinem Herrn in die ewige Herrlichkeit abgerufen. Sein kompromißloses Leben, seine Hingabe und Standhaftigkeit bleiben für uns eine Herausforderung, in einer von vielen Gefahren bedrohten Christenheit unerschrockene und eindeutige Zeugen Jesu Christi zu sein.

Wolfgang Bühne

Einleitung

Über 23 Jahre ohne Bibel! Über 23 Jahre ohne Gemeinschaft mit Christen! Über 23 Jahre ohne normale christliche Aktivitäten! Und keine Briefe, außer von der Ehefrau!

Das alles lag hinter dem Diener des Herrn namens Wang Ming-tao, als er im Januar 1980 aus der Haft in Peking entlassen wurde – aus einer Haft, die noch unter der vorhergehenden Regierung angeordnet worden war. Zum Zeitpunkt seiner Freilassung war er fast achtzig Jahre alt, und obwohl er körperlich von Schwäche gekennzeichnet war, war er im Geist doch noch stark. Wir wissen wenig von seinen Erlebnissen während der Haft, aber Bruder Wang selbst ist zufrieden, weil Gott alle Dinge weiß.

Wo können wir das Geheimnis seiner Standhaftigkeit angesichts starken und unablässigen Drucks lernen? Viel lernen können wir von dem, was er uns selbst in früheren Artikeln mitgeteilt hat, die er in seinen Heften „Geistliche Nahrung" veröffentlicht hat. Ausschnitte aus diesen Artikeln, die natürlich stark gerafft sind, liegen hier als Übersetzung vor. Ich habe versucht, Wiederholungen auszuräumen und einiges Material chronologisch anzuordnen.

Ein höchst spannendes Kapitel ist einem anderen Buch von Wang Ming-tao entnommen. Es beschreibt seine Erfahrungen während der Besatzung Pekings durch die japanische Armee. Ich selbst habe einst in einer besetzten Stadt in Nordchina gelebt und verstehe somit sehr gut, was Wang Ming-tao über diese Zeit schreibt, vor allem die ständige Angst vor dem Militär. Ich möchte hinzufügen, daß ich in Japan auch mit Glaubensgeschwistern zusammengearbeitet habe, und ich weiß, daß viele ihrer Verantwortlichen während des Krieges sehr viel gelitten haben, und dies auch unter der Politik ihrer eigenen Regierung. Was Bruder Wang erlebte, erlebten auch sie. Weil sie sich entschlossen hatten, Gott mehr zu gehorchen als den Menschen, mußten sie Verfolgung erleiden.

1980 wurde Wang Ming-tao aus dem Gefängnis entlassen. Seine Frau Jing-wun hatte zwanzig Jahre in Haft verbracht und war bereits früher freigelassen worden. Sie hat immer einen großen Beitrag zum Dienst ihres Mannes geleistet. Ihre geistliche Einsicht, ihr bemerkenswerter Mut und ihre christusähnliche Geduld kommen in diesem Buch deutlich zum Ausdruck.

Nur zweimal begegnete ich Bruder Wang Ming-tao, obwohl ich über Jahre hinweg seine Hefte gelesen habe. Einmal hörte ich ihn in einer großen, von Menschen überfüllten Halle in Nanking predigen. Ich war so beeindruckt, daß ich mich noch heute an ganze Abschnitte aus seiner Botschaft erinnere. Bei einer anderen Gelegenheit war er der Gastredner bei einem Treffen christlicher Studenten, und er unterhielt sich freundlicherweise zwischen zwei Veranstaltungen, an einem Glas Milch nippend, mit mir. Damals beeindruckte mich sowohl der Mensch als auch die Botschaft.

Obwohl Wang Ming-tao eigentlich der Pastor des Christians' Tabernacle in Peking war, war er überall in China ein sehr gefragter Redner bei besonderen christlichen Veranstaltungen. Nicht selten kam es vor, daß er sechs Monate im Jahr auf Reisen war. So war er auch nicht in Peking, als ich in seiner Gemeinde einen Gottesdienst besuchte. Wenn ich mich richtig erinnere, hieß der damalige Prediger Herr Kok, war niederländischer Diplomat und Mitglied von Wang Ming-taos Gemeinde.

Wang Ming-tao ist für mich nicht nur ein bemerkenswerter Gemeindeleiter. Er ist einer der herausragenden Prediger dieses Jahrhunderts. Und wenn ich dies sage, dann denke ich dabei an drei Dinge, die beim Predigen wichtig sind: Der Mensch, die Botschaft und die Präsentation. Das soll jedoch nicht zu der Annahme verleiten, Wang Ming-tao habe keine Fehler. Tatsächlich spricht er ja sehr offen von ihnen in diesem Zeugnis. Dennoch ist er ein Krieger, der, weil er den Blick nur auf das Ziel gerichtet hat, möglichen Wunden wenig Bedeutung beimißt. Er zeigt deutlich, daß er vorbereitet und willig ist, sein Leben für seinen Herrn hinzugeben.

Arthur Reynolds, 1981

KAPITEL 1

Ein aus dem Feuer gerissenes Brandscheit

Mein Leben begann ich in äußerster Armut. Wahrscheinlich haben wenige Menschen so erbärmliche Umstände kennengelernt wie ich.

Ich konnte nie herausfinden, woher meine Vorfahren stammten. Auch der Name meines Großvaters väterlicherseits sowie sein Beruf sind mir unbekannt. Ich habe auch keine Ahnung, ob andere Mitglieder meiner Familie noch leben. Mein Vater starb früh, und meine Mutter hatte sich für diese Dinge nie interessiert. Ich weiß nur, daß mein Vater Wang Dzu-hou hieß und daß er als junger Mann nach Peking gekommen war. Er arbeitete im Tong-ren Krankenhaus, das einer Missionsgesellschaft gehörte. Mein Vater und zwei andere Männer studierten täglich einige Stunden und arbeiteten einige Stunden. Schließlich wurden die drei als Ärzte im Krankenhaus angestellt.

Mein Vater war über dreißig, als er meine Mutter heiratete. Nach meiner ältesten Schwester wurden den beiden nochmals eine Tochter und danach ein Sohn geboren. Zuerst erkrankte jedoch das eine und dann das andere Kind, und beide starben. Ein weiterer Junge starb bei der Geburt. Das fünfte Kind war dann ich. Der Mädchenname meiner Mutter war Li und ihr Vorname Wun-i. Mit 10 Jahren, etwa 1880, wurde sie Schülerin der Mädchenschule in Peking, die von der Londoner Missionsgesellschaft geleitet wurde.

Im Jahr 1900 kam es zum Boxeraufstand, der eine Zeit des bitteren Leidens einläutete. Die Kaiserin Dowager schenkte den Berichten verrückter Beamter Glauben und bot den sogenannten Boxern Belohnungen an, wenn sie alle Ausländer und Christen umbrächten. Das führte zu einer Katastrophe, und die alliierten Armeen zogen in Peking ein.

In Pekings Straßen herrschte das Chaos, alle Ausländer suchten Zuflucht im Gesandtschaftsviertel. Die chinesischen Christen folgten ihnen. Unter ihnen waren auch mein Vater und meine Mutter mit ihrer kleinen Tochter, meiner ältesten Schwester. Zu den um das Gesandtschaftsviertel formierten Boxern traten die Truppen der Ching-Dynastie hinzu, und mit vereinten Kräften feuerten sie Schüsse auf das Viertel ab. Mein Vater kletterte währenddessen auf die Mauer, um nach draußen zu schauen. Als er wieder herunterkam, berichtete er meiner Mutter von dem starken Heer der Boxer und Regierungssoldaten draußen und daß es ihnen früher oder später möglich sein würde, gewaltsam in das Gesandtschaftsviertel einzudringen.

In den Flüchtlingen erwachte die Angst davor, vielleicht eines grausamen und schmerzvollen Todes zu sterben. Wäre es nicht sogar besser, sich das Leben zu nehmen? So verging nicht viel Zeit, bis jemand meiner Mutter die Nachricht brachte, daß mein Vater Selbstmord begangen habe. Er wurde sofort begraben. Mein Vater und meine Mutter waren nur sechs oder sieben Jahre verheiratet gewesen, als sie auf diese Weise Witwe wurde. Ich war damals noch nicht geboren, und meine Mutter blieb mit einem kleinen Mädchen zurück.

Die Kämpfe verschlimmerten sich täglich. Flüchtlinge durchschwammen den Fluß von Ost nach West. Ich wurde am 29. Tag des 6. Monats des Mondjahres (am 25. Juli des Sonnenjahres) an unserem Zufluchtsort geboren. In unserer Situation war es nicht möglich, die Hilfe einer Hebamme zu bekommen, und so nahm meine Großmutter diese Stelle ein. Als sie sah, daß ich ein gesunder Junge war, freute sie sich und gab mir den Namen „Eisen“. Als ich klein war, gefiel mir der Name überhaupt nicht. Später jedoch rief mich Gott in Seinen Dienst, und ich las Seine Worte an den Propheten Jeremia (siehe Kapitel 5): *Und ich, siehe, ich mache dich heute zu einer befestigten Stadt und zu einer eisernen Säule und zu einer ehernen Mauer gegen das ganze Land, sowohl [gegen] die Könige von Juda als auch seine Obersten, seine Priester und das Volk des Landes. Und sie werden gegen dich kämpfen, dich aber nicht überwältigen, denn ich bin mit dir, spricht der HERR, um dich zu erretten.* (Jeremia 1, 18.19). Als ich diese Verse gelesen hatte, erkannte ich die tiefe Bedeutung des Namens, den mir meine Großmutter als Kind gegeben hatte. Es war der Wille Gottes gewesen.

Als ich geboren wurde, war mein Vater bereits einen Monat und drei Tage tot. Ich habe ihn weder in Wirklichkeit noch auf einer Fotografie jemals gesehen. Damals ließ man höchst selten Fotografien anfertigen. Die wenigen Fotos, die wir damals besaßen, gingen in den Unruhen der damaligen Zeit verloren. Daß ich meinen Vater verloren hatte, bekümmerte mich sehr. Aber ich danke Gott dafür, daß die Not der damaligen Zeit schließlich der Freude von heute weichen mußte.

Nach dem Ende der turbulenten Ereignisse des Boxeraufstandes konnten die Flüchtlinge das Gesandtschaftsviertel verlassen und nach Hause zurückkehren. Manche besaßen kein Zuhause mehr, in das sie hätten gehen können. Mein Vater hatte im Tong-ren Krankenhaus gearbeitet, und so hatten wir auf dem Krankenhausgelände gewohnt. Nachdem er gestorben war, war es natürlich unmöglich, daß meine Mutter weiterhin dort leben konnte. Sie mußte woanders eine Unterkunft finden, und so mietete sie ein kleines Haus in Gan-yu Hutong.

Obwohl meine Mutter als Schülerin die Mädchenschule der Londoner Missionsgesellschaft besucht hatte, besaß sie keinerlei Geschäftssinn. Mit einem fünf- oder sechsjährigen Mädchen und einem Baby war es ihr noch weniger möglich, arbeiten zu gehen. Glücklicherweise erhielt die Kirche nach dem Boxeraufstand Entschädigungsgelder, so daß meine Mutter mehrere Unzen Silber bekam, mit denen sie für sich und ihre Familie sorgen konnte. Nach einiger Zeit wurde das Haus zum Verkauf angeboten, und meine Mutter besaß genügend Geld, um es kaufen zu können.

Das Leben zu Hause

Als das Geld meiner Mutter nach einiger Zeit knapper wurde, konnte sie einige Zimmer vermieten und dieses Einkommen für unseren Lebensunterhalt verwenden.

Mit zwei kleinen Kindern wurde es jedoch immer schwieriger für sie, für unseren Unterhalt zu sorgen. Jeden Tag aßen wir Maismehl und andere grobe Körner. Ein weiteres Problem war, daß meine Mutter überhaupt nicht gerne kochte. Manchmal bekamen wir nur eine Mahlzeit am Tag. Und wenn unser Magen vor Hunger allzusehr schmerzte, gingen wir auf die Straße und kauften uns ein paar gebackene Kuchen. Als meine Mutter älter wurde, sagte sie oft, daß es ihr lieber war zu hungern als zu kochen. Der Tod meiner zweitältesten Schwester wurde auch tatsächlich darauf zurückgeführt, daß sie ihre Mahlzeit nicht zur rechten Zeit bekommen hatte und dadurch vor Hunger krank geworden war.

Das bedeutet jedoch nicht, daß meine Mutter faul war. Von morgens bis abends wollte sie sich nicht die geringste Ruhe gönnen. Sie liebte es, zu waschen und zu nähen, fegte gerne die Wohnräume und den Hof. Und sie las gerne die Zeitung. Ja, das einzige, was sie verabscheute, war das Kochen. Deshalb war das Essen, das ich als Kind bekam, nie gut, und wir nahmen unsere Mahlzeiten nie zur rechten Zeit ein. Verständlicherweise wirkte sich dies negativ auf meinen Körper aus, und ich war häufig krank. Es war ein Glück, daß meine Großmutter viele Jahre bei uns lebte, denn sie kümmerte sich oft um unsere Mahlzeiten. Sonst wären wir vielleicht vor Hunger ernsthaft krank geworden.

Die geringen Mieteinnahmen meiner Mutter reichten natürlich für den Lebensunterhalt von drei Personen nicht aus. Einige Jahre später ließ meine Mutter auf einen Ratschlag hin ein Nebengebäude in ein Zimmer umbauen, das sie somit ebenfalls vermieten konnte. So stieg unser Einkommen leicht in die Höhe. Später hatte meine Mutter noch genügend Geld, um noch weitere Zimmer einzurichten.

Mit anderen auf engstem Raum

Meine Großmutter und meine Tante lebten bei uns. So waren wir also mit den 8 übrigen Familien etwa 30 Hausbewohner. Obwohl wir auf diese Art unser Einkommen vergrößerten, blieben doch viele Probleme und Schwierigkeiten nicht aus. Unsere Mieter waren häufig unvernünftig und laut. In unserer Familie war kein erwachsener Mann, und wir genossen kein besonderes Ansehen, so daß unsere Mieter uns ausnutzten. Sie bezahlten ihre Miete nicht, sie waren unverschämt, sie fluchten, sie trafen sich zum Glücksspiel, und sie ließen sich auf zwielichtige Aktivitäten ein.

Als Vermieterin befand sich meine Mutter in einem Dilemma. Sollte sie eingreifen oder nicht? Angenommen, sie mischte sich nicht ein. Wenn dann etwas Schlimmes passierte, müßte sie als Vermieterin die Verantwortung tragen. Was würde aber geschehen, wenn sie sich einmischte? Die Mieter würden ihre Proteste aller Wahrscheinlichkeit nach überhaupt nicht zur Kenntnis nehmen. Außerdem hatte meine Mutter ein aufbrausendes Temperament. Bei Auseinandersetzungen mit den Nachbarn war es nie mit einem einfachen Wortwechsel getan. Sie führten vielmehr immer dazu, daß meine Mutter in Wut geriet. Deshalb versuchte sie, sich zurückzuhalten und nichts zu sagen. Wenn sie die Lage nicht mehr ertragen konnte, regte sie sich so auf, daß sie krank wurde. So fragte sie sich auch, ob sie nicht aufhören sollte, Zimmer zu vermieten. Das würde jedoch bedeuten, daß wir auf unsere einzige Einnahmequelle verzichteten. Andererseits mußten wir eben, wenn wir die Zimmer vermieteten, die Unbequemlichkeit in Kauf nehmen, mit anderen auf engstem Raum zusammenzuleben.

Unglückliche Witwe und Halbwaisen! So lebten wir über Jahre hinweg. Damals war ich noch zu klein, um die Liebe meiner Mutter zu verstehen und mit ihr Mitleid zu haben. Aber ich erkannte, daß es schwierig für sie war, für unseren Unterhalt zu sorgen. So machte ich es mir zur Gewohnheit, mit einem Korb oder einen Sieb dorthin zu gehen, wo die Reichen ihren Abfall hinwarfen. Ich sammelte Abfall, den ich zum Feuermachen nach Hause mitnahm. So konnten wir unsere Ausgaben für Heizmaterial ein wenig senken. Das tat ich jahrelang. Selbst als ich schon zur Schule ging, sammelte ich jeden Morgen, bevor ich mich mit meiner Schultasche auf den Weg zur Schule machte, Abfall. Erst als ich 12 Jahre alt war und ins Internat kam, gab ich diese Arbeit auf. Im Winter benutzten wir einen Ofen, den wir aus einer alten Petroleumkanne gebastelt hatten, zum Kochen und Heizen. Meine Kleider waren dünn, und an meinen Händen und Füßen hatte ich Frostbeulen. Meine Hände waren so rissig und schmerzten so sehr, daß es fast unmöglich war zu schreiben.

Ein wissensdurstiger Junge

Von klein auf lernte ich sehr gerne. Immer wieder ging ich mit einem Buch zu meiner Mutter und fragte sie, wie ein bestimmtes Schriftzeichen ausgesprochen wird oder was seine Bedeutung ist. Meine Mutter verbrachte nicht viel Zeit damit, mir etwas beizubringen, aber ich stellte ihr ständig Fragen.

Ich las nicht nur gerne, sondern dachte auch gerne über Dinge nach. So sann ich über viele allgemeine Probleme nach. Drei Fragen, die mich besonders beschäftigten, waren: „Welchen Sinn hat das menschliche Leben wirklich?" „Wohin geht der Mensch nach dem Tod?" „Gibt es etwas über den Tod hinaus?"

Ich stellte diese Fragen verschiedenen Menschen. Immer lautete die Antwort: „Jeder muß sterben." Was jedoch die Frage angeht, was nach dem Tod geschieht, so fielen die Antworten sehr unterschiedlich aus. Einige sagten: „Tot, tot, tot, und das ist das Ende." Andere sagten: „Wenn ein Mensch stirbt, kann man das vergleichen mit dem Erlöschen einer Lampe." Wieder andere sagten: „Luft wird zu Wind, und Fleisch wird zu Staub." Von anderen hörte ich: „Nach dem Tod geht der Geist zu König Yen (der König der Hölle), um gerichtet zu werden. Die Guten kommen in den Himmel, aber die Bösen werden von kleinen Dämonen mit Eisenketten gefesselt und in der Hölle schwer bestraft." Einige sagten schließlich auch: „Nach dem Tod wird ein Mensch abhängig von seinem Lebenswandel wiedergeboren. Er mag ein reicher oder armer Mann sein, er mag ein Tier, ein Vogel, ein Insekt oder ein Fisch werden."

Von allen Antworten schien mir die erste am einleuchtendsten zu sein. Sie stürzte mich aber auch in tiefste Verzweiflung. „Tot – aus und vorbei!" Was konnte ich dagegen tun? Wir lebten in Armut, und ich war körperlich schwach. Ich hoffte, daß sich meine Lebensumstände verbessern würden und daß ich schließlich ein wenig Glück erfahren könnte. Dennoch mußte ich nach 70 oder höchstens 80 Jahren die Welt verlassen. Dann würde es heißen „Tot – aus und vorbei!" Nichts blieb übrig. Welch schmerzliche Aussichten! Ich konnte diese Unausweichlichkeit einfach nicht akzeptieren und wollte einen Weg zum Leben finden. Ich erinnere mich nicht mehr genau daran, wie alt ich war, als ich begann, über diese Fragen nachzudenken. Ich weiß, daß ich damals noch nicht zur Schule ging, und so muß ich wohl zwischen sechs und neun Jahre alt gewesen sein.

Ich hatte einen Onkel – er war der ältere Bruder meiner Mutter – der ein aufrichtiger und rechtschaffener Mann war. Er las viele Romane und hatte viele Geschichten auf Lager. Jedesmal, wenn er uns besuchte, bat ich ihn, mir eine Geschichte zu erzählen.

Einmal fragte ich ihn: „Onkel, gibt es eine Möglichkeit, nicht zu sterben?" Er antwortete: „Ja!" Diese Antwort tröstete mich ungemein, und so bat ich ihn, mir zu sagen, wie ich dem Tod entgehen könne. Seine Antwort war: „Wenn du nicht sterben möchtest, mußt du in die Berge gehen und dich bemühen, dem Tod auszuweichen. Trenne dich von der Welt und all dem, was in ihr zählt. Gib Ruhm und Reichtum auf, verzichte auf alle Vergnügungen, meditiere in einer Höhle, trinke den Tau auf Gras und Blättern, grabe Pilze aus dem Höhlenboden aus und iß sie. Durch lange Askese wirst du allmählich die Unsterblichkeit erlangen, und du wirst nicht sterben."

Diese Botschaft machte mich überglücklich. Meine Hoffnungen würden sich erfüllen. Flehend bat ich meinen Onkel, mich in die Berge mitzunehmen, um die Tugend zu üben. Er sage zu mir: „Sich in die Berge zurückzuziehen, um den Weg zu finden, bedeutet, alle Vergnügungen aufzugeben und dem Reichtum und Ruhm dieser Welt abzusagen. Willst du auf diese Dinge wirklich verzichten?" Ich antwortete: „Ich werde alles aufgeben. Was immer auch geschehen mag, ich muß dem Tod entrinnen. Wenn es wirklich eine Möglichkeit gibt, ihm auszuweichen, dann zeig sie mir, und ich werde entsprechend handeln." Aber mein Onkel suchte nach Ausflüchten und wich dem Thema aus. Er wollte mich nicht in die Berge mitnehmen. Ich hoffte, bald erwachsen und ein Mann zu sein. Dann könnte ich allein in die Berge gehen und den Weg suchen. Diese Hoffnung erfüllte mein Herz und war mir über Jahre hinweg eine Quelle des Trostes.

Schulzeit

Ich muß wohl neun Jahre alt gewesen sein, als meine Mutter mit mir zur Tsui-wun Lower Primary School der Londoner Missionsgesellschaft ging. Meine Mutter gab mir den Schulnamen Yong-shung „ewig währender Überfluß". Nun hatte ich also drei Namen. Außer dem Namen, den ich als Baby erhalten hatte, hatte meine Mutter mir später den

Namen Deh-shung „Tugend, Sieg“, gegeben. So war also Yong-shung mein dritter Name.

Die Schule befand sich auf dem Gelände der Londoner Missionsgesellschaft. Sie lag in der Mi-Shih Straße innerhalb des Chong-Wun Tores. Damals hatte die Schule zwischen 30 und 40 Schülern und einen Lehrer. Der Sohn des Lehrers, der Medizinstudent war, half im Unterricht mit. Wir nannten ihn den älteren Bruder. Sein Freund half ebenfalls. Diese Schule war eine Mischung aus altem und neuem Stil. Der Lehrplan enthielt Arithmetik, Geschichte, Geographie, Ethik und chinesische Literatur.

Unser Lehrer, Herr Yu, war zwischen 50 und 60 Jahre alt. Er war sehr streng zu den Schülern, und sie hatten alle Respekt vor ihm. Als ich in die Schule kam, mußte ich sogleich die Schriften von Konfuzius lesen. Der Lehrer schätzte meine Lernfortschritte und gab sich viel Mühe, mir zu helfen. Ich war in allen Prüfungen der Beste, und Herr Yu setzte große Hoffnungen in mich. Er war begeistert von meinen Leistungen und lobte mich überall in den höchsten Tönen. Ich wurde jedoch stolz, strengte mich nicht mehr an und dachte nur noch ans Spielen. Das verärgerte meinen Lehrer. Eines Tages bestellte er meine Mutter in die Schule. In meiner Gegenwart sagte er zu ihr: „Frau Wang, Ihr Sohn besitzt enorme Fähigkeiten. Seit kurzem gibt er sich jedoch keine Mühe mehr, etwas zu lernen. Ich kann es nicht mit ansehen, wie er seine Fähigkeiten vergeudet, und so werde ich in Zukunft strenger mit ihm umgehen. Als seine Mutter müssen auch Sie zu Hause strenger zu ihm sein. Wenn wir beide gemeinsam dieses Problem angehen, wird er sich ganz bestimmt bessern.“ Von da an wagte ich es nicht mehr, faul und nachlässig zu sein.

Der Lehrer gab sich wirklich alle nur erdenkliche Mühe, mir zu helfen. Doch leider hörte ich zwei Jahre später, als ich in der Higher Primary School war, daß er gestorben war. Da ich noch klein war, ging ich nicht zu seiner Beerdigung. Wenn ich jedoch daran denke, bereue ich es noch heute, daß ich nicht daran teilgenommen habe.

Während meiner Schulzeit las ich von den beiden Kaisern Chin-shih und Han-wu und wie sie nach der Unsterblichkeit gesucht hatten. Ohne Erfolg! Keiner der beiden hatte dem Tod ausweichen können. Das stürzte mich in tiefste Verzweiflung. Ich hatte sie immer für erhabene Männer gehalten, die über alle Maßen reich gewesen waren. Trotzdem war es ihnen nicht gelungen, den Weg der Unsterblichkeit zu finden. Welche Hoffnung blieb dann mir – einem ganz gewöhnlichen Menschen?

Wieder wandte ich mich mit Fragen an meinen Onkel. Er bekannte, daß er mich belogen hatte. Was er mir über das Sich-Zurückziehen in die Berge, das Suchen nach der Wahrheit und das Ausweichen vor dem Tod erzählt hatte, war nur ein Scherz gewesen. So wurde ich wieder verzagt. Ich hatte Angst vor dem Tod und wußte doch, daß ich früher oder später mit ihm konfrontiert sein würde. Ich suchte nach einem langen Leben, hatte aber keine Möglichkeit, mir ein solches zu sichern. Pessimismus erfüllte mich. Ich verlor alle Hoffnung. Niemand vermochte mich zu trösten oder mich glücklich zu machen. Wenn ich ins Lernen vertieft war oder mich erholte, besserte sich meine Stimmung. Sobald ich jedoch an die Sterblichkeit des Menschen dachte, überkam mich tiefer Schmerz.

Wie ich bereits gesagt habe, waren die Umstände, unter denen ich aufwuchs, nicht gerade die besten. Meine Mutter hatte im mittleren Alter ihren Mann verloren. Alles, was ihr geblieben war, waren meine Schwester und ich, und so waren wir für sie natürlich so wertvoll wie ihr Augapfel. Sie wollte uns nie bestrafen und zurechtweisen, so daß wir extrem herrisch wurden. Sie war stolz, daß wir beide so gute Schüler waren, und so war sie noch weniger bereit, uns zu züchtigen. Wie gefährlich ist es doch, wenn ein Kind nicht gestraft wird!

Ein verdorbenes Umfeld

Ich habe bereits unsere Mieter erwähnt. Fünf lebten in einem kleinen Zimmer und drei in einem anderen. Unter diesen Mietern waren Lebensmittelverkäufer, Rikschakulis, Barbiere, Köche, Boten und Soldaten. Wem es wirtschaftlich am besten ging, konnte gerade so existieren. Der Klügste war gerade mit ein paar chinesischen Schriftzeichen vertraut. Was die sittliche Seite anging, so kann man sich leicht vorstellen, wie sie aussah. Lügen, fluchen, Glücksspiel, Opiumrauchen, Diebstahl, Schlägereien, sexuelle Zügellosigkeit und sonstige Unsittlichkeiten gehörten zur Tagesordnung.

Ein Mieter, der in der Küche eines reichen Mannes beschäftigt war, nahm jeden Abend einen Korb voll Reis, Mehl, Öl und Fleisch mit nach Hause. Ein anderer Mann, Vater von drei Kindern, zog mit der einen Hand eine Rikscha und benutzte die andere zum Stehlen. Bei einer Frau traf sich allabendlich eine Gruppe von Glücksspielern, die ihr als „Miete“ einen Anteil am Gewinn bezahlten. Eine junge Frau brachte, immer wenn ihr Mann nicht zu Hause war, verschiedene charakterlose Männer in ihr Zimmer, die Witze rissen und Unruhe stifteten. Eine andere Frau nutzte ihre Schwiegermutter aus. Eine böse Ehefrau unterdrückte ihren Mann, indem sie ihn zwang, über längere Zeit auf dem Boden zu knien. Später wohnte ein anderes Ehepaar in denselben Zimmern. Dann war die Sache genau umgekehrt: Der Ehemann schlug seine Frau so sehr, daß ihr Körper von Narben übersät war. Eine junge Frau lebte allein in einem kleinen Zimmer, und alle paar Tage kam ein gut gekleideter Mann und verbrachte die Nacht bei ihr. Es dauerte nicht lange, bis herauskam, daß sie ein Dienstmädchen war, das die Geliebte dieses reichen jungen Mannes war. Ein anderes Zimmer wurde von einem Mann mittleren Alters bewohnt, der seine Tür die meiste Zeit geschlossen hatte, aber zwei oder drei Tage in der Woche eine Frau bei sich hatte. Er sagte, sie seien Mann und Frau und arbeiteten von ihrem Heimatort entfernt. Der Mann wurde jedoch festgenommen und der Verführung angeklagt. Erst dann entdeckten wir, daß er ein Büroangestellter war, der das Zimmer gemietet hatte, um sich heimlich mit seiner jüngeren Cousine zu treffen.

So lebten während eines Zeitraums von über zwanzig Jahren die verschiedensten Menschen in unserem Haus. Und es ereigneten sich auch die unterschiedlichsten Zwischenfälle. In solch einem Umfeld wuchs ich also auf. Man könnte tatsächlich sagen, daß in unserem Haus ein Querschnitt der Pekinger Unterschicht zu finden war.

In meiner Kindheit habe ich häufig unser Anwesen verlassen, um draußen zu spielen, obwohl ich mich nie zu weit weg wagte. Manchmal erbettelte ich von meiner Mutter eine oder zwei Kupfermünzen, ging dann zum Jahrmarkt und schaute mir die Theatervorstellungen an. Wenn ich dann nach Hause zurückkehrte, nahm ich schwarze Tinte oder rote Farbe und bemalte mir das Gesicht. Ich ergriff auch einen hölzernen Säbel, hüpfte begeistert schreiend umher oder rollte mich auf der Straße.

Damals lebte ganz in unserer Nähe eine wohlhabende Familie, die mindestens zwanzig Bedienstete, zwei oder drei vierrädrige Droschken und fünf oder sechs sehr große ausländische Pferde hatte. Ich spielte oft mit den Kutschern. Die unsauberen Sprüche, die sie von sich gaben, waren scheußlich. Wenn sie sahen, wie ich mich am Boden wälzte, dann riefen sie: „Gut!“ Und dies veranlaßte mich nur, mich noch ausgelassener zu gebärden, bis ich ziemlich erschöpft war. Die Leute, mit denen ich auf der Straße in Kontakt kam, waren genauso wie unsere Mieter. Meine Mutter war mit der Hausarbeit – nähen, waschen usw. – so beschäftigt, daß sie nie kam, um nachzusehen, was ich trieb. Daß ich draußen spielen wollte, hinderte sie nicht an ihrer Arbeit. Im Gegenteil, sie war eher froh darüber. So wuchs ich also in einem von Unanständigkeit und Schlechtigkeit gekennzeichneten Umfeld auf. Welche Hoffnung konnte ich da haben, jemals gut zu werden?

Im Internat

Als ich zwölf Jahre alt war, kam ich von der Lower Primary School in die Higher Primary School. Dies bedeutete, daß ich von nun an als Internatsschüler in der Schule lebte. Was meine schulischen Leistungen anging, so machte ich Fortschritte. Das traf jedoch keineswegs auf meinen Charakter zu. Um ihn war es zunehmend schlechter bestellt. Wir waren insgesamt 30 bis 40 Schüler. Einige wenige waren anständig. Die meisten der älteren Schüler nutzten jedoch die jüngeren aus, und die stärkeren unterdrückten die schwächeren. Einige der älteren Schüler behandelten die jüngeren so grausam wie Sklavenhalter ihre Sklaven. Einige brachten den jüngeren Obszönitäten bei, die ich nicht einmal bei unseren Mietern gehört hatte. Ich selbst besaß damals weder Glaube noch Ziel und ließ mich so von den vorherrschenden Strömungen treiben. Ich kann mir wirklich nicht vorstellen, in welche Tiefen der Verdorbenheit ich damals gesunken wäre, wenn Gott mir nicht Seine unbegreifliche Gnade erwiesen hätte.

Körperlich ging es mir nicht sehr gut, und ich hatte nur geringe Kräfte. Wann immer meine Mitschüler in Aktion traten, war ich der Leidtragende. Aber meine Waffe war mein Mund: Ich schrie sie an und beschimpfte sie. Folglich wurde ich häufig verprügelt. Trotzdem gab ich mich der rohen Gewalt nie geschlagen.

Damals begann ich, Romane zu lesen, in denen Ritterlichkeit gelobt wurde. Ich sehnte mich danach, ein Meister der militärischen Künste zu werden, so daß ich in Zukunft stark genug wäre, um den Schwachen zur Seite zu stehen und die Unterdrückten zu befreien.
Einmal beschlossen die älteren Schüler, den jüngeren die Haare zu schneiden, so daß ihre Köpfe kahlgeschoren wären. Binnen weniger Tage hatten alle kahlgeschorene Köpfe außer mir. Trotz der Drohungen der älteren Schüler weigerte ich mich, nachzugeben. Schließlich wurden einige von ihnen ärgerlich und beschlossen, zur Tat zu schreiten. „Wenn du dir deine Haare nicht abrasieren läßt, dann werden wir dir, wenn du schläfst, deine Haare an einer Seite deines Kopfes mit der Schere abschneiden", so drohten sie mir. „In Ordnung", entgegnete ich, „wer das wagt, dem werde ich mit der Schere die Augen ausstechen." Danach wagte niemand, das Geplante auszuführen – und ich behielt meine Haare. Ich hatte gesiegt.

Eine Persönlichkeit bildet sich heraus

Schon von Kindheit an besaß ich eine gewisse Eigenschaft: Ganz gleich, um welche Sache es ging, wenn ich selbst nicht die Richtigkeit eines bestimmten Schrittes erkennen konnte, folgte ich anderen nicht blind. Hatte ich jedoch einmal die Richtigkeit eines bestimmten Schrittes erkannt, so konnte mich nichts daran hindern, diesen zu gehen. Ich mag körperlich schwach sein, aber was meinen Willen angeht, so bin ich nicht schwach. Ich habe Menschen widerstanden, und ich habe Gott widerstanden. Während ich jedoch Menschen auch besiegt habe, hat Gott mich besiegt. Auf diese Erfahrung werde ich an späterer Stelle noch genauer eingehen.

In mir vermischen sich zwei Charakterzüge: Auf der einen Seite bin ich konservativ, auf der anderen Seite bin ich impulsiv. In manchen Bereichen bin ich sogar wirklich progressiv. Es gibt Dinge, die meiner Meinung nach niemals geändert werden sollten, und das heißt, daß man sie nicht einmal um Haaresbreite ändern sollte. Es gibt jedoch auch anderes, das meiner Ansicht nach geändert werden sollte, und das heißt, es sorgfältig und vollständig zu ändern. Aufgrund dieser beiden Eigenschaften habe ich während des Erwachsenwerdens viele Menschen gekränkt, was bedeutete, daß ich ein beträchtliches Maß an Bitterkeit ertrug. Gleichzeitig erlebte ich jedoch auch Triumph und Erfolg.

Internatsschüler durften nur samstags von 12 Uhr bis 18 Uhr das Schulgelände verlassen. Ich eilte immer nach Hause, wo meine Mutter viel Leckeres zum Essen vorbereitet hatte. Nach dem Essen lief ich schnell zum Jahrmarkt, um zu spielen. Nach einem weiteren Mahl kehrte ich dann wieder in die Schule zurück. Leider aß ich immer zuviel, so daß ich nach meinen Besuchen zu Hause immer Magenschmerzen hatte. Dennoch hielt ich an diesem Vorgehen fest. Meine Mutter liebte mich aufrichtig. Sie selbst wollte nie Leckeres essen oder schöne Kleider tragen. Diese Dinge gab sie immer ihren Kindern. Meine Mutter verwöhnte uns wirklich. Ich bitte Mütter, die ihre Kinder lieben, eindringlich, sie nicht zu verwöhnen. Noch eindringlicher bitte ich Kinder, die Liebe ihrer Eltern nie zu vergessen. Meine Mutter lebt nicht mehr, aber ich würde ihr gerne noch immer eine Freude bereiten. Die Gelegenheit dazu ist vorüber. Bereits das Schreiben dieser Zeilen bringt mich zum Weinen. Den, der von Ihnen noch Eltern hat, fordere ich auf, sich alle Mühe zu geben, sie heute zu achten. Warten Sie nicht, bis Sie eines Tages vergeblich seufzen: „Der Baum möchte Frieden, aber der Wind hört nicht auf zu wehen; das Kind möchte sich um die Eltern kümmern, aber sie sind nicht mehr.“

Die Lebensumstände waren nicht nur zu Hause, sondern auch in der Schule schlecht. Zu Hause gab es niemanden, der mich hätte lehren können, wie ein Mann zu handeln. Auch in der Schule gab es keinen solchen Menschen. Unser Lehrer ermutigte uns Schüler nur, beim Lernen unser Bestes zu geben. Der Lehrplan sah das Fach „Ethik“ vor, aber der Unterricht lief darin auch nicht anders ab als im Fach „chinesische Literatur“. Wir betrieben keine Charakterbildung. Es gab einen Lehrer, der darauf achtete, daß unsere Uniform sauber und nett aussah. Er lehrte uns auch, wie wir uns bei einem Gespräch mit dem Schulleiter zu verhalten hatten. Jeden Morgen nach dem Frühstück marschierten alle Schüler auf und besuchten den morgendlichen Gottesdienst. Die Lehrer standen am Eingang der Kapelle und prüften, ob wir unser Gesicht gewaschen und unsere Uniform zugeknöpft hatten. Im Winter hatte ich noch immer aufgesprungene Hände, und so mochte ich meine Hände und mein Gesicht nicht waschen. Eines Morgens bemerkte mich der Lehrer und wies mich zurecht: „Yong-shung! Auf dem Schmutz auf deinem Rücken kannst du bald Weizen säen. Geh sofort zurück, und wasche dich." Mit vor Scham hochrotem Kopf kehrte ich um und wusch mich makellos sauber. Von diesemTag an achtete ich darauf, daß mein Gesicht und meine Hände sauber gewaschen waren. Dieser Lehrer brachte uns auch bei, immer wenn wir den Schulleiter sahen, respektvoll stehen zu bleiben und uns zu verbeugen.

Von der guten Ausbildung, die ich in jungen Jahren bekam, ist das geblieben. Selbst wenn ich heute einem ehemaligen Lehrer begegne, bleibe ich stehen und verbeuge mich. Andere Lektionen, wie beispielsweise, als Mann zu handeln, habe ich jedoch erst im Alter von 14 Jahren gelernt, als ich Christ wurde.

Falsches Christentum

In meiner Kindheit hat mich meine Mutter regelmäßig zur Kirche mitgenommen – meine Eltern waren ja Mitglieder der Londoner Missionsgesellschaft. In der Schule besuchte ich jeden Tag einen Gottesdienst. Als ich Internatsschüler wurde, gab es noch mehr Möglichkeiten, solche Gottesdienste zu besuchen. An jedem Wochentag, von Montag bis Samstag, begaben sich alle Schüler der beiden Schulen – der Jungen- und der Mädchenschule – morgens in die Kapelle zu einem halbstündigen Gottesdienst. Mittwoch nachmittags wurde ein Gebetstreffen angeboten. Jeden Sonntagmorgen standen Sonntagsschule und der anschließende Hauptgottesdienst auf dem Programm. Nachmittags gab es eine Veranstaltung zur christlichen Lebensführung und abends einen Kreis für Jugendliche. Zusätzlich gab es noch drei- bis viermal in der Woche Bibelstunden. Der Gottesdienstbesuch war obligatorisch.

In den Bibelstunden wurden wie in anderen Fächern Prüfungen abgelegt und Noten verteilt. Um bessere Noten zu bekommen, lernten die Schüler mechanisch Bibelstellen auswendig. Waren die Prüfungen jedoch vorüber, dann interessierten sie sich nicht mehr für die einmal gelernten Bibelverse. Außerdem waren alle Bibelabschnitte, die wir besprachen, den Geschichtsbüchern der Bibel entnommen. Lehrhafte Abschnitte wurden nie durchgenommen. Der Gottesdienstbesuch war zwar Pflicht, wir mußten jedoch nie zum Gehörten eine Prüfung ablegen. So nutzten viele Schüler diese Zeit, um andere Stunden vorzubereiten. Andere lasen heimlich Romane, und wieder andere schliefen. Die Predigten waren jedenfalls uninteressant und ohne Vollmacht.

Während der Schulzeit war die Kapelle immer voll, da siebzig bis achtzig Prozent der Besucher Schüler waren. Sobald jedoch die Sommer- oder Neujahrsferien kamen, nahm die Teilnahme der Schüler sprunghaft ab.

Will ich mein Leben von der Zeit, in welcher ich verständig wurde, bis zu meinem 14. Lebensjahr zusammenfassen, so kann ich sagen, daß ich mein Leben chaotisch, unvernünftig, verwirrend, ohne Glauben, ohne Ziel, ohne Hoffnung und ohne klaren Weg verbracht habe. Ich konnte weder einen erleuchteten Weg finden noch jemanden, der mich hätte leiten können. Abgesehen von meinen schulischen Leistungen und meiner Willensstärke unterschied ich mich in nichts von anderen. Ich hegte schlechte Gedanken und redete boshafte Dinge. Ich beging keine große Sünde. Zum einen war ich noch jung, und zum anderen hatte ich nie viel Mut. Ich war zartbesaitet und fürchtete mich sehr, mein Gesicht zu verlieren. Daß meine Familie so arm war, war insofern ein Vorteil, als ich dadurch viele Sünden nicht beging, zu denen man Geld brauchte. Wenn ich nicht Buße getan und zum Glauben gefunden hätte und noch zehn oder zwanzig Jahre so weitergelebt hätte, weiß ich nicht, wie verdorben mein Leben geworden wäre.

Bekehrung

Mit 14 Jahren hat Gott mich errettet. Im Frühjahr des Jahres meiner Hinwendung zu Gott kam ein älterer Mitschüler auf mich zu, um mit mir zu reden. Schon lange war ich von seinem Charakter und seiner Liebe tief beeindruckt gewesen. So war ich nur zu bereit, mich auf ein Gespräch mit ihm einzulassen. Durch ihn lernte ich Gott kennen. Er lehrte mich, Gott anzubeten. Er lehrte mich zu beten, die Bibel zu lesen, mich täglich selbst zu prüfen und ein Tagebuch zu führen. Er gab mir ein Buch von H.L. Zia mit dem Titel „Eine Hilfe zur persönlichen Entwicklung", das mir auch tatsächlich eine enorme Hilfe war. Ich las noch andere Bücher, die Zia geschrieben oder übersetzt hatte. Mein Leben und meine Auffassungen erfuhren einen enormen Wandel. Ich fing an, die Bedeutung des Lebens und unsere Verantwortung dafür zu verstehen, und ich begann, alle Sünde und Ungerechtigkeit zu hassen. Ich sehnte mich nach einem Leben in Reinheit und Freundlichkeit, interessierte mich für Gebet und Bibellesen und wurde unglücklich über meine unbefriedigende Lebensart. All die verdorbenen Worte, die ich zu meinen Mitschülern gesagt hatte, und alles Schlechte, das ich getan hatte, haßte ich. Ich begann, freiwillig den Gottesdienst zu besuchen, und Ostern wurde ich in der Kapelle getauft. Damals dachte ich, nun sei ich ein richtiger Christ und beschloß, ein guter Christ zu sein.

Der Schulfreund, der mich zum Herrn geführt hatte, war eine große Hilfe für mich. Zum einen zögerte er nie, mich ernstlich zurechtzuweisen, wenn er sah, daß ich auf dem falschen Weg war. Dadurch liebte ich ihn um so mehr. Gleichzeitig hatte ich Ehrfurcht vor ihm. Im Sommer schloß ich die Higher Primary School ab und stieg in die erste Klasse der Mittelschule auf. Mein Freund war damals in der vierten Mittelschulklasse, so daß wir dort ein Jahr lang zusammenwaren. 1915 machte er seinen Abschluß, und wir mußten uns trennen.

Ich war mir der Veränderung in mir voll bewußt, aber ich verstand nicht, worum es eigentlich ging. Früher hatte ich alle möglichen schmutzigen Ausdrücke benutzt und alle möglichen schlechten Dinge getan, ohne daß es mir leid getan und ohne daß ich mich geschämt hätte. Nachdem ich mich bekehrt hatte, wurde ich jedoch ein völlig anderer Mensch. Sollte es geschehen, daß ich böse Worte aussprach, so tat es mir weh, und ich wies mich in meinem Herzen selbst zurecht. Ich schlug mir oft mit den Fäusten auf die Brust. Wegen meiner Sünde vergoß ich viele Tränen. Ich seufzte häufig. Wie oft bekannte ich Gott meine Sünden! Ich nahm mir vieles vor und erlitt viele Niederlagen, ich fiel hin und stand wieder auf; ich stand auf und fiel erneut hin. Manchmal besiegte ich die Sünde, was mich ermutigte und freute. Dann jedoch war die Sünde der Sieger, und ich war enttäuscht und bekümmert. Ich wußte, daß ich nicht gut war, aber ich wollte gut sein. Aber obwohl ich gut sein wollte, fehlte mir die Kraft, gut zu sein. Meine

Erfahrungen waren äußerst bitter. Auf der einen Seite hatte ich nun Glauben, ich hatte ein Ziel, und ich hatte den Willen, vorwärtzugehen. Ich wollte meine Tage nicht stumpfsinnig und nutzlos verbringen, und das war gut. Auf der anderen Seite tobte in meinem Herzen noch immer ein Kampf, und ich spürte die sich entgegenstehenden Einflüsse von Gut und Böse.

Solange der Schulkamerad, der mich zum Herrn geführt hatte, noch an der Schule war, wies er mich zurecht und zügelte mich, und ich war sehr froh, daß er das tat. Als er jedoch die Schule verließ, waren die Umstände ganz anders. Ich wies mich selbst wiederholt zurecht und haßte mich und wünschte mir, mein Freund käme zurück, um mir zu helfen. Dennoch danke ich Gott dafür, daß Er Sein Werk in mir durch andere Menschen vollbrachte. Diese Menschen waren jedoch nicht meine Freunde. Sie waren meine Feinde und mochten mich nicht. Wie Gott sich dieser Menschen bediente, um mich zu schleifen, will ich nun berichten.

Verfolgung

Während meines zweiten Jahres auf der Mittelschule bekamen wir einige neue Mitschüler aus wohlhabenden Familien. Der Vater eines Schülers war Beamter, der Vater eines anderen war ein bedeutender Kaufmann. Wegen ihres Hintergrunds konnten sie mit Geld großzügig umgehen. Ihr Verhalten war jedoch verdorben und liederlich. Den ganzen Tag über hörte man aus ihrem Mund Obszönitäten und böse Aussprüche. Ihr Einfluß auf die anderen Schüler war schlecht. Was ich sah und hörte, tat mir weh und entrüstete mich, aber sie waren ja meine Mitschüler, und niemand besaß die Autorität, sie zu zügeln.

Irgendwann war es jedoch soweit, daß ich nicht länger schweigen konnte, und so begab ich mich zum verantwortlichen Lehrer. Da unser Schulleiter in Tung-hsien wohnte und wöchentlich nur ein- bis zweimal in die Schule kam, kümmerte sich dieser Lehrer um die Angelegenheiten, die in der Schule anfielen. Ich bat ihn, sich doch Gedanken darüber zu machen, wie man gegen das Verhalten dieser Schüler vorgehen könne. Seine Antwort kam für mich völlig überraschend. „Um das Einkommen der Schule sicherzustellen", sagte er,"können wir es mit dem Verhalten dieser Schüler nicht so genau nehmen. Wenn wir sie von der Schule verweisen, dann werden wir Schulgeld verlieren, und wie könnte dann die Schule existieren?"

Entrüstung überkam mich. Eine laute Auseinandersetzung mit dem Lehrer folgte. Damals war ich so begeistert vom Herrn, daß ich kühn war. Ich sagte: „Es wäre besser die Schule so schnell wie möglich zu schließen, als zuzulassen, daß Kinder derart verdorben werden." Und ich fügte hinzu: „Wenn an Christus Gläubige eine Schule leiten und Schlechtes und Verdorbenes unter den Schülern dulden, dann bedeutet das, daß sie die christlichen Maßstäbe verlassen haben."

Ich wußte nicht, daß einer der verdorbenen Schüler ebenfalls in die Sprechstunde des Lehrers gekommen war. Er hatte das Zimmer nicht betreten, aber alles gehört, was ich gesagt hatte. Er erzählte den anderen in der Gruppe davon, und von diesem Zeitpunkt an haßten sie mich „bis auf die Knochen" und suchten unablässig nach Gelegenheiten, sich an mir zu rächen. Sie versuchten alles, um Fehler an mir zu entdecken. Sie gaben mir alle möglichen Schimpfnamen und nannten mich „Dr.Moralapostel" und „Pharisäer". Wenn es mir passierte, ein ungeschicktes Wort zu gebrauchen oder einen Fehler zu begehen, dann griffen sie mich an, zeigten auf mich und sagten: „Dr. Moralapostel ist auch nicht besser als Zöllner und Sünder.“ Sie griffen auf alle möglichen Mittel zurück, um mich zu schmähen und anzugreifen. Überall um mich herum waren Feinde. Diese Erfahrung war höchst schmerzhaft. Aber der Herr gebrauchte diese Feinde, um mich auf dem rechten Weg zu leiten. Vor meinem Abschluß der Mittelschule zog die Schule um, und auch der Schulleiter verließ Tung-hsien. Nun konnte er mehr Einfluß ausüben als zuvor. Einige der verdorbenen Schüler wurden schwer bestraft, andere von der Schule verwiesen, wieder andere verließen sie freiwillig. Die Angriffe dieser Feinde brachten mein Leben nach und nach auf den richtigen Pfad, und bevor ich die Schule abschloß, wurde ich ein umgänglicherer Jugendlicher. Ihr Ziel war gewesen, mir zu schaden. Aber Gott gebrauchte sie, um Sein Werk in mir zu vollenden. Gottes Wege sind wirklich unbegreiflich.

Hilfe im Glaubensleben

Außer der Hilfe des Mitschülers, der mich zum Herrn geführt hat, wie ich bereits erwähnt habe, war mir jemand, dem ich noch nie begegnet war, eine große Hilfe, und zwar Herr Zia vom CVJM. Von dem Augenblick an, als ich „Eine Hilfe zur persönlichen Entwicklung“ gelesen hatte, bemühte ich mich, alle von ihm übersetzten oder herausgegebenen Bücher zu bekommen. Für die Entwicklung eines jungen Christen waren sie äußerst hilfreich. Wenn man seine Schriften liest, dann kann man verstehen, weshalb er geliebt und respektiert wurde. Die Hilfe, die mir durch ihn zuteil wurde, ist unermeßlich. Leider habe ich ihn nicht nur nie getroffen, ich habe ihm auch nie einen Brief geschrieben. Als ich erfuhr, daß Herr Zia gestorben war, wurde ich so traurig, als hätte ich jemanden aus meiner Verwandtschaft verloren. Als ich später – im Juni 1925 – nach Hangchow kam, besuchte ich Herrn Zias Grab und sah seinen Grabstein. Dieser freundliche Lehrer hat nie erfahren, daß ich einer seiner Schüler war. Daß ich heute soviel Wert auf das praktische Leben eines Christen lege, hat wohl mit dem entscheidenden Einfluß von Herrn Zia auf mich zu tun. Leider gibt der CVJM in China heute keine Bücher der Art mehr heraus, wie sie von Herrn Zia geschrieben und übersetzt wurden.

KAPITEL 2

Ausgesondert von Mutterleib an

Und das Wort des HERRN geschah zu mir so: Ehe ich dich im Mutterschoß bildete, habe ich dich erkannt, und ehe du aus dem Mutterleib hervorkamst, habe ich dich geheiligt: zum Propheten für die Nationen habe ich dich eingesetzt.

Jeremia 1,4.5

Als es aber dem, der mich von meiner Mutter Leibe an ausgewählt und durch seine Gnade berufen hat, gefiel, seinen Sohn in mir zu offenbaren, damit ich ihn unter den Nationen verkündigte, zog ich nicht Fleisch und Blut zu Rate.

Galater 1,15.16

Sowohl der Prophet Jeremia als auch der Apostel Paulus wußten, daß Gott sie von Mutterleib an ausgesondert hatte. Wenn ich über die Erfahrungen nachdenke, die ich in einem halben Leben gemacht habe, dann weiß ich, daß Gott mir nicht nur eindeutig einen Auftrag als Sein Diener gegeben hat, sondern daß Er mich auch von Mutterleib an ausgesondert hat. Von Kindheit an war ich körperlich immer schwach. Nur selten verging ein Jahr, ohne daß ich krank wurde. In der Schule verging kaum ein Schuljahr, ohne daß ich wegen Krankheit fehlte. Vor meinem 19. Lebensjahr war ich vier- oder fünfmal ernsthaft krank. Das erste Mal war ich drei oder vier Jahre alt. Damals erkrankte ich ernsthaft an Ruhr, so daß ich mehrere Tage als Patient im Krankenhaus der Londoner Missionsgesellschaft verbrachte. Ich war so krank, daß der Arzt zu meiner Mutter sagte: „Es gibt keine Hoffnung mehr für das Kind." Meine Mutter und meine Großmutter setzten sich dafür ein, daß ich unverzüglich nach Hause gebracht wurde. Dabei dachten sie: „Wenn er schon nicht mehr gesund wird, dann soll er wenigstens zu Hause sterben und keinesfalls im Krankenhaus." Ich erinnere mich noch vage daran, daß meine Großmutter mich in einer Sänfte nach Hause getragen hat. Und seltsam, kaum war ich zu Hause, erholte ich mich allmählich.

Im Alter von acht oder neun Jahren erkrankte ich erneut schwer. Ich hatte eine äußerst schmerzhafte Geschwulst im Kopf. Wir suchten mehrere Krankenhäuser auf, aber kein Arzt konnte mir helfen. Schließlich blieb ich stationär in einem Krankenhaus. Meine Mutter war darüber nicht gerade froh. Da dies aber die einzige Möglichkeit war, blieb sie schließlich mit mir im Krankenhaus. Es konnte jedoch noch immer nicht geklärt werden, woran ich erkrankt war. Alle wurden von Sorge erfüllt. Meine Mutter fürchtete um mein Leben.

Wieder geschah etwas Merkwürdiges: Eines Tages floß reichlich Flüssigkeit aus meinem Ohr, und von da an wurde ich langsam wieder gesund.

Das nächste Mal wurde ich im Alter von fünfzehn Jahren ernsthaft krank. Ich hatte hohes Fieber und konnte tagelang nichts essen. Meine Mutter besaß keinerlei medizinische Kenntnisse. Das einzige, was sie tun konnte, war, bei mir zu wachen. Die Krankheit verschlimmerte sich zunächst und begann dann, wieder auf unerklärliche Art und Weise, abzuklingen. Eine weitere Krankheit, die mich mit achtzehn Jahren plagte, war noch schlimmer, aber Gott griff erneut wunderbar ein und erhielt mein Leben.

Im Rückblick stelle ich fest, daß jede dieser Krankheiten zum Tod hätte führen können. Die ärmlichen Umstände, unter denen ich aufwuchs, und die Unkenntnis meiner Mutter, was medizinische Versorgung angeht, vergrößerten die Gefahr noch. Wenn Gott mich nicht erwählt und bewahrt hätte, weiß ich nicht, wie ich bis heute hätte am Leben bleiben können.

Gott gibt Kraft

Wenn Sie wüßten, wie schwach ich als Kind war, und wie leicht ich krank wurde, dann würden Sie gewiß nie glauben, daß ich mich in einer so vielseitigen Arbeit engagieren kann, wie ich es heute tue. Menschen sehen nur, daß ich häufig zweimal am Tag predige, und wenn dabei noch das Leiten des Singens dazukommt – was bei jeder Veranstaltung zwei Stunden ausmacht –, dann würden sie nie verstehen, daß ich als Kind schwach und kränkelnd war. Ich bin ja selbst erstaunt, über wieviel Energie ich verfüge. Ich weiß, daß die Ursache darin liegt, weil Gott mich gerufen und beauftragt hat.

Noch etwas anderes macht die besondere Gnade Gottes deutlich. Ganz egal, wohin ich gehe – vom Norden Chinas in den Süden, vom östlichen Teil in den Westen; ganz egal, unter welchen klimatischen Bedingungen ich arbeite – ob im Norden oder Nordosten, wo die Temperatur auf minus 30 bis 40 Grad fällt, oder in Fu-jin und Guang-dong in der Hitze des Sommers; ganz egal, welche Nahrungsmittel ich zu mir nehme – ob das Weizenmehl des Nordens, den Reis des Südens, die Hirse der Mandschurei, ob chinesische oder westliche Nahrung – mein körperliches Wohlbefinden hat nie irgendwie gelitten. Ob weiches oder hartes Wasser, ob schales oder leicht salziges Wasser – keines hat mir Verdauungsbeschwerden bereitet. Beim Reisen fühle ich mich nie unwohl, egal, welches Transportmittel ich wähle. Nur bei starkem Wellengang werde ich seekrank.

Es gibt Menschen, die in der ersten Nacht in einem fremden Bett nicht schlafen können. Mein Dienst wurde durch solche Dinge nie behindert.

Außerdem hat Gott es so gelenkt, daß ich in Peking zur Welt kam und aufwuchs, so daß ich die Landessprache lernte. Das war auch Gottes besondere Vorbereitung, denn die Landessprache ist überall geläufig und wird allgemein verstanden. Diese Tatsache hat meinen Predigtdienst stark beeinflußt. Manche sagen, ich sei redegewandt. Das ist jedoch nicht korrekt. Meine Mitarbeiter können bezeugen, daß ich in gewöhnlichen Unterhaltungen weder flüssig rede noch mich gebildet ausdrücke. Ja, ich stottere manchmal sogar ein wenig. Vor allem weiß ich, daß ich unfähig bin, Mißverständnisse zu klären, weil ich mich nicht richtig ausdrücken kann. Es kann dann sogar passieren, daß ich den Bruch nur noch vergrößere. Wenn ich ganz normal spreche, ohne deutliche Aussprache und ohne volltönende Stimme, dann hat meine Rede keinen besonderen Glanz. Wenn ich jedoch predige, dann ist es, als ob mein Mund und meine Zunge verändert würden. Dadurch wird deutlich, daß Redegewandtheit und eine Geistesgabe zwei völlig unterschiedliche Dinge sind. Gottes Gabe hängt natürlich von Gottes Ruf ab.

Literatur ist nicht gerade meine starke Seite. Gedichte, Lieder, Verse, Geschichten – nichts von alldem habe ich studiert. Nichts davon kann ich verfassen. Doch Gott befähigt mich, die Wahrheit durch eine einfache Ausdrucksweise zu bezeugen. Manche Leute sagen, es gebe so etwas wie ein „Magen-Manuskript“. Damit meinen sie einen Text, der im Kopf des Schreibers entstanden ist, bevor dieser zur Feder greift, um seine Gedanken festzuhalten. Ich konnte noch nie ein „Magen-Manuskript“ schreiben. Wenn ich jedoch eine Idee habe, dann greife ich zur Feder und fange an zu notieren. Während des Schreibens folgt eine Idee der anderen.

So geht es mir auch beim Predigen. Es gibt Prediger, die sich mehrere Stunden hinsetzen, in diesem und jenem Buch nachlesen, dann zu Feder und Papier greifen und ein Manuskript verfassen. Wenn es dann soweit ist, steigen sie auf die Kanzel und predigen. Auf diese Weise gehe ich selten vor. Wenn ich predige, habe ich zuerst die Botschaft von Gott. Diese Botschaft nehme ich mit auf die Kanzel. Ich greife auf mir bekannte Bibelstellen zurück und bringe Tatsachen und Grundsätze, mit denen ich vertraut bin, zur Sprache. So gebe ich die Botschaft an die Gemeinde weiter. Meine Sprache ist klar, direkt und aufrichtig. Wenn

Gott Seine Gabe von mir nimmt, dann verliere ich unverzüglich meine Vollmacht und werde ein Niemand.

Gottes Taten sind wunderbar. Er befreite mich aus dem tiefen Abgrund der Sünde. Er reinigte mich durch das Blut Seines Sohnes, unseres Herrn Jesus Christus. Durch Seinen Geist gab Er mir ein neues Leben und machte mich zu Seinem Kind. Er erwählte mich, rief mich in Seinen Dienst und machte mich zu einem Wächter sowohl über die Welt als auch über Seine Gemeinde. Er gab mir den Auftrag, für das Evangelium zu arbeiten, für Seine Wahrheit zu kämpfen und für Seinen Weg Zeugnis abzulegen. Wenn ich darüber nachdenke, dann kann ich an Seinem Ruf nicht im geringsten zweifeln, und dann wage ich auch nicht, auch nur den Anschein von Faulheit zu erwecken.

Mein ehrgeiziges Ziel

Als ich fünfzehn Jahre alt war, begann Gott, mich zu rufen. Davor war es mein brennender Wunsch gewesen, ein großer Politiker zu werden. Das war mein Ideal.

Im Herbst des Jahres, in dem ich vierzehn wurde, machte ich eines Abends mit dem Mitschüler, der mich zum Herrn geführt hatte, einen Spaziergang. Plötzlich fragte er mich aus heiterem Himmel, ob ich mir schon im klaren darüber sei, was ich beruflich machen wollte. Ich war damals noch jung und hatte mir darüber noch keine Gedanken gemacht. So konnte ich ihm auch nicht antworten. Ich sagte ganz einfach, daß ich eigentlich keine besondere Vorliebe für etwas ganz Bestimmtes hätte und daß ich dorthin gehen würde, wohin es mich verschlagen würde.

„Das reicht nicht", meinte er. Er sagte mir, daß ein junger Mann ein Ziel haben müsse, und zitierte den weisen Ausspruch: „Der Zielstrebige hat Erfolg." Er drängte mich, eine Entscheidung zu treffen, und ich wollte natürlich seinem Vorschlag folgen. So begann ich, über das Ganze nachzudenken. Ich sann erneut über das Ende des menschlichen Lebens nach.

Mein Freund hatte mir gezeigt, wie ich Gott anbeten kann. Er hatte mich gelehrt, an den Herrn Jesus zu glauben. Aber er hatte mir nicht geholfen, die Gnade Gottes und Seine Verheißungen für das zukünftige Leben wirklich zu verstehen. Ich fürchtete mich vor dem Tod und mochte nicht über das Leben nach dem Tod nachdenken. Ich war auf meiner Suche nach der Unsterblichkeit erfolglos geblieben. Das nächstbeste war, etwas Großartiges zu tun, so daß ich nach meinem Tod einen berühmten Namen hinterlassen würde. Das Sprichwort sagt ja: „Wenn ein Fuchs stirbt, hinterläßt er eine Haut; wenn ein Mann stirbt, hinterläßt er einen Ruf." So stellte sich mir die Frage, was ich tun sollte, um den größten Ruhm zu erlangen. Ich entschloß mich schließlich, Politiker zu werden. Die Geschichte und auch die Nachrichten in der Presse zeigten mir, daß Politiker einen größeren Ruhm genossen als Menschen in anderen Berufen.

Mir wurde jedoch nach einiger Zeit klar, daß ich nicht über die Mittel verfügte, um Politiker zu werden. Mein Hintergrund war von Armut geprägt, und mir fehlte es an Einfluß. Ich hatte keine berühmten Verwandten oder Freunde, die mir hätten helfen können, die politische Bühne zu erklimmen. Mein Ehrgeiz wurde erschüttert. Nicht lange danach las ich jedoch, daß der amerikanische Präsident Abraham Lincoln einfacher und niederer Herkunft war, genau wie ich. Wenn er ein bedeutender Politiker werden konnte, warum dann nicht auch ich? Lincoln wurde mein Held. Ich kaufte ein Bild von ihm und hängte es an die Wand. Ich glaubte von ganzem Herzen an den Herrn, aber ich lernte mit dem Ziel, eines Tages ein bedeutender Politiker zu werden.

Der Ruf

Im Herbst des Jahres, in dem ich vierzehn wurde, entschloß ich mich, Politiker zu werden. Anfang des folgenden Jahres wurde mir immer klarer, daß Gott mich zum Prediger berief. Als ich den Ruf zum ersten Mal vernahm, widerstand ich. Wie konnte ich denn Prediger sein, wenn ich mir doch vorgenommen hatte, die politische Laufbahn einzuschlagen? Ein bedeutender Politiker zu werden, bedeutete Ehre, während es Erniedrigung bedeutete, wenn man Prediger wurde. Mein Ziel, Politiker zu werden, über Bord zu werfen, um mich für das Predigtamt zu entscheiden, war, als ob man vom Gipfel eines Berges in eine dunkle Schlucht steigen würde.

Aber es gab noch einen anderen Grund für mein Widerstreben. Ich hatte viele Prediger kennengelernt, die ganz einfach am falschen Platz waren. Einige von ihnen waren ursprünglich Sprachlehrer für Missionare gewesen und hatten erst allmählich in den Predigtdienst hineingefunden. Einige waren zuvor Köche, Raumpfleger, Türhüter und anderes im Dienst von Missionaren. Sie hörten die ganze Zeit Predigten, lernten einige wenige Schriftstellen, sangen ein paar Lieder und predigten einige halbverstandene Lehren. Irgendwann waren sie dann „richtige" Prediger.

Andere hatten in normalen Schulen und Hochschulen den Abschluß nicht geschafft, und alles, was dann noch übrigblieb, war, eine zweijährige Bibelschulausbildung zu absolvieren. Danach versahen sie dann den Predigtdienst in Gemeinden.

Ich bildete mir ein, kein so wertloser Schüler zu sein. Mein Name stand häufig auf der Liste der Preisträger, was bedeutete, daß ich weniger Schulgeld bezahlen mußte. Wenn ein so begabter und talentierter Mensch Prediger würde, so bedeutete dies, daß er eine unter seinem Niveau liegende Tätigkeit ausübte – so dachte ich. Ich lehnte also den Ruf Gottes eisern ab.

Ich war jedoch ein junger Mann, der von ganzem Herzen an den Herrn glaubte. Jeden Morgen nach dem Aufstehen und jeden Abend vor dem Zubettgehen betete ich. Mindestens einmal am Tag las ich in der Bibel. Ich besuchte immer die regulären Gottesdienste. Gewiß, während der Schulzeit war der Besuch obligatorisch, aber ich gewöhnte mir an, sie auch während der Ferien zu besuchen, wenn die meisten Stühle unbesetzt waren. Ich kann mich nicht daran erinnern, daß mich diese Gottesdienstbesuche in meinem Glauben weiterbrachten, aber mir war klar, daß ein guter Christ auf keinen Fall den Gottesdienst versäumt.

Ich besuchte auch den Kreis für junge Männer und brachte mich dort ein. Man hielt mich für einen äußerst begeisterten Christen. Es leuchtet ein, daß mir, je mehr ich mich für den Herrn begeisterte, immer deutlicher wurde, daß Er mich rief, ein Prediger für Ihn zu sein. Aber ich wich noch immer zurück und suchte nach Ausflüchten. Es war, als wäre ich bereit, neunundneunzig von Gottes hundert Geboten zu gehorchen. Gerade dieses eine wollte ich auf keinen

Fall befolgen. Mein Ziel aufzugeben, Politiker zu werden, um als Prediger tätig zu werden, war etwas, was ich auf keinen Fall akzeptieren konnte.

Konflikt

Länger als drei Jahre, nämlich von fünfzehn bis achtzehn Jahren, lag ich mit Gott im Streit. Der Kampf war äußert schmerzhaft für mich. Trotzdem gab ich nicht nach und Gott auch nicht. Manchmal verbannte ich alle Gedanken an die Zukunft aus meinem Kopf, und zeitweilig verspürte ich Frieden im Herzen. Jedesmal, wenn ich jedoch über die Sache nachdachte, wurde der Konflikt erneut entfacht.

Einmal veranstaltete die Schule besondere Treffen, auf denen ein begeisterter Redner während mehrerer Tage referierte. „Junge Christen", so sagte er, „sollten sich dazu entschließen, Prediger des Evangeliums zu werden." Da ich als der eifrigste Schüler der Schule galt – und da der Besuch ohnehin obligatorisch war – konnte ich den Vorträgen nicht fernbleiben, obwohl ich nach einer Entschuldigung suchte, um genau das zu tun. Das Ergebnis war, daß der Kampf in meinem Herzen erneut entbrannte.

Im Sommer des Jahres, in dem ich achtzehn wurde, sollte ich die Mittelschule abschließen. Damals galt noch das alte Mittelschulsystem von vier Jahren. Bevor ich mich zur Universität anmelden konnte, mußte ich die Fächer wählen, die ich studieren wollte. Ich konnte nicht länger warten – nun mußte ich eine Wahl treffen. Da mein Ziel die politische Laufbahn war, entschloß ich mich, Politik zu studieren. Als Banner trug ich den Spruch: „Menschliche Entschlossenheit bestimmt die Zukunft". Ich war ziemlich zuversichtlich, daß ich, wenn ich mich entschloß, Politiker zu werden, auch bestimmt einer werden könnte. Ich gebrauchte meine eigene Dickköpfigkeit im Umgang mit Gott und verhielt mich dumm, so, als wolle ich „mit einem Ei einen Felsen zerschlagen".

Endlich besiegt!

Mitte März 1918 wurde ich krank. Mein Körper war müde, mir war schwindelig, und ich mußte mit Fieber im Bett liegen. Außerdem litt ich unter Appetitlosigkeit. Die Krankheit dauerte über einen Monat. Dann besserte sich mein Zustand. Anfang Mai ging ich auch wieder zur Schule, wurde jedoch am 20. Mai erneut krank. Am 23. Mai mußte ich nach Hause zurückkehren. Die Krankheit verschlimmerte sich. Ich zwang mich jedoch, an einer Prüfung für Mittelschüler an Missionsschulen teilzunehmen, die in den beiden Provinzen Hu-bei und Shan-xi durchgeführt wurde. Das Examen dauerte fünf Tage. Nach zwei Tagen mußte ich jedoch bereits wieder das Bett hüten. Als die Krankheit ihren Höhepunkt erreicht hatte, dachte ich allmählich, daß ich mich nicht erholen würde. Ich hatte Angst zu sterben. Ich verlor die Hoffnung und bereute, dem Ruf Gottes nicht gehorcht zu haben. Ich gelangte an den Punkt, wo mir keine andere Wahl blieb, als mein angestrebtes Berufsziel aufzugeben. Ich erkannte, daß ich mich gegen Gott nicht behaupten konnte.

„Menschliche Entschlossenheit bestimmt die Zukunft": Nur ein Geisteskranker kann so etwas sagen. Gefangen von Schmerz auf der einen Seite und Verzweiflung auf der anderen betete ich in der Stille zu Gott. Ich bekannte, daß ich eigentlich sterben sollte, aber ich gab Gott das Versprechen, daß ich, wenn Er mein Leben verschonte, es nie wieder wagen würde, mich Ihm zu widersetzen. Ich hatte viele Medikamente genommen, doch sie schienen überhaupt nicht zu wirken. Ein Arzt des Krankenhauses der Londoner Missionsgesellschaft sagte zu meiner Schwester, es bestehe keine Hoffnung auf Heilung. Dann trat jedoch das Unerwartete ein. Als mein Gebet Gottes Ohr erreichte, heilte er die ernste Krankheit auf wunderbare Weise.

So gebrauchte Gott also diese beiden schweren Krankheiten, damit ich mich Seinem Willen beuge und das Ziel aufgebe, Politiker zu werden. Ende Juni war ich dann endlich wieder völlig gesund. Am 27. Juni fand die Abschlußfeier statt. Da ich bislang immer gute schulische Leistungen erbracht hatte, durfte ich mit den übrigen Schülern abschließen. So hatte ich also meine vier Schuljahre an der Mittelschule beendet.

Universität

Körperlich war ich noch immer schwach, und meine Freunde rieten mir dringend, mich doch einmal so richtig auszuruhen und zu erholen. Ich wollte jedoch nicht noch mehr Zeit verlieren, und so setzte ich meine schulische Laufbahn Mitte September fort. Damals erstreckte sich der Besuch der Mittelschule über vier Jahre, das Studium an der Universität über sechs Jahre. Die ersten beiden Jahre an der Universität waren als Vorbereitungsjahre gedacht, an die sich dann das eigentliche Studium anschloß. Damals war ich im ersten Vorbereitungsjahr.

Verbindung mit Zuhause

Am 19. Mai 1919 wurde in allen Schulen aufgrund nationaler Ereignisse ein Streik ausgerufen. Wir studierten in diesem Trimester nicht mehr und gingen am 3. Juni früher in die Sommerferien. Ich erhielt dann die Nachricht, daß Studenten im ersten Vorbereitungsjahr ab Herbst an der Cheloo-Universität in Ji-nan in der Provinz Shan-dong weiterstudieren mußten. Der Gedanke daran bereitete mir Unbehagen, da ich noch nie so weit gereist war. Außerdem hatten meine Mutter und ich eine sehr enge Beziehung zueinander. So war ich während meiner Internatszeit regelmäßig einmal pro Woche nach Hause gekommen. Meine Mutter mußte mich häufig sehen, und ich mußte sie häufig sehen. Sollte ich nach Ji-nan gehen, so würden wir uns mindestens ein halbes Jahr lang nicht treffen. Wir konnten ganz einfach nicht so lange getrennt voneinander sein. Dies um so weniger, als sie sich häufig nicht wohl fühlte und zu der Zeit gerade krank war.

Ich erinnerte mich an das vorige Jahr, als meine Mutter ebenfalls krank war. Am Montag, dem 30. September, war der halbe Tag frei, und ich machte mich in bester Laune auf den Weg nach Hause. Als ich jedoch unser Haus betrat, fand ich meine Mutter krank im Bett, und meine gute Laune war unverzüglich verflogen. Hastig gab ich ein Telegramm auf, in dem ich meine Schwester (eine Lehrerin) bat, nach Hause zu kommen. Ich mußte am selben Abend wieder in der Schule sein, so blieb mir keine andere Wahl, als meine Schwester zu bitten, über Nacht bei unserer Mutter zu bleiben. Am nächsten Tag wurde Konfuzius' Geburtstag gedacht. Es war folglich Feiertag, so daß ich wieder frei hatte und nach Hause gehen und nach meiner Mutter sehen konnte. Am Abend mußte ich jedoch wieder in der Schule sein. Da meine Schwester bereits gegangen war, steckten wir in einem Dilemma. Ich war höchst besorgt und weinte sehr. Um halb neun Uhr mußte ich mich auf den Weg machen. Obwohl ich am nächsten Tag im Unterricht körperlich anwesend war, war ich mit den Gedanken zu Hause, und ich fragte mich ständig, ob es meiner Mutter schlechter gehe. Während die anderen Schüler dem Unterricht folgten, konnte ich nur weinend mit gesenktem Kopf auf meiner Bank sitzen. Schließlich erhielt ich die Erlaubnis, mehrere Tage lang nach dem Unterricht nach Hause zurückzukehren. Schließlich genas meine Mutter auch wieder.

Aber schon einige Tage später wurden meine Mutter und meine Schwester zur selben Zeit krank. Wie konnte ich da ruhig in der Schule sitzen? Ich mußte nach dem Unterrichtsende nach ihnen sehen, wagte jedoch nicht, um Erlaubnis zu fragen, schon wieder nach Hause zu dürfen. So hielt ich bis nach dem Abendbrot durch, dann konnte ich jedoch nicht mehr. Ich entschlüpfte nach dem Unterricht unbemerkt durchs Schultor und kam abends wieder zurück. Seit ich gläubig geworden war, wollte ich nicht gegen die Schulregeln verstoßen. Aber in diesem Fall wiederholte ich diese Besuche zu Hause, bis es meiner Mutter und meiner Schwester wieder gutging.

Die ängstliche Unruhe dieser Tage blieb jedoch nicht ohne Auswirkungen auf meinen körperlichen Zustand. Ich war müde und konnte nicht richtig essen. Mein Schlaf war nicht gesund, und mein Gesicht war ständig tränenüberströmt. Sowohl mein Körper als auch mein Verstand standen unter Beschuß. So wurde ich drei Tage, nachdem es meiner Mutter und meiner Schwester besserging, erneut zehn Tage krank. Ich durfte zur Genesung nach Hause gehen. Dort kümmerte sich meine Mutter um mich. Wir waren unzertrennlich. Wie konnte ich da in das Hunderte von Kilometern entfernte Ji-nan gehen?

Zukunftspläne

Von Juni bis August verbrachte ich viele sorgenvolle Tage. Ich hatte vor, nach den beiden Vorbereitungsjahren die Zulassungsprüfung zum regulären Studium abzulegen. So suchte ich Herrn Chin, den Rektor meiner Schule, auf und fragte ihn, ob er mir gestatten würde, diese Prüfung abzulegen. Er riet mir, mich an den Verantwortlichen für das reguläre Studium zu wenden (der wohl Missionar war) und die Sache mit ihm zu besprechen.

Entgegen aller Erwartungen und obwohl ich ihn häufig telefonisch zu erreichen versuchte, gelang es mir nie, mit ihm Kontakt aufzunehmen. Ich schrieb ihm einen Brief, erhielt jedoch nicht einmal eine Postkarte als Antwort. Während meine Hoffnung immer mehr schwand, jemals die erforderliche Erlaubnis zu bekommen, hoffte ich wenigstens auf ein „Ja“ oder „Nein“, so daß mein Herz Ruhe haben könnte. Aber leider erhielt ich niemals auch nur ein paar Zeilen. Ich war frustriert und verärgert. Ich hätte es nie für möglich gehalten, daß ein Missionar aus dem Westen, der im Namen Christi eine so riesige Strecke zurückgelegt hat, um der Gemeinde Gottes in China zu dienen, einen jungen und ehrgeizigen chinesischen Studenten auf diese Weise behandeln könnte.

Meine Hoffnung, ein reguläres Studium zu absolvieren, war nun also dahin. Noch immer war mir der Gedanke unerträglich, meine Mutter zu verlassen und nach Ji-nan zu gehen. Nun, da ich keine Hoffnung mehr hatte, die Universität zu besuchen, wollte ich mir das Leben nehmen. Ich war nahe daran, den Verstand zu verlieren. Gott sei's gedankt, daß Er in den Tagen der Dunkelheit und Schmerzen Sein Wort gebraucht hat, um mich zu trösten. Am Morgen des 22. erfuhr ich durch die Bibellese Hilfe: *Denn sei es, daß wir leben, wir leben dem Herrn; sei es, daß wir sterben, wir sterben dem Herrn. Sei es nun, daß wir leben, sei es, daß wir sterben, wir sind des Herrn.* (Römer 14,8). Am Morgen des 23. gab mir Gott folgende Verheißungen: *Im aufwallenden Zorn habe ich einen Augenblick mein Angesicht vor dir verborgen, aber mit ewiger Gnade werde ich mich über dich erbarmen, spricht der HERR, dein Erlöser. ... Denn die Berge mögen weichen und die Hügel wanken, aber meine Gnade wird nicht von dir weichen und mein Friedensbund nicht wanken, spricht der HERR, dein Erbarmer.* (Jesaja 54,8.10).

Da die Tür zum Studium nun geschlossen war, mußte ich zumindest für eine Weile einen Job finden und es später nochmals mit dem Studium versuchen. Oberflächlich betrachtet sollte es für mich eigentlich nicht schwierig sein, eine Arbeit zu finden, da die meisten meiner Bekannten mich hoch schätzten. Es war daher seltsam, daß ich keine Stelle fand, wie sehr ich mich auch bemühte. Im Handumdrehen war der August zu Ende, und ich konnte nicht einmal einen Silberstreifen am Horizont erkennen. So war ich niedergeschlagen und verzweifelt.

Eine offene Tür

Am Abend des 26. August besuchte ich meinen Freund, der mich zum Herrn geführt hatte. Er ermahnte mich, nicht über meine Situation bekümmert zu sein, und drängte mich, doch wegzufahren, um auf andere Gedanken zu kommen. Er schlug Tung-hsien vor, wo ich ein oder zwei Tage lang herumreisen könne. Zur selben Zeit tagte in Tung-hsien der Ausschuß für Erziehung und Bildung der christlichen Kirchen der beiden Provinzen Hu-bei und Shan-xi. So würde ich nicht wenige Bekannte treffen. Aufgrund meines damaligen Befindens war ich nicht besonders erpicht darauf, Menschen zu treffen und war somit nicht gerade begeistert davon, dorthin zugehen. Da mich mein Freund jedoch beharrlich drängte, machte ich mich am nächsten Tag nach Tung-hsien auf. Ich blieb nur eineinhalb Tage dort, bis zum Ende des Treffens. Dann kehrte ich mit anderen nach Peking zurück. Völlig unerwartet tat sich durch meinen Aufenthalt in Tung-hsien ein Ausweg auf. Und das geschah so:

Während meines dortigen Aufenthalts traf ich einen Freund, den ich schon drei oder vier Jahre nicht mehr gesehen hatte. Als er erfuhr, daß ich noch immer keine Stelle gefunden habe, erzählte er mir von einer Elementarschule in Bao-ding, wo eine Lehrerstelle frei war. Die Arbeit bestand darin, Schüler der Unteren Primarschule zu unterrichten. Das Gehalt für einen verheirateten Lehrer betrug zwölf chinesische Dollar im Monat. Ein unverheirateter Lehrer verdiente 80% davon. Ich war der Meinung, diese Stelle sei nichts für mich, und ich wollte ablehnen. Mein Freund drängte mich jedoch, darüber nachzudenken. „Heute ist der 28. Sie erwarten deine Antwort bis Ende des Monats. Bitte antworte bis spätestens 31." Ich willigte ein. Aber obwohl ich mehrere Tage darüber nachdachte, hatte ich noch immer den Eindruck, daß ich die Stelle nicht annehmen könne. Ich konnte als Student nicht in das über 300 Meilen entfernte Ji-nan gehen. Wie konnte ich da als

Lehrer nach Bao-ding gehen, das 100 Meilen entfernt lag? Außerdem sagte es mir nicht zu, Schüler der Elementarschule zu unterrichten. Ich hatte an der Tsui-wun-Elementarschule unterrichtet, als ich Schüler im zweiten Jahr der Mittelschule war. Aber ich hatte jetzt bereits ein Jahr lang an der Universität studiert, und ich war ein vielversprechender junger Mann, der hoffte, noch Wichtiges zu erreichen. Wie konnte ich meine Maßstäbe derart herunterschrauben, Elementarschüler zu unterrichten? Drittens hatte ich den Eindruck, daß mein Gehalt viel zu gering sein würde. Ich mußte mindestens einmal pro Monat nach Hause fahren, und jede Fahrt würde einige Dollar kosten. Es würde mir schwerfallen, mit dem verdienten Geld zurechtzukommen. Es würde gewiß nichts übrigbleiben, um Bücher oder Kleidung zu kaufen. Noch weniger würde ich in der Lage sein, etwas zu sparen. Nein, ich konnte die Stelle nicht annehmen. So schrieb ich am Abend des 31. August einen Brief, in dem ich absagte. Dann machte ich mich auf den Weg zur Post.

Am Briefkasten angekommen, steckte ich den Brief in den Schlitz. Bevor ich ihn jedoch losließ, warf ich einen Blick auf die Zeiten, zu denen der Briefkasten geleert wird, die ich im Schein der Straßenlaterne erkennen konnte. Ich erblickte den Hinweis „Nächste Leerung 7.00h“. Was sollte ich tun? Ich hatte versprochen, nicht nach dem 31. August zu antworten. Nun war es für die letzte Leerung des Tages bereits zu spät. Ich dachte mir, daß es besser wäre, den Brief wieder nach Hause mitzunehmen und ihn am nächsten Tag fortzuschicken, anstatt ihn die ganz Nacht im Briefkasten liegen zu lassen. Ziemlich deprimiert machte ich mich auf den Heimweg. In jener Nacht war ich zutiefst traurig. Warum nur, so ging es mir durch den Kopf, befinde ich mich in einer so erbärmlichen Lage? Die Tür zu einem weiteren Studium ist geschlossen. Ich finde eine freie Stelle, die mir aber nicht angemessen ist. Warum nur behandelt Gott mich so? Am kommenden Morgen änderten sich jedoch meine Gedanken schlagartig. Ich entschloß mich, den Weg einzuschlagen, der mir nicht gefiel. Nach Bao-ding zu gehen war gewiß besser, als trübselig zu Hause zu sitzen. So zerriß ich den Brief, den ich am Abend zuvor geschrieben hatte, und verfaßte einen zweiten Brief nach Bao-ding. Diesesmal war es eine Zusage.

Lehrer

Am 11. September verließ ich Peking. Meine Mutter vergoß viele Tränen, wenn sie daran dachte, daß ich so weit fortginge. Natürlich weinte ich auch. In Bao-ding wurde ich abgeholt und zur Schule gebracht, die sich im Evangeliumshof in einer westlich von Bao-ding gelegenen Vorstadt befand.

Als ich das Schulgelände betrat, bemerkte ich die kleinen Klassenzimmer und die jungen Schüler in ihrer ärmlichen Kleidung. Was ich sah, entsprach nicht meinen Erwartungen. Ich fühlte mich sehr einsam und traurig. Als ich mit dem Direktor redete, teilte er mir mit, daß der Mann, der ihm von mir erzählt hatte, mein Wissen und meine Erfahrung erwähnt hatte, und daß er deshalb entschieden habe, daß ein Lehrer, der bislang die Höhere Primarschule unterrichtet hatte, nun die Untere Primarschule unterrichten solle, und daß mir die Schüler der Höheren Primarschule und des ersten Jahres der Mittelschule anvertraut werden sollten. Mit anderen Worten, die höchsten Klassen der Schule. Auch würde er mich bevorzugt behandeln und mir das Gehalt eines verheirateten Lehrers geben. Diese Entwicklung der Dinge ermutigte mich enorm, besonders die Tatsache, daß ich höhere Klassen unterrichten durfte. Am nächsten Tag begann ich mit dem Unterricht, und nach den Schulstunden versuchte ich, den Schülern Bibelwissen zu vermitteln.

Ich erinnerte mich daran, wie mir als Schüler die Schriften von Pastor H. L. Zia geholfen hatten, dessen Intelligenz und moralische Maßstäbe ich sehr bewunderte. Ich stellte fest, wie er die Schüler lehrte und anleitete, wie er mit ihnen redete und Gemeinschaft pflegte und wie er sie durch sein aufrichtiges Verhalten beeinflußte. Damals dachte ich, daß ich, sollte ich jemals Lehrer werden, das Beispiel von Pastor Zia befolgen wollte.

So versuchte ich also, als ich in Bao-ding Lehrer wurde, meine Vorsätze zu verwirklichen, sowohl während des Unterrichts als auch in der Freizeit. Ich erklärte den Schülern die großen Themen, wie man Gott anbetet und wie man als ein Mann lebt. Was ich damals predigte, unterscheidet sich sehr von dem, was ich heute predige. Damals verstand ich noch nicht die Lehre von der Errettung und vom Leben. Ich lehrte die Schüler, Gott anzubeten, die Menschen zu lieben und ein moralisch sauberes Leben zu führen. Ich handelte mit einem aufrichtigen Herzen und voller Eifer; so war ich in der Lage, Einfluß auf die Schüler auszuüben. Zu Anfang fanden unsere Treffen nach Unterrichtsende statt. Später hatte ich jedoch den Eindruck, daß es besser wäre, sich jeden Tag zu treffen, so daß die Schüler, die die Botschaft hören wollten, freiwillig teilnehmen konnten. Ich besprach die Sache mit einigen Schülern, und wir einigten uns darauf, jeden Abend einen Gebetskreis abzuhalten.

Ratschläge

Unser erstes Treffen fand am 12. November statt. Von da an trafen wir uns jeden Abend, es sei denn, daß entweder die Gemeinde oder die Schule eine Veranstaltung hatte oder daß etwas anderes Besonderes dazwischenkam. Manchmal sprach ich mit den Schülern über Gebet oder Bibellesen. Manchmal sprach ich darüber, wie wir in unserem moralischen Leben Fortschritte machen können. Ich sprach über Sündenbekenntnis und Buße, über das praktische Leben und darüber, wie man als Mann leben soll. Andere Themen waren Dienst und Opfer, Hygiene und Körperpflege, die Achtung der Eltern, Aufrichtigkeit und Heiligkeit, Oberhaupt der Familie und Rettung der Nation, Selbstverleugnung und Nächstenliebe, Tugend und Weisheit, Maximen und Mottos, Biographien berühmter Menschen.

Aber ich konnte noch nicht über die Lehre vom ewigen Leben predigen. Das bedeutet nicht, daß ich sie nicht glaubte, sondern daß ich sie nicht ganz verstand. Ich wußte, daß Jesus das Sühneopfer für meine Sünden war und daß Er an meiner Stelle gestorben ist. Ich wußte auch, daß niemand außer Jesus in die Gegenwart Gottes treten durfte. Was das Leben nach dem Tod anging, so hatte ich es nicht ganz verstanden und predigte also auch nicht darüber. Auch glaubte ich, daß alle Aufzeichnungen in der Bibel wahr sind, obwohl ich mich nur für die mir wertvollen bekannten Abschnitte interessierte. Ich glaubte, daß Jesus von den Toten auferstanden ist, aber ich verstand nicht, ob auch Sein Körper auferstanden ist oder nicht. Ich glaubte an die Wunder, die der Herr Jesus, die Propheten und die Apostel vollbracht hatten, so wie es aufgezeichnet war. Wenn jedoch jemand den Sinn dieser historischen Fakten verdrehte, dann konnte ich Wahrheit und Lüge nicht voneinander unterscheiden.

Ich erinnerte mich daran, daß zu meiner Mittelschulzeit eine ältere Dame einmal über die Wiederkunft des Herrn gepredigt hatte, und ich glaubte fest an die Verheißungen. Aber seither hatte ich nur selten jemand über dieses Thema predigen hören, und so schenkte ich ihm nicht viel Beachtung.

Feindseligkeit

Mein Ziel war es nicht nur, den Schülern Unterrichtsstoff zu vermitteln, sondern ihnen in jeder Hinsicht Hilfestellung zu geben. Einige Schüler waren sehr angesprochen und nahmen das, was ich ihnen sagte, auf. Bei meinen Kollegen stieß ich jedoch auf Feindseligkeit. Der erste Grund dafür war, daß ich nicht mit ihnen lebte. Jeden Tag aßen wir fünf Lehrer zusammen in einem kleinen Raum. Wenn die vier anderen sich unterhielten, dann gefiel es ihnen, liederliche Gespräche zu führen und schmutzige Aussagen zu machen. Ich war darüber verärgert, es tat mir im Ohr weh, wie wir sagen. Sie arbeiteten jedoch schon seit langem als Lehrer, während ich ein Neuling war. Außerdem war ich wesentlich jünger als sie. So konnte ich also nichts sagen. Das einzige, was ich tun konnte, wenn sie so redeten, war, still meinen Kopf zu senken und weiterzuessen. Ich war solche Unterhaltungen nicht gewohnt und war deshalb verwirrt. Mein Mißfallen war deutlich zu sehen, und es rief bei ihnen Haß und Feindseligkeit hervor. Einmal konnte ich das Gespräch nicht länger ertragen. Ich stand auf und verließ entrüstet das Zimmer.

Nach einer Weile hielt ich es nicht länger aus und schlug vor, daß ich meine Mahlzeit in meinem eigenen Zimmer einnehmen werde. Ich hatte gute Gründe dafür, da ich zur damaligen Zeit etwa eineinhalb Jahre lang vegetarisch aß. So sagte ich zu meinen Kollegen: „Da ich nicht dasselbe esse wie ihr, besteht kein Grund, daß wir zusammen essen. Es ist besser, wenn ich in meinem Zimmer esse."

Es gab noch einen anderen Grund, warum meine Kollegen voller Groll gegen mich waren. Sie waren neidisch. Im allgemeinen unterrichteten die Lehrer ganz einfach nur ihre Fächer. Andere Dinge, die die Schule oder die Schüler betrafen, interessierten sie nicht. Fragen bezüglich der Schule wurden von dem dafür verantwortlichen Lehrer und wichtigere Angelegenheiten vom Direktor geklärt. Wenn es zu Schwierigkeiten zwischen den Schülern kam, dann kümmerte sich kein Lehrer darum, es sei denn, der verantwortliche Lehrer hätte andere Lehrer beauftragt, die Sache zu klären.

Ich war damals voller Eifer und kümmerte mich wenig darum, ob jemand mich beauftragt hatte zu handeln oder nicht. Sobald ich etwas sah, das erledigt werden mußte, nahm ich es in Angriff. Auf diese Art und Weise erhielt der verantwortliche Lehrer eine aktive Hilfe, worüber er sich sehr freute. Die anderen Lehrer verachteten mich jedoch und warfen mir vor, mit meinem Fleiß angeben zu wollen, um mich beim Direktor einzuschmeicheln. Am meisten jedoch mißverstanden sie, daß ich Gemeinschaft mit den Schülern pflegte und mich mit ihnen traf. Ihnen gefiel es überhaupt nicht, daß ich versuchte, den Verstand der Schüler mit der Wahrheit zu füllen. Sie betrachteten meine Gemeinschaft mit den Schülern als ein Mittel, meine Autorität zu etablieren. So verleumdeten sie mich und griffen mich auf jede nur mögliche Art an. Deshalb verlor ich manchmal den Mut und verzagte. Sobald ich jedoch sah, wie die Schüler danach hungerten, belehrt zu werden, ging es mir wieder besser.

Ein gottgefälliger Einfluß

Eines Sonntags sah ich nach dem Mittagessen, wie zwei Schüler miteinander stritten. Der verantwortliche Lehrer war nicht in der Schule, so daß ich die beiden Schüler zu mir kommen ließ und sie fragte, was denn los sei. Der jüngere von den beiden antwortete: „Er hat mich geschlagen", worauf der ältere konterte: „Er hat mich beschimpft."

Ich bat beide, sich zu setzen. Dann begann ich, sie zu ermahnen und ihnen eine sehr bewegende Geschichte zu erzählen. Während ich redete, beobachtete ich ihre Gesichter. Ich stellte fest, daß sie wirklich angesprochen waren. So bat ich sie, nachdem ich geendet hatte, ihre Sache nochmals vorzubringen.

Völlig unerwartet stand der jüngere Schüler auf und sagte: „Lehrer, an der ganzen Sache bin ich schuld, da ich ihn zuerst beleidigt habe und er mich deshalb geschlagen hat", woraufhin sich der ältere Schüler ebenfalls von seinem Platz erhob und meinte: „Lehrer, die Schuld liegt bei mir. Ganz gleich, was vorgefallen ist, ich bin der Ältere und sollte ihn nicht schlagen." Als ich dies sah, bat ich sie, sich die Hände zu geben und sich wieder zu versöhnen. Weinend und streitend waren die beiden in mein Arbeitszimmer gekommen. Und nun, eine Stunde später, verließen sie es schwatzend und spaßend wieder. Außerdem war der Jüngere von diesem Tag an völlig verändert.

Nachdem ich mehrere Monate unter Schülern gearbeitet hatte, erfuhr mein Denken eine große Veränderung. Ursprünglich war es ja mein Wunsch gewesen, ein einflußreicher Politiker zu werden. Obwohl ich dieses Ziel aufgrund der ernsthaften Erkrankung im Alter von achtzehn Jahren hatte aufgeben müssen, konnte ich noch immer nicht frohen Herzens den Willen Gottes akzeptieren. Aber ich begann nun, eine andere Einstellung zum Predigen zu gewinnen und erkannte, daß es eine großartige und wichtige Aufgabe ist. Selbst der Präsident eines Landes kann die Herzen der Menschen nicht verändern, so daß sie dem Bösen den Rücken kehren und sich statt dessen der Gerechtigkeit zuwenden. Mit den Schülern hatte ich mehrere Monate über die Wahrheit gesprochen, und das Leben einiger hatte sich merklich verändert. Wie kann man den Wert einer solchen Arbeit schätzen? Früher hatte ich gegen Gottes Ruf Widerstand geleistet. Aber durch meine Arbeit als Lehrer begann ich, mein Herz auf das Werk Gottes auszurichten.

Außerdem gab es noch einen anderen Grund, warum ich bereit war, den Dienst für Gott in Betracht zu ziehen. Während des Vorbereitungsjahres an der Universität hatte ich mehrmals miterlebt, wie Menschen der Wahrheit den Rücken kehrten. Ich hatte Lüge und Betrug gesehen, hatte miterlebt, wie manche auf Kosten anderer Profit machten, wie die Starken die Schwachen beleidigten, wie um die Reichen herumscharwenzelt wurde und wie die Armen verachtet wurden. Ich begann zu entdecken, daß es für alle Arten von sündhaftem Verhalten, das in der Welt gang und gäbe ist, in der Kirche eine genaue Entsprechung gibt. Ich sah in Bao-ding vieles, was mich unglücklich machte. Mir wurde die Finsternis und Korruption in den Gemeinden noch mehr bewußt. Ich hatte den starken Eindruck, daß die

Gemeinde eine Revolution brauchte, und daß mir die Aufgabe anvertraut war, diese Revolution durchzuführen. Und das hatte zur Folge, daß ich nun bereit war, mein Leben dem Dienst Gottes zu weihen.

Ich gehorche dem Ruf

Im Frühjahr 1920 war es soweit: Endlich hatte ich mich Gott bedingungslos hingegeben und war nun auch bereit, Seinem Ruf zu folgen. Im Sommer dieses Jahres änderte ich auch offiziell meinen Namen. Mein Vorname lautete nun „Ming-tao" anstelle von „Yong-shung". Die Bedeutung, die hinter diesem Namen steht, ist folgende: Möge Gott mich in dieser finsteren und verdorbenen Welt gebrauchen, um Seine Wahrheit zu bezeugen. „Ming" hat hier die Bedeutung von „bezeugen" („bestätigen"). Es ist nicht das „Ming" mit der Bedeutung „verstehen". „Tao" bedeutet eine Straße, ein Weg. Auch der Weg, die Wahrheit. Eine Lehre).

Die Moralvorstellungen verfallen immer mehr. Was die Welt heute braucht, ist ein Mann der Tugend, der Kraft und Entschlossenheit, der sich selbst der Veränderung des menschlichen Herzens hingibt. Als wir in unserer Schulzeit die Geschichte Englands durchnahmen, sagte Herr Hsu, unser Lehrer: „China braucht dringend einen Mann wie John Wesley. Wer ist John Wesley? Vielleicht ist ja gerade einer hier in dieser Klasse!" Gibt es so einen Menschen? Ich denke immer wieder über diese Frage nach.

Da ich nun also den Ruf Gottes angenommen hatte, bereitete ich mich darauf vor, mein Studium an der Universität fortzusetzen und danach an einer theologischen Ausbildungsstätte zu studieren. Der Direktor, Herr Thomas Biggin, ein Engländer, hatte mir vor einiger Zeit einmal einen Vorschlag gemacht. Wenn er in sein Heimatland zurückkehren würde, würde er, wenn sich dies verwirklichen ließe, Geld für ein Stipendium besorgen, das es mir ermöglichen würde, irgendwann in der Zukunft in England zu studieren. Diese Aussicht begeisterte mich sehr. Ich dachte, daß ich zunächst vier Jahre an der Universität und drei Jahre an der Theologischen Fakultät einer Universität in China studieren könnte. Danach könnte ich nach England gehen und dort noch drei Jahre an einer theologischen Ausbildungsstätte studieren. So wäre ich nach zehn Jahren ein bedeutender Pastor, ein großer Evangelist.

Doch das war nicht der Weg Gottes für mich. Gott spricht: *Denn meine Gedanken sind nicht eure Gedanken, und eure Wege sind nicht meine Wege, spricht der HERR. Denn [so viel] der Himmel höher ist als die Erde, so sind meine Wege höher als eure Wege und meine Gedanken als eure Gedanken.* (Jesaja 55,8.9). Gottes Weg für mich war sehr viel höher. Da noch immer die Frage ausstand, ob ich an die Universität sollte, entschloß ich mich, nachdem ich mehrere Tage über die Sache gebetet hatte, die Anfrage anzunehmen, noch ein weiteres Jahr zu unterrichten. So verließ ich Anfang September erneut Peking, um weiterhin an der Schule in Bao-ding zu arbeiten.

Wer hätte auch damit gerechnet, daß Gott noch vor Ende des Schuljahres etwas Wunderbares für mich tun würde? Er führte mich nicht nur auf einen anderen Weg, Er bewirkte auch eine völlige Veränderung meines Denkens, meines Glaubens und meines Lebens.

KAPITEL 3

Durch Feuer und Wasser zur Erquickung

Denn du hast uns geprüft, Gott, du hast uns geläutert, wie man Silber läutert. Du hast uns ins Netz gehen lassen, hast eine drückende Last auf unsere Hüften gelegt. Du hast Menschen über unseren Kopf reiten lassen; wir sind ins Feuer und ins Wasser gekommen, aber du hast uns herausgeführt zum Überfluß.

Psalm 66,10-12

Wenn Silber im Feuer geläutert wird, fühlt es keinen Schmerz, da es keine Empfindungen hat. Wenn jedoch ein Mensch geläutert wird, bedeutet dies unbeschreiblichen Schmerz. Doch erst wenn du auf diese Weise geläutert wirst, ist dein Leben rein und wertvoll wie echtes Silber.

Wie stellt Gott uns auf die Probe? Und wie züchtigt Er uns? Er legt Lasten auf unseren Rücken. Er läßt zu, daß Streitwagen über unseren Kopf reiten. Keine dieser drei Erfahrungen ist leicht zu ertragen. Wir können uns vorstellen, was ein Vogel empfindet, wenn er ins Netz eines Vogelfängers gerät. Er verliert seine Freiheit und ist nun völlig dem Vogelfänger ausgeliefert. Er kann nicht nur nicht mehr frei fliegen, er kann auch kaum einige Schritte tun. Er wird von einem Menschen in einen Käfig gesperrt. Ob er leidet oder sich wohl fühlt, ob er in Frieden lebt oder einer Gefahr ausgesetzt ist, liegt allein in den Händen eines Menschen. Er kann schreien, weinen und wimmern. Er kann Angst haben und zittern. Das ist eine Art, wie Gott uns auf die Probe stellt und uns züchtigt.

Ein Mensch kann so lange eine schwere Last tragen, bis er kaum mehr atmen kann, bis seine Muskeln angespannt sind und seine Knochen schmerzen. Er hat keine Kraft, sich zu bewegen, und er sehnt sich von ganzem Herzen danach, daß jemand kommen möge, um ihm zu helfen und ihm die Last für eine Weile abzunehmen. Dies ist eine andere Art, wie Gott uns auf die Probe stellt und uns züchtigt.

Nun kommen wir zu denjenigen, die auf unserem Kopf reiten. Wir können schon den Gedanken daran nicht ertragen. Unser Kopf besteht nicht aus Messing oder Eisen. Wenn jedoch Gott zuläßt, daß jemand mit seinem Streitwagen über uns fährt, dann ist Er bestimmt auch in der Lage, uns zu schützen und unseren Kopf davor zu bewahren, völlig zerquetscht zu werden. Ja, Er kann sogar verhindern, daß wir überhaupt verletzt werden. Dennoch sind Schmerz und Schande in solch einer Situation unvermeidlich. Es gibt Zeiten, in denen Gott es zuläßt, daß wir sogar auf diese Art auf die Probe gestellt und gezüchtigt werden.

Der Psalmist sprach von den drei soeben beschriebenen Arten zu leiden. Aber er konnte die Erfahrung mit folgenden Worten zusammenfassen: *Wir sind ins Feuer und ins Wasser gekommen, aber du hast uns herausgeführt zum Überfluß.*

In Feuer und in Wasser zu geraten, ist nicht nur schmerzvoll, sondern auch gefährlich. Da diese Erfahrung jedoch Gottes Wille ist, kann die Gefahr schließlich zu Frieden und Ruhe werden. Als Ergebnis werden wir herausgeführt und erquickt. Prüfung und Züchtigung sind schwer zu ertragen, wenn wir jedoch den Ausgang kennen, können wir sie freudig annehmen. Der Psalmist erzählte seine Erfahrungen, um anderen inmitten von Prüfung und Züchtigung zu helfen. Ich freue mich auch darüber, wenn mein Zeugnis denjenigen Trost und Ermutigung bringt, die geprüft werden. So möchte ich nun davon berichten, wie Gott mich durch Feuer und Wasser geführt und erquickt hat.

Glaubenserfahrungen

Im vorigen Kapitel habe ich von meiner Rückkehr an die Schule in Bao-ding im Herbst 1920 erzählt. Einige Tage bevor ich Peking verließ, war ich innerlich sehr unruhig, da sowohl meine Mutter als auch meine Schwester weit vom Herrn entfernt waren. Lange schon hatte ich ihnen helfen wollen, aber nie hatte sich eine günstige Gelegenheit ergeben. Am Tag vor meiner Abfahrt war ich in meinem Zimmer und weinte. Gerade in diesem Moment kam meine Schwester herein. Als sie mich weinen sah, brach auch sie in Tränen aus. Ich sagte zu ihr: „Ich weine, weil du und Mutter so weit vom Herrn entfernt seid, daß ich sehr traurig bin.“ Ich ermahnte sie ein wenig. Meine Schwester bekannte ihre Schuld und sagte voller Ernst, daß sie bereit sei, Buße zu tun. Sie ergriff meine Hand und weinte sehr lange. Mich machte dieses Erlebnis unbeschreiblich glücklich.

Am nächsten Tag, es war der 8. September, nahm ich einen frühen Zug nach Bao-ding. Nach nur ein oder zwei Tagen schmerzte mich jedoch mein Ohr so sehr und war so geschwollen, daß ich nach Peking zurückkehren mußte. Dort blieb ich sechzehn Tage lang. Während dieser Zeit setzte ich das Gespräch mit meiner Schwester fort. Ihre Antwort tröstete mich und machte mich froh. Schließlich verließ ich Peking Ende September wieder und kehrte erneut nach Bao-ding zurück. Im vergangenen Schuljahr hatte ich Vorbereitungen getroffen, um eine CVJM-Gruppe ins Leben zu rufen. In diesem Schuljahr wollte ich ein besonderes Eröffnungstreffen abhalten. Rein äußerlich betrachtet sah es ganz so aus, als kämen wir gut voran, aber mein eigenes Herz war so leer und unendlich schwach. Ich war pessimistisch, und mir war bewußt, daß es mir an Vollmacht fehlte. Hinzu kam noch, daß ich über eine Kurzsichtigkeit auf beiden Augen beunruhigt war, und diese schien täglich schlimmer zu werden. Ich befürchtete, daß die Verschlechterung weitergehen würde und konnte mir nicht vorstellen, wie die Zukunft aussehen würde. Ich hatte mit vierzehn Jahren eine Brille bekommen. Als ich achtzehn war, wurden die Gläser ausgetauscht. Nach einem Jahr wurden meine Augen schlechter, und ich bekam dreimal neue Gläser. Es sah ganz so aus, daß ich, wenn die Verschlechterung weiterging, mich bald kaum noch von einem Blinden unterscheiden würde.

Es waren jedoch meine eigene geistliche Armut und die Tatsache, daß meine Arbeit ohne Vollmacht war, die mir damals am meisten zu schaffen machten. Wenn ich die Finsternis und Korruption in der Gemeinde sah, ergriffen mich Enttäuschung und Melancholie. Ich war mir der Bedeutung von Gottes Auftrag an mich und der Schwere meiner Verantwortung bewußt.

Am Abend des 21. November unterhielt ich mich in der Schule mit einem neuen Kollegen. Er brachte die Frage der Sünde zur Sprache. Ärger erfüllte mich. Wie konnte in einem so guten Christen wie mir noch irgendeine Sünde sein? Mein Kollege sprach von Sünden wie beispielsweise Stolz. Er sagte: „Es gibt Gläubige, die ganz begeistert sind und fleißig arbeiten. Aber sie tun dies nicht zu Gottes Ehre, sondern zu ihrer eigenen." Diese Worte trafen mir ins Herz, denn sie beschrieben genau die Ursache meines Leidens und auch seine Symptome. Mein Ärger verflog, als ich ihm zustimmte, und schließlich war ich zutiefst bewegt. Ich kehrte in mein Zimmer zurück, kniete vor meinem Bett nieder und bekannte meine Sünden.

Damals war ich bereits über sechs Jahre Christ und war im Glauben gewachsen. Jeden Tag, ohne Ausnahme, betete ich und las meine Bibel. Ich zwang mich dazu, Gottesdienste zu besuchen und gab den Zehnten meines Einkommens für die Arbeit des Herrn. Ich achtete darauf, daß nichts

Unreines über meine Lippen ginge. Ich war nicht geizig. Ich hatte nie irgendein unerlaubtes Verhältnis mit einer Frau. Ich war treu in meiner Arbeit. Ich achtete und liebte meine Schwester. Ich diente den Schülern voller Eifer, und durch mich hatten sich einige der Gemeinde angeschlossen. Die meisten, die mich kannten – mit Ausnahme meiner Neider – respektierten mich und vertrauten mir. Nach meinem ersten Jahr als Lehrer sagte der Direktor zu mir: „Wenn Sie nicht weiterstudieren, dürfen Sie auf keinen Fall anderswo eine Stelle annehmen. Wir brauchen Sie dringend. Sie müssen wiederkommen.“ All dies weckte in mir ein Gefühl der Selbstzufriedenheit und bewirkte, daß ich mich selbst als „den Liebling des Himmels“ betrachtete. Ich hielt mich für besser als die anderen Gläubigen, Verantwortlichen, Ältesten und Pastoren der Gemeinde. Abgesehen davon, daß mir klar war, daß viele Verantwortliche in der Gemeinde einen verdorbenen Charakter hatten, hatte ich außerdem den Eindruck, daß es nur wenige gab, die solche hehren Ideale hatten wie ich.

Selbstprüfung

Als ich an jenem Abend vor meinem Bett kniete, um meine Sünden zu bekennen, änderte sich alles. Alle Dinge verloren an Bedeutung, und ich war mit Gott allein. Ich wurde mir meiner inneren Verdorbenheit bewußt und begann zu erkennen, daß die Sünden der anderen Menschen ihr Gegenstück in meinem Herzen hatten. Der einzige Unterschied bestand darin, daß die Sünden der anderen offensichtlich waren, während meine eigenen Sünden versteckt waren. Ich begann jedoch zu verstehen, daß Gott, wenn er einen Menschen ansieht, diesen nicht so sieht wie ein Mensch, also nur das Äußere, sondern daß Er das Innere sieht. In der Gegenwart Gottes überkam mich Furcht und Zittern. Je mehr ich betete, desto mehr wurde ich mir meiner Unwürdigkeit bewußt. Ich war unrein, verdorben und hassenswert.Als ich so vor meinem Bett kniete, sprach ich kein Wort, aber ich war zutiefst gedemütigt. Meine Erfahrung lehrte mich eines: Ganz gleich, wie gut ein Mensch sein mag, wenn er vom Heiligen Geist erleuchtet wird, dann wird ihm bewußt, daß er völlig verdorben ist. Ich erkannte, daß ich ohne das Blut Christi nicht die geringste Hoffnung hätte, in die Gegenwart Gottes zu kommen. Ich weihte mich Ihm noch einmal und war bereit, Ihm bedingungslos zu gehorchen und Ihm treu mein Leben lang zu dienen. Von diesem Tag an erfuhr mein Leben eine allmähliche, aber wunderbare Veränderung.

Als Mittelschüler hatte ich mich dem CVJM angeschlossen. Oft bat ich um Spenden, um die Ausgaben des Vereins zu decken. Diese Art, an Geld zu kommen, war allgemein üblich, und ich dachte natürlich auch, sie sei in Ordnung. Als wir dann im November 1920 in der Schule von Baoding das Eröffnungstreffen unserer CVJM-Ortsgruppe durchführten, nahmen wir einen Kredit auf, um eine Riesenmenge an Essen für Gäste, Lehrer und Schüler kaufen zu können. Danach zog ich mit mehreren CVJM-Mitgliedern los, um um Geld zu bitten, so daß wir den Kredit zurückzahlen konnten.

Damals zeigte mir der Heilige Geist plötzlich, daß es nicht in Ordnung war, auf diese Weise Beiträge zu erbitten. Außerdem erkannte ich, daß wir zwar ernstlich hofften, Schülern durch die CVJM-Ortsgruppe zu helfen, daß ich jedoch zum Teil davon getrieben war, selbst Ruhm zu erlangen. Ich wies mich deshalb selbst zurecht. Da wir die Gruppe jedoch nicht wieder auflösen konnten, gab es keinen Weg zurück – oder wie wir in China sagen, wir konnten nicht vom Rücken des Tigers heruntersteigen.

Taufe durch Untertauchen

Zu dieser Zeit tauchte auch die Frage der Taufe auf. Einer meiner Kollegen erzählte mir von seiner Erfahrung mit der Taufe. Seine Worte erstaunten mich sehr. Von Kindesbeinen an hatte ich mit meiner Mutter regelmäßig den Gottesdienst besucht. In all den Jahren hatte ich bei Taufe nur an ein Besprengen der Stirn mit Wasser gedacht. Ich hatte noch nie davon gehört, daß jemand durch Untertauchen getauft worden war. Als mein Kollege mir erzählte, er sei durch Untertauchen getauft worden, fragte ich ihn, warum. Er antwortete: „Der Herr Jesus und Seine Jünger wurden so getauft."

Ich ging in mein Zimmer und machte mich fleißig daran, die Heilige Schrift daraufhin durchzuforschen. Als Ergebnis kam ich zu der Erkenntnis, daß ich selbst auch durch Untertauchen getauft werden wollte. Ich sprach auch mit den Schülern darüber, wodurch ich den Widerstand der Kirchenbehörden hervorrief. Einmal sprach sich einer der Verantwortlichen bei einem Morgengottesdienst gegen das aus, was ich befürwortete. Er sagte folgendes:

„Selbstverständlich sollten wir glauben, was in der Bibel steht. Aber wenn wir die Bibel lesen, müssen wir das auswählen, was gut ist und es glauben. Was nicht gut ist, sollten wir jedoch nicht glauben. Man könnte dies mit dem Essen von Fisch vergleichen. Wir können nur das Fleisch essen. Knochen und Gräten können wir nicht verzehren." Er fügte noch hinzu: „Selbstverständlich ist es wichtig, der

Lehre zu glauben. Wir leben aber in der Welt und sollten deshalb praktische Dinge wichtiger nehmen als Lehre. In der Welt ist niemand vollkommen."

Ein anderer Verantwortlicher machte in einer Predigt folgende Aussage: „Jesus wurde zugegebenermaßen im Jordan getauft. Dies bedeutet jedoch nicht, daß Er auch untergetaucht wurde ... In einer römisch-katholischen Kirche hängt ein altes Bild, auf dem Jesus im Wasser steht und Johannes mit seinen Händen Wasser schöpft, um Jesu Haupt damit zu besprengen." Diese beiden Männer hofften, daß ich meinen Wunsch, durch Untertauchen getauft zu werden, aufgeben würde. Ihre falschen Erklärungen bestärkten mich jedoch nur noch, nicht aufzugeben.

Der Kollege, der mit mir gesprochen und mich nicht wenig durch sein Zeugnis beeinflußt hat, wurde schließlich von der Schule verwiesen. Er verließ Bao-ding am 20. Dezember und ging nach Peking. Ich begleitete ihn zum Bahnhof, da ich besondere Achtung vor seiner Bereitschaft hatte, um der Wahrheit willen Verfolgung auf sich zu nehmen und nicht nachzugeben. Ich sagte zu ihm, als ich zum Abschied seine Hand ergriff: „Ich bin auch bereit, Opfer zu bringen," und bat ihn, mich jemandem vorzustellen, der mich durch Untertauchen taufen würde.

Er machte mich mit einem Lehrer namens Ju bekannt, der am 29. Dezember von Peking kam, um mit mir über die Taufe zu sprechen, und ich bereitete mich darauf vor, bald im Fluß getauft zu werden. Am 2. Januar 1921 teilte ich Herrn Wong, dem verantwortlichen Beamten der Schule, meine Entscheidung mit. Er ermahnte mich, mich nicht täuschen zu lassen. Einen Augenblick lang wurde ich schwach, und Zweifel kamen auf. Ich fürchtete auch, meine Stelle zu verlieren. So verließ ich enttäuscht sein Zimmer. Dann suchte ich die drei Schüler auf, die ich respektierte, und redete und betete mit ihnen. Dadurch wurde ich in meiner Entscheidung wieder bestärkt. An jenem Abend kamen der Direktor und Herr Wong um 22 Uhr zu mir. Sie erklärten mir, daß ich die Schule unverzüglich verlassen müsse, wenn ich mich durch Untertauchen taufen ließe. Die Schüler, die sich ebenfalls taufen lassen wollten, würden ebenfalls von der Schule verwiesen. Der Direktor fügte hinzu, daß sie mich nur äußerst ungern verlören und drängte mich, doch noch einige Tage ernsthaft über die Sache nachzudenken, bevor ich eine endgültige Entscheidung träfe. Sollte ich meine Meinung ändern und zu dem Entschluß gelangen, mich nicht taufen zu lassen, so würden sie mich gerne weiterhin an der Schule behalten. Sollte dies jedoch nicht der Fall sein, müßte ich die Schule verlassen. Unser Gespräch dauerte bis Mitternacht.

Glaubensprüfung

So lagen also zwei Wege vor mir, zwischen denen ich mich entscheiden mußte. Ein Weg war, voranzugehen und mich durch Untertauchen taufen zu lassen. Was würde das aber letztlich bedeuten?

Mindestens drei Schwierigkeiten würden damit auf mich zukommen. Erstens würde ich sofort meine Stelle verlieren. Zweitens wäre mein guter Ruf ruiniert. Bis dahin hatte ich mich mit Erfolg darum bemüht, Ansehen zu genießen. Wenn ich nun gezwungen wäre, mitten im Schuljahr aufzuhören, wäre das gewiß eine Schande. Drittens würden sich meine Zukunftspläne nicht verwirklichen lassen. Wie ich bereits erwähnte, hatte Herr Thomas Biggin zum Ausdruck gebracht, daß er hoffte, Geld für mich zusammenzubekommen, damit ich in England weiterstudieren könne. Sollte ich mich jedoch durch Untertauchen taufen lassen, dann würde mich die Londoner Missionsgesellschaft als Rebellen betrachten, und sie könnte verständlicherweise auch mein Studium nicht mehr länger finanziell unterstützen. Ich könnte mich selbst nicht einmal ein Jahr lang als Student über Wasser halten, wieviel weniger dann die acht oder gar zehn Jahre, die vor mir lagen. Ich mochte gar nicht daran denken, wie dunkel und angsterfüllt die Zukunft sein würde, wenn ich meinen Wunsch, mich durch Untertauchen taufen zu lassen, in die Tat umsetzte.

Den anderen Weg zu gehen, war unendlich viel leichter. Das einzige, was ich tun mußte, war meine Taufabsicht aufzugeben. Dann würden sich die drei Schwierigkeiten in nichts auflösen. Ich könnte weiterhin an der Schule unterrichten und irgendwann in der Zukunft die Universität besuchen, und ich würde von der Missionsgesellschaft finanziell unterstützt werden.

Für mich ging es darum, ob ich Gott gehorsam war oder nicht. Erst vor kurzem hatte ich Ihm meine Sünden bekannt und Ihm versprochen, daß ich mich Ihm ganz weihen und Ihm bedingungslos gehorchen würde. Nun stand ich also vor einem Befehl Gottes, und es war eine Prüfung meines Gehorsams. Angesichts dieses Dilemmas fühlte ich mich wie eine Ameise in einem heißen Kochtopf und wußte nicht, was ich am besten tun sollte.

Plötzlich schoß mir ein Gedanke durch den Kopf: „Da die Taufe durch Untertauchen biblisch ist, muß ich natürlich auch entsprechend handeln. Aber es macht ja nichts aus, wenn ich die Taufe um einige Jahre verschiebe. Wenn ich von England zurückkehre, kann ich eine verantwortungsvolle Position in der Kirche annehmen. Wenn ich Rang, Autorität und Ansehen habe, kann ich mich taufen lassen, ohne Angst davor haben zu müssen, daß mir Nachteile entstehen. Ich kann dann nicht nur selbst durch Untertauchen getauft werden, sondern auch andere dazu ermutigen, dies zu tun. Wäre das nicht die Antwort auf beide Fragen?" Bei diesem Gedanken wurde mein Herz vorübergehend mit Frieden erfüllt.

Gehorsam

Nicht lange danach kam mir jedoch ein anderer Gedanke: Gott ist es wichtig, daß wir Seinen Geboten gegenüber gehorsam sind. „Gehorsam ist besser als Opfer und Aufmerken besser als das Fett von Widdern." Wenn ich die Taufe hinauszögere, um Schwierigkeiten aus dem Weg zu gehen, dann begehre ich gegen Gott auf. Und wie kann jemand, der sich gegen Gott auflehnt, überhaupt in Betracht ziehen, eine theologische Ausbildungsstätte zu besuchen? Wenn ich mich weigere, eine Aufgabe ausführen, weil ich den Problemen aus dem Weg gehen möchte, wie kann ich dann hoffen, von Gott gebraucht zu werden? Der Gedanke an ein Hinauszögern machte mich unruhig, und ich spürte, daß ich vorwärtsgehen und mich sofort taufen lassen sollte. Die beiden Möglichkeiten kämpften in meinem Herzen wie zwei Ringkämpfer. Aber ich kam schließlich zu der Schlußfolgerung, daß mein eigener Gewinn oder Verlust nicht zählte. Ich mußte ganz einfach Gott gehorchen. Trotzdem zog sich der Kampf über mehrere Tage hin.

Am Nachmittag des 4. Januar, als die Sonne gerade unterging, kam der Direktor in mein Zimmer, um sich zu erkundigen, wie ich mich entschieden hatte. Ich teilte ihm meinen Entschluß mit, woraufhin er mir eine Tasche mit Geldstücken überreichte, die meine Fahrtkosten nach Peking decken sollten. Er bat mich, die Schule noch am selben Abend zu verlassen. Ich entgegnete, daß dies nicht möglich sei, da abends kein Zug mehr nach Peking fuhr. Und selbst wenn ich in einer Gaststätte übernachtete, brauchte ich etwas Zeit, um meine Habseligkeiten zusammenzupacken und meine Arbeit zu übergeben. So gestattete er mir schließlich, noch diese Nacht zu bleiben, bat mich jedoch, den Schülern nicht zu gestatten, am Abend in mein Zimmer zu kommen. Er befürchtete, daß ich sie aufwiegeln und ermutigen würde, sich ebenfalls taufen zu lassen. Ich versprach, die Schüler nicht einzuladen, sagte jedoch auch, daß ich niemanden daran hindern würde, der kommen wollte, um mir auf Wiedersehen zu sagen.

Persönliches Zeugnis

Als die Schüler an jenem Abend hörten, daß mich der Direktor entlassen hatte, kamen sie, einer nach dem anderen, in mein Zimmer. Ich predigte zu ihnen und ermahnte sie. Gott schenkte mir Vollmacht, und die Tage der Angst und Unruhe hatten ein Ende. Ich las mit ihnen Worte der Bibel: *Denn wenn jemand sein Leben erretten will, wird er es verlieren; wenn aber jemand sein Leben verliert um meinetwillen, wird er es finden.* (Matthäus 16,25).

Ich sagte zu ihnen: „Liebe Schüler. Was ich heute um des Herrn Jesus willen aufgegeben habe, ist nur wenig. Mein Herr wird es mir um ein Vielfaches vergelten.“ Als ich diese Worte aussprach, hatte ich keine Ahnung, wie Er es mir vergelten würde. Aber, Sein Name sei gelobt, diese Worte hatten prophetischen Charakter, und die Prophetie erfüllte sich genau. An jenem Abend bot ich den Schülern Kuchen an, den ich Tage zuvor in einem Teehaus gekauft hatte. Ich verteilte sie unter die Schüler als Abschiedsessen. Erst um ein Uhr morgens gingen wir zu Bett.

Am nächsten Tag machte der Direktor im Morgengottesdienst eine Ankündigung. Da der Lehrer Wang Ming-tao sich dazu entschlossen habe, sich durch Untertauchen taufen zu lassen, sei er entlassen worden. Sollte es Schüler geben, die ebenfalls getauft werden wollten, so würden sie auch gebeten, die Schule zu verlassen. Fünf Schüler erklärten spontan, daß sie auch die Schule verlassen würden. Vier von ihnen wollten wie ich durch Untertauchen getauft werden. Der andere hatte nicht vor, sich taufen zu lassen. Da er jedoch seit einem Jahr Christ war und wir viel zusammen gemacht hatten, meinte er, er würde mich verletzen, wenn er nach meiner Entlassung an der Schule bliebe. So verließ er auch die Schule, um mich zu trösten und mir sein Mitgefühl zu zeigen. Dieser Schüler hatte 29 Jahre lang ununterbrochen Gemeinschaft mit mir und steht mir noch heute, wie immer, helfend zur Seite. Er heißt Herr Shih Tien-min (Tien-min bedeutet Volk des Himmels oder Bürger des Himmels).

Ich möchte der Schule der presbyterianischen Kirche keineswegs einen Vorwurf daraus machen, daß sie mich entlassen hat. Als Vertreter ihrer Denomination waren sie der Ansicht, daß ihnen nichts anderes übrigblieb als mich zu entlassen. Außer der Frage der Taufe durch Untertauchen gab es noch einen anderen Grund. Verschiedene Prediger einer bestimmten Gruppe hatten früher einmal in dieser Gegend erheblichen Unfrieden gestiftet und eine Spaltung unter den presbyterianischen Gemeinden hervorgerufen, was zu beträchtlichen Verlusten für die Gemeinden geführt hat. Lehrer Ju, der mich taufen wollte, gehörte zu dieser Gruppe, und so war die Schule natürlich sehr vorsichtig. Das war mit ein Grund, weshalb sie nicht anders konnten, als mich zu entlassen.

Taufe

Am Nachmittag des 5. Januar nahmen wir sechs unser Gepäck und verließen die Schule. Die erste Nacht verbrachten wir in einem Gasthaus. Dort kamen wieder Zweifel und Angst auf, und ich zögerte und war unruhig. Ich litt wirklich sehr. Am nächsten Tag suchten wir einen geeigneten Platz zum Taufen. Es war gerade die Zeit der „Kleinen Kälte“, und ein paar Tage zuvor hatte es zwei Tage lang ununterbrochen geschneit. Der Boden war überall mit einer Schicht reinen weißen Schnees bedeckt, und der Fluß war mit einer dicken Eisdecke überzogen. Wir gingen am Stadtgraben entlang Richtung Süden und suchten nach einer geeigneten Stelle. Wir kamen zu einer Brücke, die über den Fluß führte. Unter der Brücke befand sich eine Schleuse. Das Wasser fiel von der Schleuse wie von einem kleinen Wasserfall herunter. Da das Wasser an dieser Stelle ständig in Bewegung war, konnte es nicht zu Eis gefrieren und so hatte sich ein kleiner Teich gebildet. Dort machten wir halt. Nachdem wir im Schnee stehend gebetet hatten, ging Herr Ju hinunter ins Wasser. Die vier Schüler und ich schälten uns aus unseren wattierten Winterkleidern und zogen dünnere Kleider an. Dann stiegen auch wir ins Wasser hinunter. Shih Tien-min, der Schüler, der die Schule aus Mitgefühl für mich verlassen hatte, entschloß sich spontan, es uns gleichzutun. So wurde er ebenfalls getauft. Ich erinnere mich noch daran, wie mein langes Haar sofort, als ich aus dem Wasser kam, zu einem einzigen Eiszapfen gefror. Sobald ich die dünnen Kleider ausgezogen hatte, wurden sie hart und fest wie dünne Bretter.

Pfingstlerische Lehre

Nach der Taufe kehrten wir zum Gasthaus zurück. Herr Ju leitete uns an, den Heiligen Geist zu suchen. Diese Lehre wird von der Pfingstbewegung in den Vordergrund gestellt. Zu den Pfingstgruppen in China hatten früher die Pfingstgemeinden, die Apostolische Kirche und die Gemeinde Gottes gehört. Heute sind sie meist als Assemblies of God bekannt. Sie vertreten die Auffassung, daß das Zungenreden das Zeichen dafür ist, daß man den Heiligen Geist empfangen hat. Wer also noch nie in Zungen geredet hat, hat, ihrer Meinung nach, den Heiligen Geist nicht empfangen. Herr Ju arbeitete in einer kleinen Pfingstgemeinde in Peking. Eigentlichwar er Kohlenhändler. Aus Eifer für den Herrn hatte er seinen Beruf aufgegeben, um Prediger zu werden. Er war ein frommer und aufrichtiger Gläubiger und verfügte über gute Bibelkenntnisse. Aber es mangelte ihm am Verständnis der biblischen Wahrheiten. Auch seine Allgemeinbildung war mangelhaft.

Am Tag nach unserer Taufe kam Herr Ju um 10 Uhr wieder in die Gaststätte, um zu beten, daß wir den Heiligen Geist empfangen mögen. Er predigte sehr ausführlich über die Zehn Gebote. Nach drei Uhr nachmittags beteten alle fünf Schüler in „Zungen". Ich war der einzige, der das nicht konnte. Am nächsten Tag, es war der 8. Januar, betete ich aufrichtig den ganzen Tag, aber ich hatte dennoch noch immer nicht in Zungen gesprochen. Am 9. Januar hatten wir erneut um drei Uhr nachmittags in der Gaststätte eine

Gebetsgemeinschaft. Meine Zunge brachte einige unverständliche Laute hervor, und Herr Ju verkündete, ich würde in Zungen reden und habe den Heiligen Geist empfangen. Tatsächlich war ich mir jedoch damals keiner Veränderung in meinem Leben bewußt. Eine deutliche Veränderung hatte ich am 21. November festgestellt, als ich dem Herrn meine Sünden bekannt hatte. Mit dem Heiligen Geist erfüllt wurde ich nicht an dem Tag, an dem ich unverständliche Laute sprach, sondern an dem Tag, an dem ich meine Sünden bekannte, Gottes Geboten gehorchte und alles aufgab.

Herr Ju hatte uns gelehrt, einfach nur „Halleluja" zu rufen und dieses Wort ständig zu wiederholen. So schien es, daß das Zungenreden von Menschen gemacht wurde. Selbstverständlich glaubten wir nicht, daß Herr Ju, der ein aufrichtiger und frommer Mann war, uns betrügen wollte. Er war eher selbst ein Irregeführter. Durch seinen Mangel an gesundem Menschenverstand erlitt er selbst Schaden.

Wieder zu Hause

Ich machte mich am 10. Januar auf den Nachhauseweg. Das Wetter war sehr schlecht. Rauhreif bedeckte die Äste der Bäume und die Telegrafenleitungen. Und es war entsetzlich kalt. Als die Lokomotive pfiff, nahm ich Abschied von Bao-ding, dem Ort, an dem ich eineinhalb Jahre lang gelebt hatte. Während der Fahrt dachte ich so bei mir, daß meine Mutter und meine ältere Schwester mich wegen des Opfers, das ich um der Wahrheit willen gebracht hatte, beglückwünschen und loben müßten. Dies war jedoch absolut nicht der Fall. Kaum hatte meine Mutter Genaueres darüber erfahren, weshalb ich die Schule verlassen hatte, als sie mich auch schon gründlich zurechtwies und mir vorwarf, alles weggeworfen zu haben, nur um mich taufen zu lassen.

Als meine Schwester von der Schule nach Hause kam und hörte, was ich erlebt hatte, war sie tief enttäuscht. Und als sich die Neuigkeiten herumsprachen, wurde ich von den meisten mißverstanden. Die einen sagten, ich sei geistesgestört; die anderen meinten, ich sei betrogen worden. Meine Taufe interessierte sie nicht. Sie hatten nur den Eindruck, daß ich nicht meinen Arbeitsplatz und meine Zukunft hätte opfern sollen.

Manche meinten: „Es gibt Menschen, die sich taufen ließen, um finanzielle Unterstützung für ihr Studium zu bekommen. Es gibt andere, die vorgaben, an den Herrn zu glauben, nur um eine Stelle in der Kirche zu erhalten. Du hattest bereits einen Arbeitsplatz in der Kirche und hattest sogar die Aussicht auf Unterstützung für eine Weiterführung deines Studiums. Aber nun hast du wegen deiner Glaubensvorstellungen alles geopfert."

Darauf entgegnete ich: „In früheren Zeiten haben viele Gläubige Heimat und Leben um ihres Glaubens willen aufgegeben. Keiner wich zurück. Wenn man mein Tun mit dem ihren vergleicht, dann ist mein Opfer sehr gering." Darauf lautete ihre Antwort: „Diese Menschen folgten Mythen. Heute sollte man solchen Mythen keinen Glauben mehr schenken." Wenn ich ihnen so zuhörte, wurde mir klar, daß sie wohl Namenschristen waren, aber nicht wirklich an Christus glaubten. Mir wurden die Augen geöffnet, und ich begann zwischen echten und falschen Christen zu unterscheiden.

Die Anfechtungen mehren sich

Die Anfechtungen wurden immer schlimmer. Weder meine Mutter noch meine Schwester verstanden mich. Meine Bekannten lachten mich aus und beschimpften mich. Wer sich um mich Sorgen machte, wurde bekümmert. Mein Herz brannte, aber mein Verständnis für geistliche Dinge war begrenzt. Deshalb war ich in meinen Gesprächen und in meinem Verhalten voreingenommen. Ich erkannte, daß die Verfolgung, der ich damals ausgesetzt war, zum Teil auf meinen Glauben und meinen Gehorsam gegenüber dem Herrn zurückzuführen war und zum Teil auf meine unreifen und vorgefaßten Meinungen.

Es war wirklich eine unangenehme Erfahrung, ständig auf Feindseligkeit zu stoßen. Ich hatte den Eindruck, daß es, wenn ich nur eine Arbeitsstelle finden würde, weniger Schwierigkeiten zu Hause geben würde und auch die Mißverständnisse mit meinen Bekannten abgebaut werden könnten. Wer war jedoch bereit, jemanden, der als geisteskrank galt, für eine Stelle vorzuschlagen? Meine Mutter drängte mich, aus dem Haus zu gehen und etwas zu tun. Als Möglichkeit bot sich an, Thomas Biggin aufzusuchen, ihm meine Fehler zu bekennen und zuzugeben, daß es falsch gewesen war, mich durch Untertauchen taufen zu lassen, und ihn um Unterstützung für das Universitätsstudium zu bitten. Ich hätte gerne den ersten der beiden Wege gewählt, aber ich konnte nicht. Was den zweiten anging, so konnte ich meine Taufe nicht als Fehler zugeben, aus dem einfachen Grund, weil sie kein Fehler war.

Meine Mutter dachte jedoch, daß dieser Schritt eine Fehlentscheidung gewesen sei. Es tat sowohl ihr als auch mir weh, daß wir über eine Glaubenssache eine solche Meinungsverschiedenheit hatten.

Während dieser Zeit wollte ich gar nicht vor das Tor unseres Hofes gehen. Sobald ich nämlich draußen war, traf ich Bekannte, von denen ich einige eigentlich lieber nicht sehen wollte. Natürlich fiel es mir auch schwer, zu Hause zu leben, ohne etwas zu tun. Wir waren nur drei Personen in unserer Familie, und die anderen beiden verstanden mich nicht. Bei uns lebte auch eine Tante, die mich noch weniger verstand, und ihre Kommentare vergrößerten nur den Schmerz meiner Mutter.

Eines Nachts träumte ich, daß meine Mutter mir befahl, von Zuhause wegzugehen, und daß sie mich vor das Haupttor führte. Ich schrie laut und flehte meine Mutter an, mich doch mein wattiertes Gewand und andere Kleidungsstücke mitnehmen zu lassen. Aber sie weigerte sich, sie mir zu geben. Ich begann zu weinen. An dieser Stelle erwachte ich und stellte fest, daß ich tatsächlich weinte. In Wirklichkeit könnte meine herzensgute Mutter niemals so handeln. Dennoch drückte der Traum meinen großen Kummer in jenen Tagen aus.

Gottes Barmherzigkeit

Mein Herz lehnte sich gegen Gott auf. Um Seinem Auftrag zu gehorchen, hatte ich dieses Leid akzeptiert, und doch hatte Gott keinen Ausweg vor mir aufgetan. Er hatte zugelassen, daß mein Leid weiterging. Er war ungerecht, untreu und ohne Mitgefühl. Einem solchen Gott konnte ich nicht länger dienen. Ich stellte nicht Gottes Existenz in Frage, aber wie konnte ich Ihm noch weiterhin dienen?

Warum sollte ich denn nicht den Weg meiner Wahl gehen?

Dieser Augenblick barg für mich eine große Gefahr in sich. Hätte ich mich an jenem Tag von Gott losgesagt, ich denke, ich hätte die Welt innerhalb von einem oder zwei Jahren in großem Schmerz verlassen. Aber Gott sei Dank, Er handelte wunderbar. Er offenbarte Seine Macht und lenkte in dieser Zeit der Krise meinen Blick auf 1. Korinther 10,13: *Keine Versuchung hat euch ergriffen als nur eine menschliche; Gott aber ist treu, der nicht zulassen wird, daß ihr über euer Vermögen versucht werdet, sondern mit der Versuchung auch den Ausgang schaffen wird, so daß ihr sie ertragen könnt.*

Keine Bibelstelle hätte für mich eine größere Hilfe oder ein größerer Trost sein können. Ich hatte gedacht, daß meine Versuchung zu schwer zu ertragen sei. Ich hatte Gott für untreu gehalten. Aber dies war die Antwort. Er zeigte mir auch, daß Er mir einen Ausweg bereiten würde. Worüber konnte ich mich beklagen?

Ich muß hier unbedingt noch eine andere besondere Erfahrung erzählen. Eines Morgens sagte meine Mutter zu mir: „Ming-tao, letzte Nacht habe ich für dich gebetet und Gott gebeten, daß du doch zu dir kommen mögest. Plötzlich hörte ich eine Stimme sagen: ‚Vierzig Tage und Nächte in der Wüste.' Ich denke, daß du vom Teufel getäuscht wirst. Du mußt schnell zu dir kommen." Als ich dies hörte, war mir klar, daß diese Worte mir zeigen sollten, daß ich vom Teufel versucht wurde. Ich erinnerte mich daran, daß der Herr Jesus den Satan durch das Wort Gottes besiegt hat, und daß ich ihn auf dieselbe Weise besiegen mußte. So vertiefte ich mich besonders in das Studium der Bibel.

Ein tiefes Verständnis des Wortes Gottes

Auf unserem Anwesen hatten wir ein Zimmer, das ursprünglich zum Unterstellen von Pflanzen gedacht war, und das wir mit einer Tür und Fenstern ausgestattet hatten, um es bewohnbar zu machen. Dort betete ich, dort studierte ich meine Bibel, dort fastete ich manchmal. Obwohl ich über sechs Jahre hinweg regelmäßig in der Bibel gelesen hatte, war es, als ob alle Stellen über den Weg des Lebens bislang mit einem Blatt Papier zugedeckt gewesen waren. Diese Lehre hatte ich nie verstanden. Mit einem Mal wurde jedoch mein Herz weit geöffnet, und ich erfaßte die Tatsache, daß Christus allen ewiges Leben gibt, die an Ihn glauben. In Ihm ist das Leben. Und dieses Leben gibt Er all denen, die Ihm vertrauen. Er erstand von den Toten auf, und Er wird auch all diejenigen vom Tod auferwecken, die an Ihn glauben. Er Selbst hat den Tod besiegt, und diesen Sieg gibt Er all jenen, die Ihm vertrauen.

Mit dem neuen Verständnis von der Lehre des ewigen Lebens erkannte ich, daß ich den Tod nicht zu fürchten brauchte. Die Vergnügungen dieser Welt sind nicht stark genug, um uns festzuhalten. Der Ruhm und die sinnlose Ehre, nach denen ich zuvor getrachtet hatte, wurden so bedeutungslos, daß sie nicht einmal einen kurzen Blick wert waren. Ich gab nun endgültig jeden Gedanken daran auf, eine bedeutende Persönlichkeit zu werden. Ganz gleich, was Gott befahl, ob es groß oder klein war, ich mußte gehorchen.

Ich hatte jeden Tag die Bibel gelesen, seit ich mit vierzehn Jahren zum Glauben an den Herrn Jesus gefunden hatte. Auch glaubte ich den Aussagen der Bibel. Ich glaubte, daß Jesus gestorben und auferstanden war. Aber ich hatte nicht wirklich die Auferstehung verstanden. Meine Vorstellungen von dem Leben nach dem Tod waren auch sehr ungenau. Als ich die Bibel studierte, erkannte ich deutlich, daß Jesu Körper nach drei Tagen gewiß auferstanden ist, daß Er das Grab verlassen hat und daß Er nach vierzig Tagen in den Himmel auffuhr. Mehr noch, ich lernte, daß der Herr Jesus nach Seiner Verheißung vom Himmel kommen wird, um Seine Jünger zu Sich zu holen, und daß die Heiligen, die schlafen, aus ihren Gräbern erweckt werden, um einen herrlichen und unverweslichen Körper zu bekommen. Gleichzeitig werden alle noch lebenden Heiligen verändert werden und einen herrlichen Körper bekommen, der niemals sterben wird, und sie werden zusammen mit den von den Toten erweckten Heiligen zum Herrn auffahren, um für immer bei Ihm zu sein.

Diese Wahrheiten sind klar und eindeutig in der Bibel aufgeschrieben. Und die Bibel war jahrelang in meinen Händen gewesen. Trotzdem konnte ich mich nicht daran erinnern, sie jemals gelesen zu haben. Bestimmt hatten sie mich nie angesprochen. Jemand mit geistlicher Einsicht hat diese Erfahrung mit Hilfe einer Illustration erklärt: „Einige Verheißungen Gottes sind wie mit unsichtbarer Tinte geschrieben. Erst wenn sie ins Feuer des Leidens geraten, werden sie lesbar.“ So war es bei mir. Das starke Leiden in dieser Zeit war wie ein Feuer, das die Verheißungen Gottes sichtbar machte.

Die sinnlose Ehre und der sinnlose Ruhm, die ich mir zuvor gewünscht und nach denen ich getrachtet hatte, konnte ich nun nur noch als unwichtig betrachten. Ich verstand nun, daß es nicht unbedingt erforderlich war,eine theologische Ausbildung zu durchlaufen, um das Werk Gottes zu tun. Das Wichtige war, sich Zeit dafür zu nehmen, die Bibel zu lesen, und sich von Gott Selbst ausbilden und lehren zu lassen. So gab ich also meine Pläne auf, zunächst in China eine Universität und danach eine theologische Ausbildungsstätte zu besuchen und dann nach England zu gehen. Ich bat Gott nur, mir die Zeit zu geben, die Bibel mehrmals durchzulesen. Mein Gebet wurde beantwortet. Gott sei Dank dafür! Es sollte nicht lange dauern, bis Er mir eine ausgezeichnete Gelegenheit dafür gab.

Die Möglichkeit zum Bibelstudium

Ein Cousin von mir war zu jener Zeit Leiter eines Militärhospitals der 13. Division der Armee. Er wohnte in einem Dorf außerhalb der Stadt Yi-ho-yuen. Eines Tages besuchte er meine Mutter und sagte zu ihr: „Tante, wie ich hörte, hat mein Cousin geistige Probleme. Das ist sehr bedauerlich. Es bedeutet jedoch nicht, daß es keine Hoffnung auf Heilung gebe. Es ist für ihn wichtig, daß er zufrieden ist. Deshalb darfst du ihn auf keinen Fall tadeln oder ihm widersprechen. Du mußt seinen Vorstellungen zustimmen und das sagen, was ihm gefällt. Dann wird er allmählich wieder normal werden."

Er machte auch den Vorschlag, daß ich eine Weile bei ihm wohnen könne. „Cousin", sagte er, „ich weiß, daß du immer gerne in den Bergen spazierengegangen bist und dich im Wasser vergnügt hast. Mein Haus liegt ganz in der Nähe des Gebirges der Zehntausend Leben, dessen Berggipfel deutlich sichtbar in die Höhe ragen, und wo es herrlich klares Wasser gibt. Meine Frau und ich würden uns freuen, wenn du eine Weile bei uns leben und dich erholen würdest." Als ich seinen Vorschlag vernommen hatte, erkannte ich, daß dies der Weg war, den Gott für mich öffnete. Ich nahm also die Einladung an und verließ mit ihnen mein Zuhause am 16. März.

Mein Cousin und seine Frau drängten mich, die Vergnügungen dieser Welt doch nicht zu verachten. Sie hofften, daß ich meinen Glauben aufgeben und dem Herrn, dem ich diente, den Rücken kehren würde. Ich meinerseits ermahnte sie jedoch, ohne länger zu warten, Buße zu tun und an den Herrn zu glauben. Keiner Seite gelang es jedoch, die andere zu überzeugen, weshalb ich auch nach und nach aufhörte, über diese Dinge zu reden.

Das Dorf Da-yu war wirklich ein schöner Ort. Pinien und Zedern, die Brücke über den Fluß, die Berge und die Ströme kristallklaren Wassers – all das ergab zusammen ein Bild außergewöhnlicher Schönheit. Als ich an diesen Ort zog, stand der Frühlingsanfang kurz bevor. Die Pflanzen trugen Knospen und blühten, und die Wärme des Frühlings lag in der Luft. Jeden Morgen stand ich früh auf und machte mich mit meiner Bibel auf zum Berg des ruhenden Tigers. Dort setzte ich mich auf einen Stein am Flußufer, um meine Bibel zu studieren und zu beten. Ich hatte auch Freude daran, den zierlichen Fischen im Wasser zuzuschauen. Ich beobachtete, wie die Sonne in den fernen Bergen unterging. Manchmal besuchte ich auch den nahe gelegenen Friedhof, wo ich ebenfalls meine Bibel las und nachdachte. Bei schönem Wetter stieg ich auch auf einen Berggipfel, wo ich Loblieder sang und betete. Von Zeit zu Zeit traf ich einen Einheimischen, dem ich das Evangelium weitersagte.

Beim Bibellesen ging ich nach zwei Methoden vor. Die eine war, das ganze Buch von Anfang bis Ende durchzulesen. Die andere war, wichtige Themen zu studieren. Die 62

Tage, die ich in Da-yu verbrachte, waren für mich wie eine Kurzbibelschule. Ich las die Bibel sechsmal durch. Dabei machte ich gewiß enorme Fortschritte, was das Verstehen der Wahrheit anbelangte.

Ich erkenne Gottes Ruf

Am 28. Mai erhielt ich einen Brief von meinem alten Freund, dem Lehrer Chun aus Tsang-hsien. Er hatte gehört, daß ich geisteskrank sein sollte, hatte jedoch Zweifel an der Richtigkeit dieser Nachricht. Er wollte,daß ich ihm meine Umstände erklärte. Da ich seinen Glauben, seinen Charakter und seinen gesunden Menschenverstand hoch schätzte und da ich noch mehr als zehn Dollar übrig hatte, hatte ich den Eindruck, ich solle mich nach Tsang-hsien aufmachen und mit ihm reden. So verließ ich also Peking am 27. Juni und reiste über Tientsin nach Tsang-hsien. Am nächsten Tag hatte ich ein langes Gespräch mit ihm. Er beruhigte mich und meinte, ich sei bestimmt nicht geisteskrank, sondern sei von Gott sehr gesegnet worden. Dann lud er mich ein, in Tsang-hsien zu predigen. Das war das erste Mal nach Gottes Ruf, daß ich in einer Kirche predigte. Ich kehrte wirklich getröstet und ermutigt nach Peking zurück. Getröstet war ich, weil ein Freund, den ich achtete, gesehen hatte, was die Gnade Gottes für mich getan hatte. Ermutigt war ich, weil ich mir während der Predigt in Tsang-hsien der Gegenwart Gottes deutlich bewußt war, und weil Er mich befähigte, mit Seiner Vollmacht und Autorität zu sprechen.

Am 19. September erhielt ich von Herrn Chun einen Brief, in dem er mir mitteilte, daß die Gemeindeglieder sehr angesprochen gewesen waren, und daß sowohl Arbeiter aus dem Westen als auch aus China selbst sich sehr freuen würden, wenn ich zu einer mehrtägigen Veranstaltung käme. Ich war glücklich über diese Einladung und verbrachte tatsächlich mehr als drei Monate in dieser Gegend. Danach hatte ich um so mehr die Überzeugung, daß Gott mich für Seinen Dienst erwählt hat, und mir auch die Gaben und die Kraft gegeben hat, diesen Dienst auszuführen. Ich spürte, daß Gott mir bald noch mehr Möglichkeiten eröffnen würde. Entgegen aller Erwartungen blieb mein „Dienst" jedoch auf kleinere Haus- und Gartenarbeiten begrenzt.

Geduld lernen

Warum hat mich Gott denn erwählt, wenn Er mich nicht gebrauchte? Ich konnte das alles nicht verstehen. Und warum mußte ich soviel leiden? Es war ein Geheimnis. Ich war bereits zweiundzwanzig Jahre alt, und noch immer konnte ich nicht für den Unterhalt meiner Mutter sorgen. Ja, sie ernährte mich. Wie konnte ich ihr einen Teil der Last abnehmen? Auf diese Frage fand ich keine Antwort.

Als ich noch zur Mittelschule gegangen war, hatte mein Universitätsstudium davon abgehangen, ob ich ein Stipendium bekommen würde. Als ich das Vorbereitungsjahr besuchte, wurde ich von der Londoner Missionsgesellschaft unterstützt. Später als Lehrer hatte ich mein Gehalt, um für meinen Unterhalt zu sorgen. Meine Schwester verdiente ihren Unterhalt durch ihren Beruf als Lehrerin. Meine Mutter konnte von den Einnahmen leben, die sie für die vermieteten Zimmer in unserem Anwesen bekam, und dieses Geld mußte auch noch für mich reichen. Natürlich waren meine Mutter und meine Schwester bereit, ihr Essen mit mir zu teilen, aber ich konnte es nicht ertragen, ihnen auf unbestimmte Zeit zu Dank verpflichtet zu sein.

So versuchte ich, ihre Last zu erleichtern. Jeden Morgen fegte ich die Zimmer und den Hof. Ich erledigte die Einkäufe und machte danach das Feuer, um das Essen zu kochen. Nach der Mahlzeit wusch ich das Geschirr, erledigte die Wäsche und besserte die Matratzen aus. Meine Mutter konnte es nicht ertragen zu sehen, wenn ich so niedrige Arbeiten erledigte. Sie drängte mich, doch eine Stelle zu suchen, dann könne sie ein Dienstmädchen für die Hausarbeit anstellen.

Manchmal wurde ich schwach und suchte nach einer Arbeitsstelle, und manchmal teilten mir auch andere mit, wenn irgendwo eine Stelle frei war. Aber ich wartete wirklich darauf, als Prediger arbeiten zu können. Meine Verwirrung wuchs jedoch. Ich klagte Gott an und sagte zu Ihm: „Früher, als ich das Ziel verfolgte, Politiker zu werden, hast Du mich berufen, die Wahrheit zu predigen. Nun bin ich bereit, ein Prediger zu sein, so wie Du es möchtest, aber Du läßt mich meine Tage damit verbringen, so anstrengende und niedrige Arbeiten wie diese hier zu tun. Warum nur faßt Du mich so hart an?“

Ich war zeitweise so verbittert, daß ich nicht mehr leben wollte. Manchmal überkam mich, wenn ich mit meinen Händen arbeitete, solch ein Frust, daß ich Dinge auf den Boden warf. Als ich jedoch eines Tages das 2. Buch Mose las, sah ich, wie Gott Mose in die Wüste Midian führte, wo er vierzig Jahre lang Schafe hütete.Nun verstand ich, daß wir so manche Lektion lernen können, während wir niedrige Arbeiten verrichten. Diese Erkenntnis half mir, meine Arbeiten im Haus gründlich und treu zu erledigen, und meine Aufgaben so gut und zufriedenstellend auszuführen wie ich nur konnte. Gott lehrte mich, daß Hausarbeiten so wichtig waren wie das Predigen. Ich erkannte auch, daß ich, wenn ich diese naheliegenden Arbeiten schlecht erledigte, auch später meinen Dienst als Prediger schlecht erledigen würde. Und selbst wenn Gott von mir verlangen sollte, mein Leben lang niedrige Arbeiten auszuführen, würde ich dazu „Amen" sagen.

Ursprünglich hatte ich ein bedeutender Politiker werden wollen. Dann war es mein Wunsch, ein großer Evangelist zu werden. Aber erst als Gott mein Verlangen nach „Größe" geheilt hatte, begann Er Sein Werk in mir.

Weitere Predigtdienste

Während des Jahres 1922 nahm ich mir neben meinen Aufgaben im Haushalt täglich Zeit, um in meinem kleinen Zimmer die Bibel zu studieren. Auch die ersten Monate im Jahr 1923 verbrachte ich auf diese Art und Weise. Am 31. Juli 1923 nahm ich den Zug nach Yuen-Shi Hsien. Dort angekommen machte ich mich auf den Weg zu einem ehemaligen Schüler. Dann sprach ich bei einer achttägigen Versammlung der China-Inland-Mission in Zan-Hwong Hsien. Ich hatte vor, meinen Freund Shih Tien-min zu besuchen, wurde jedoch unterwegs krank. So kehrte ich nach Peking zurück. Die Krankheit verschlimmerte sich, so daß ich bis zum Ende des Jahres zu Hause blieb, einen Teil meiner Zeit arbeitete und den anderen Teil die Bibel studierte.

Im März 1924 wurde ich neben über dreißig anderen Predigern aus China und dem Westen, die allen in der Stadt vertretenen Kirchen und Gemeinden angehörten, zur Teilnahme an einer evangelistischen Veranstaltung eingeladen, die in einem südlicher gelegenen Armeelager stattfand. Das war das erste Mal, daß ich mit Mitarbeitern aller Kirchen und Gemeinden zusammentraf.

Leider riefen die Dinge, die ich sah und hörte, große Besorgnis in mir wach. Nur wenige dieser Prediger machten einen guten Eindruck. Die meisten waren es wirklich nicht wert, Diener Gottes genannt zu werden.

Am Ende der sechstägigen Evangelisation wurden mehr als dreitausend Menschen getauft. Bei genauer Beobachtung wurde jedoch klar, daß nur einige wenige unter ihnen wirklich Buße getan und sich dem Herrn anvertraut hatten. Als sie sich dann alle begeistert zur Tauffeier trafen, konnte ich es nicht einmal ertragen, auch nur Zuschauer zu sein, und so nahm ich den Zug und kehrte in die Stadt zurück. Diese Erfahrung zeigte mir nur noch deutlicher die Korruption, die Leere und Armut der Kirchen und Gemeinden in China. Sie spornte mich an, mich noch mehr für die Arbeit des Herrn zu begeistern und einzusetzen.

Je näher der Sommer rückte, um so mehr reiste ich umher, um an besonderen Treffen teilzunehmen.

Ich hielt mich auch zwölf Tage bei einem Bruder in Ji-nan auf, mit dem ich eine Zeitlang Briefkontakt hatte. Wir waren uns eine große gegenseitige Ermutigung.

Am 30. August machte ich mich nach De-Hsien auf, um bei einem Treffen für Leiter innerhalb der Kongregationalisten und der Gemeinden der Londoner Missionsgemeinschaft zu sprechen. Ich hörte, daß ein ungläubiger Evangelist die Wahrheit der Bibel verdrehte, und so den Glauben der Gemeinde zerstörte, so daß ich sehr beunruhigt wurde. Ich faßte mir ein Herz und ergriff mitten in den Veranstaltungen die Gelegenheit, nacheinander all seine Fehler aufzuzeigen. Wie vorauszusehen war, erweckte ich die Wut aller Mitglieder seiner Gruppe. Sie beschimpften mich heftig und griffen mich an. Zum ersten Mal hatte ich den bösen Mächten innerhalb der Kirche öffentlich den Kampf angesagte. Gott sei gedankt, daß Er mich in Christus zum Sieg führte.

Die Arbeit in Peking nimmt ihren Anfang

Nachdem ich von diesen Reisen zurückgekehrt war, blieb ich wie zuvor zu Hause und verbrachte wieder einen Teil meiner Zeit mit Arbeiten und den anderen Teil mit Bibelstudium. Gerade zu dieser Zeit verließ uns ein Mieter, wodurch ein größeres Zimmer frei wurde. Da ich über ein gewisses eigenes Einkommen verfügte, redete ich mit meiner Mutter, und sie erlaubte mir, das Zimmer zu mieten. So konnte ich auch einen Beitrag zu unseren Ausgaben leisten. Das Zimmer, das ich bisher benutzt hatte, war zu klein geworden, da ich nun häufig Besuch bekam von Menschen, die die Bibel mit mir studierten. Die Zahl dieser Besucher konnte nun wachsen, und am 18. Oktober begannen wir, in meiner neuen Unterkunft Treffen abzuhalten.

Beim ersten Treffen waren wir zu dritt. In der folgenden Woche war die Zahl der Teilnehmer bereits auf fünf angewachsen. Wir trafen uns jeden Samstag, mal mit mehr, mal mit weniger Besuchern. Ab dem 24. Dezember gab es zusätzlich noch eine Bibelstunde, die mittwochs stattfand. So begann also mein Dienst in Peking.

Im Laufe des Jahres 1924 schrieb ich mehrere kleine Heftchen, die gedruckt und verteilt wurden. Vier sind in jenem Jahr erschienen. Sie trugen die Titel: 1) „Eine Sache von äußerster Wichtigkeit", 2) „Der Schall der Posaune in einer bösen Welt", 3) „Der Christ und die Idole", 4) „Das Kreuz des Christen". Jedes Heftchen umfaßte vierundsechzig Seiten. Dies war der Anfang meiner schriftstellerischen Tätigkeit.

Meine Ansichten ändern sich

Im Frühling des Jahres 1925 machte meine Arbeit enorme Fortschritte, die ich im nächsten Kapitel beschreiben werde. Hier möchte ich einige Jahre zurückgehen und berichten, wie sich zwischen 1921 und 1924 meine Einstellung in manchen Bereichen des Glaubens verändert hat. Nachdem ich von der Schule in Bao-ding entlassen und nach Peking zurückgekehrt war, besuchte ich die Versammlung des Herrn Ju, der mich getauft hatte. Diese war früher unter dem Namen Hsin-Hsin Hwei (Glaubenskirche) bekannt gewesen und hatte in der Zwischenzeit ihren Namen in „Die Kirche Gottes" geändert. Der Leiter dieser Gruppe war ein älterer Norweger. Wenn die Versammlung gut besucht war, dann waren über zwanzig Teilnehmer anwesend. Die Gemeinde hatte keine Kapelle, sondern versammelte sich im Gästezimmer eines Privathauses. Wie andere Evangelisten der Pfingstbewegung beharrte der Leiter darauf, daß eine Person, die nicht in Zungen redete, nicht den Heiligen Geist empfangen hatte. Er vertrat auch die Ansicht, daß wir den siebten Tag als Sabbat halten sollten. Er akzeptierte jedoch, was ein Gläubiger aus Neuseeland vorbrachte, daß nämlich der erste Tag in Asien tatsächlich der siebte Tag sei. Deshalb sollten Gläubige in asiatischen

Ländern den Sonntag als den siebten Tag, den Sabbat, betrachten, während der Sabbat in europäischen Ländern und in Amerika auf den Samstag fällt. Er glaubte nicht, daß ein Mensch, der Buße tut und glaubt, gerettet ist. Beharrlich vertrat er die Ansicht, daß nichts auf der Welt so einfach sein könne. Er meinte, daß man, nachdem man gläubig geworden war, so lange nach Heiligkeit trachten solle, bis man ohne jede Sünde sei. Erst dann könne man gerettet werden.

Die Methode, die er lehrte, um sündlos zu werden, war noch eigenartiger. Er listete alle im Neuen Testament aufgezeichneten Sünden auf, im ganzen dreiundachtzig, und hängte diese Liste im Versammlungsraum auf. Er hielt die Leute an, die Liste jeden Tag zu lesen. Dadurch, so sagte er, würden die Menschen nach und nach von ihren Sünden frei und somit heilig werden. Er verbreitete noch andere seltsame Lehren. Die meisten seiner Nachfolger hatten ihren gesunden Menschenverstand verloren. Einige waren Analphabeten, andere konnten nur die Bibel lesen. Als ich die Treffen zum ersten Mal besuchte, fühlte ich mich in der Gruppe noch irgendwie wohl. Im Laufe der Zeit wurde ich jedoch immer unzufriedener.

Obwohl ich mit dem, was der Norweger predigte, nicht zufrieden war, gab es einen Punkt, in dem ich ihm dennoch zustimmte. Dieser lautete: „Nur wenn du heilig bist, kannst du gerettet werden.“ Von dem Augenblick meines Glaubens an den Herrn Jesus Christus an haßte ich die Sünde zutiefst und sehnte mich nach Heiligkeit. Wenn ich sündigte, war ich sehr unglücklich und wies mich selbst streng zurecht. Wenn ich sah, wie andere Menschen sündigten, tat mir dies sehr weh. Alle Arten von Sünde waren in der Gemeinde anzutreffen, und ich wurde von gerechtem Zorn erfüllt. Ich konnte nicht glauben, daß sogenannte Gläubige, die so vor sich hin sündigten, gerettet sein könnten. Ich wußte, daß Gott die Sünde noch mehr haßte als ich. So beschloß ich, daß diejenigen, die die Sünde nicht lassen und heilig werden, auch nicht gerettet sein konnten.

In diesem Glauben war mein Herz ständig in einem Zustand der Unruhe. Ich hatte selbst noch nicht völlig die Sünde verlassen. So war ich also auch nicht heilig genug und wagte somit auch nicht zu sagen, daß ich gerettet sei. Ich glaubte, daß der Herr Jesus den Menschen ewiges Leben geben konnte. Würde ich jedoch, wenn es soweit wäre, gerettet sein? Ich hatte keine Garantie dafür. Wenn damals ein Gläubiger in meiner Gegenwart gesagt hätte, daß er gerettet sei, ich hätte ihn bestimmt zurechtgewiesen und ihm vorgeworfen, anmaßend zu sein. Ohne Heilsgewißheit war ich ständig in einem Zustand des Konflikts und machte mir Sorgen, ob ich, nachdem ich ein Leben lang an den Herrn geglaubt hatte, schließlich doch von Ihm verworfen würde. Ich verstand damals nicht die Lehre der Rechtfertigung durch den Glauben. Das einzige, was ich tat, war, am Fuße des Berges Sinai vor Angst zu zittern.

Vom Gesetz zur Gnade

Nun lebte im Hause des älteren Norwegers auch ein Schwede fortgeschrittenen Alters. Sein Name war Eric Pilquist. Seine Predigt unterschied sich wesentlich von dem, was der ältere Norweger sagte. Er verkündigte unablässig die Lehre von der Rechtfertigung durch den Glauben. Er bewohnte ein winziges Zimmerchen und trug äußerst schmutzige Kleider. Er ernährte sich von sehr einfachen chinesischen Nahrungsmitteln. Er war sehr arm und häufig krank. Da ich sah, daß er alt war und über keine finanziellen Mittel verfügte, besuchte ich ihn oft, um ihm zu helfen. Er erzählte mir, er sei durch den Glauben gerettet. Zuerst konnte ich diese Lehre nicht glauben. Die Bibelstellen, die er zitierte, begannen jedoch schließlich, in mein Herz einzudringen. Gegen Frühjahr 1923 hatte mein Denken angefangen, sich zu ändern.

Als ich die Lehre von der Rechtfertigung durch den Glauben ganz verstanden hatte, vollzog sich in meinen Glaubensvorstellungen ein großer Wandel. Es war nur zu gut, daß Gott nicht schon früher die Tür für den Predigtdienst geöffnet hatte. Sonst hätte ich nämlich eine verzerrte Wahrheit verkündigt. Und wie hätte ich jemals den dadurch angerichteten Schaden wieder gutmachen können? Als ich die Wahrheit erkannt hatte, trennte ich mich von dem älteren Herrn, der das Gesetz lehrte, und schloß mich dem anderen älteren Herrn an, der mir geholfen hatte, die Lehre von der Rechtfertigung durch den Glauben zu verstehen. Er gab mir einige Büchlein auf Englisch, die diese Lehre erklärten, und ermutigte mich, sie ins Chinesische zu übersetzen. Außerdem machten mir die Gläubigen, die diese Heftchen erhielten, Geschenke, die es mir ermöglichten, diese Arbeit bis Ende April 1925 fortzusetzen. Dann gab ich sie auf. Im November jenen Jahres erkrankte Herr Pilquist und verstarb.

Der Sabbat

Ab 1921 sprach ich mich einige Jahre lang für das Halten des Sabbat aus. Dann entdeckte ich jedoch, daß die Apostel in ihren Briefen an die Gemeinden der Heiden diese nirgendwo gelehrt hatten, den Sabbat zu halten. Diese Tatsache weckte Zweifel in mir. Nachdem ich über längere Zeit über der Sache gebetet und die Bibel unter diesem Gesichtspunkt studiert hatte, erkannte ich, daß Gott die Heiden nie angehalten hatte, den Sabbat zu halten, und daß es nur eine Tradition war, den Sonntag als den Sabbat der Christen zu bezeichnen.

Zungenreden

Was das Zungenreden anging, so war ich nicht nur selbst zur Zeit meiner Taufe in der Lehre der Pfingstbewegung unterrichtet worden, sondern habe sie auch über ein Jahr verkündigt. Ich predigte folgendes: „Wenn ein Gläubiger den Heiligen Geist empfängt, dann muß er in Zungen reden. Das Reden in Zungen ist der einzige Beweis dafür, daß er den Heiligen Geist empfangen hat. Das bedeutet, daß alle Gläubigen, die nicht in Zungen gesprochen haben, den Heiligen Geist noch nicht empfangen haben."

Einige bezeugen, daß sie beim Zungenreden auch sehr große Kraft empfingen und daß sie in Zungen redeten, weil sie sich einfach nicht zurückhalten konnten. Es war, als sei ihre Zunge von einer Macht kontrolliert worden. Bei mir war dies nie so gewesen. Wie ich bereits an anderer Stelle beschrieben habe, gab ich Laute von mir, die ich nicht verstand, indem ich immer wieder „Halleluja" sagte. Zuerst hatte ich keine Zweifel, bis ich hörte, wie manche einfach nur einen Laut wiederholten, wie z. B. „Ba-ba-ba-ba" oder „Da-da-da-da" oder „Go-di, go-di, go-di!" und dies über mehrere Minuten hinweg oder sogar noch länger. Ich frage mich, wie man dies „Zungen" nennen soll? Selbst Engel können, wenn sie reden, nicht nur einen oder zwei

Laute benutzen, um eine Vielzahl von Bedeutungen auszudrücken ...

Ein weiteres Problem lag darin, daß der Lebenswandel vieler, die in Zungen reden, besonders schlecht war. In den Jahren 1921 und 1922 kannte ich einen jungen Mann, der ein höchst heftiges Naturell hatte. Er mißhandelte seine Frau auf so grausame Art, daß einem die Haare zu Berge standen. Er war auch sonst ein wirklich boshafter Mensch und konnte wahrhaftig nicht als Christ bezeichnet werden. Aber sobald er sich hinsetzte, konnte er in Zungen reden. Was er hervorbrachte, war außerdem nicht nur eine Folge sich ähnelnder Laute, sondern etwas, das sich wie eine Sprache anhörte. Wenn ich die Frage aus einem anderen Blickwinkel angehe, dann muß ich sagen, daß ich viele aufrichtige Gläubige gesehen habe, die ein frommes Leben führten, dem Herrn voller Eifer dienten, ein Wohlgeruch Christi waren, für den Herrn mit Kraft und Autorität arbeiteten, und nie in Zungen gesprochen haben. Kann es sein, daß sie nicht den Heiligen Geist besaßen? All diese Überlegungen bewirkten, daß ich schließlich die Lehre aufgab, die ich bei meiner Taufe erhalten hatte.

Gottes Wort genügt

Die Jahre, die ich zu Hause damit verbrachte, selbst die Bibel zu studieren, bestimmten die Haltung, die ich später einnahm. Dadurch mußte ich einige der Lehren, die ich in jungen Jahren in der Kirche vermittelt bekommen hatte, ablehnen. Was ich in der Bibel fand, glaubte ich. Was ich nicht in der Bibel fand, lehnte ich ab. Die Wahrheiten der Bibel glaubte ich, Lehren, die nicht in der Bibel enthalten waren, wollte ich keinen Glauben schenken. Ich mußte keine Bibelkommentare lesen. Diese Art von Literatur sagte mir nicht zu. Heute ist die Bibel in meinem Predigen und Lehren der einzige Maßstab. Kirchentraditionen und menschliche Vorschriften waren mir nie Autorität. Noch weniger wäre ich bereit, mit etwas einen Kompromiß einzugehen, das der Wahrheit widerspricht. In meinen Augen wäre das sündhaft. Auf keinen Fall würde ich denjenigen nachgeben, die Gott ablehnten. Deshalb mußte ich die Gemeinde verlassen, der ich ursprünglich angehörte. Ich mußte auch meine Beziehung zu der Gemeinde abbrechen, die ich oben erwähnt habe. Ich wußte noch immer nicht, wie Gott mich gebrauchen würde. Noch weniger dachte ich daran, eine neue Arbeit zu beginnen. So widersprach es all meinen Erwartungen, daß Gott mich Schritt für Schritt an den Platz führte, an dem ich heute stehe. Ich kann nur erstaunt sein, wenn ich die Wundertaten Gottes betrachte.

Ein Rückblick auf die Erfahrungen von mehr als zwanzig Jahren ist keine schwierige Sache. Während dieser Jahre mußte ich jedoch so manches Unglück ertragen und viel Schmerzliches erleiden. Manchmal kam mir ein Tag wie ein Jahr vor. Manchmal war der Schmerz so heftig, daß ich mein Leben beenden wollte. Spott, Mißverständnisse, Hohn, Verfolgung, Kummer – diese Erfahrungen waren immer wieder Bestandteil meines Lebens. Wer hätte vorhersehen können, daß diese der Gewinn von heute sein würden? *Wir sind ins Feuer und ins Wasser gekommen, aber du hast uns herausgeführt zum Überfluß.* (Psalm 66,12). Früher hatte ich diese Verse nur gelesen. Aber nun habe ich sie auch erlebt.

KAPITEL 4

Eine feste Stadt, eine eiserne Säule und eine eherne Mauer

Du aber gürte deine Hüften, mach dich auf und rede zu ihnen alles, was ich dir gebieten werde! Erschrick nicht vor ihnen, damit ich dich nicht vor ihnen in Schrecken setze! Und ich, siehe, ich mache dich heute zu einer befestigten Stadt und zu einer eisernen Säule und zu einer ehernen Mauer gegen das ganze Land, sowohl [gegen] die Könige von Juda als auch seine Obersten, seine Priester und das Volk des Landes. Und sie werden gegen dich kämpfen, dich aber nicht überwältigen, denn ich bin mit dir, spricht der HERR, um dich zu erretten.

Jeremia 1,17-19

Da sprach der HERR zu mir: Sage nicht: Ich bin [zu] jung. Denn zu allen, zu denen ich dich sende, sollst du gehen, und alles, was ich dir gebiete, sollst du reden. Fürchte dich nicht vor ihnen! Denn ich bin mit dir, um dich zu erretten, spricht der HERR.

Jeremia 1,7.8

Eine feste Stadt, eine eiserne Säule und eine eherne Mauer – all diese Dinge sind fest und solide. Sie können nicht einfach durch die bloße Kraftanwendung eines Menschen zerstört werden. Wenn ein Mensch gegen eines dieser Dinge rennt, wird nur er Schaden erleiden. Er kann keines dieser Dinge beschädigen. Gott berief Jeremia zum Propheten und befahl ihm, für Ihn zu sprechen und die Juden wegen ihrer Sünden zurechtzuweisen. Aus der Sicht der Halsstarrigen war Jeremia eindeutig ein Feind. Er war gegen sie. Menschlich betrachtet war die Lage vergleichbar mit dem Versuch, mit einem Ei einen Felsen zu zerschlagen – Jeremia beschwor seinen eigenen Untergang herauf. Da jedoch Gott ihn gesandt hatte, konnte er nicht besiegt werden. Er war eine feste Stadt, eine eiserne Säule und eine eherne Mauer.

„Mache dich auf und predige ihnen alles, was ich dir gebiete." Wenn wir auf diese Worte Gottes an Jeremia hören, dann können wir sagen, daß Jeremia Gottes Vertreter, Gottes Botschafter und Gottes Sprachrohr war. Gott ging nicht Selbst unter das Volk. Er sandte Jeremia als Seinen Vertreter und als Seinen Botschafter. Gott öffnete nicht Seinen eigenen Mund, um zum Volk zu sprechen. Er beauftragte Jeremia, Sein Sprachrohr zu sein. Deshalb würde Gott ihn auch bewahren und retten. Und obwohl er mehrmals in Gefahr geriet, kam er doch nie durch menschliche Arglist zu Schaden.

Ein Prophet Gottes zu sein ist ein Zeichen besonderer Gunst. Aber es bedeutet auch Mühsal und Gefahr. Gleichzeitig befindet man sich jedoch auch in Sicherheit und hat auf festen Grund gebaut.

Ich danke Gott, daß der Auftrag, den Er Jeremia gegeben hat, auch mein Auftrag ist. Als Jugendlicher gab Gott mir den Auftrag, hinzugehen und Seine Worte zu verkündigen. Er sah, daß die Finsternis und Korruption Seiner Gemeinde sich nicht wesentlich von der Finsternis und Korruption der Welt unterschied. Also sandte Er mich, um sowohl die Welt als auch die Gemeinde zu warnen. Er sandte mich, damit ich die Finsternis, Korruption, Verdorbenheit und Ungerechtigkeit sowohl in der Welt als auch in der Christenheit aufzeigen möge. Er sandte mich, damit ich die Menschen zu sofortiger Buße aufforderte.

Bevor ich für Ihn zu reden begann, empfand ich Furcht und Zittern. Ich erkannte, daß ich, wenn ich Sünde verurteilte, ohne den Menschen die Gelegenheit zu geben, ihr sündhaftes Verhalten durch entschuldigende Erklärungen zu rechtfertigen, unvermeidlich auf Widerstand stoßen und mich Angriffen aussetzen würde. Und das geschah. Oft war ich ängstlich und schüchtern. Ich war versucht, still zu bleiben. Aber ich konnte mich schließlich doch nicht zurückhalten. Wie Jeremia erfuhr ich Feindseligkeit. Er schrieb: *Denn sooft ich rede, muß ich schreien, Gewalttat und Zerstörung rufen; denn das Wort des HERRN ist mir zur Verhöhnung und zur Verspottung geworden den ganzen Tag. Und sage ich: Ich will nicht mehr an ihn denken und nicht mehr in seinem Namen reden, so ist es in meinem Herzen wie brennendes Feuer, eingeschlossen in meinen Gebeinen.Und ich habe mich [vergeblich] abgemüht, es [weiter] auszuhalten, ich kann nicht [mehr]!* (Jeremia 20,8.9).

Wenn ich offen redete, stieß ich auf Spott und Widerstand. Wenn ich nicht redete, dann konnte ich mich nicht zurückhalten. Was sollte ich tun? Ich mußte sprechen. Gott sei Dank. Je mehr ich redete, desto mehr Mut gab Er mir. Je kühner ich war, desto größer war meine Kraft. Er machte aus mir „eine feste Stadt, eine eiserne Säule, eine eherne

Mauer“. Ich wurde durch die Worte Gottes an Jeremia ermutigt: *Fürchte dich nicht vor ihnen! Denn ich bin mit dir, um dich zu erretten, spricht der HERR.* (Jeremia 1,8) und nochmals: *Und sie werden gegen dich kämpfen, dich aber nicht überwältigen, denn ich bin mit dir, spricht der HERR, um dich zu erretten.* (Jeremia 1,19). Gestärkt durch diese Verheißungen, bekam ich den Mut, die Sünden in der Welt und den Abfall in der Gemeinde zu verurteilen.

Unabhängig davon, ob die Betroffenen wohlhabend und einflußreich waren oder ob sie Einfluß und eine gewisse Stellung innerhalb der Kirche innehatten, ich wies sie ohne Furcht und ohne jemanden zu bevorzugen zurecht. Ich drängte sie, Buße zu tun, ihre schlechten Wege zu verlassen und sich Gott zuzuwenden.

Brandmarken von Korruption

In der christlichen Gemeinde finden wir nicht nur Sünde und Abtrünnigkeit, sondern auch Unmoral. Verantwortliche in den Gemeinden betreiben „Verschleierung“. In der Welt gab es jahrelang eine Praxis, bei der sich Männer in verantwortungsvollen Positionen gegenseitig schützten. Das ist heutzutage auch unter Verantwortlichen in der Gemeinde gängig. Wenn ein Ungläubiger auf die sündhaften Praktiken in der Kirche hinweist, dann sagen die Prediger, daß er sich der Wahrheit entgegenstellt und ein Feind Gottes ist. Wenn ein Gläubiger auf Sündhaftes in der Kirche hinweist, dann sagen die Prediger, er sei stolz und arrogant, kritisiere seine Glaubensgeschwister und verliere seine Liebe. Daß es in der Gemeinde Sünde gibt, ist noch nicht das Schlimmste an der Situation. Das Schlimmste ist, daß sich die Verantwortlichen weigern, Buße zu tun und diese Sünden zu bekennen – ob es sich nun um ihre eigenen Sünden handelt oder um die der Gemeinde – sondern sie verbergen sie geschickt und verschleiern sie.

Wenn jemand in einer solchen Situation sich kühn und direkt zu Wort meldet und auf die Korruption und das schlechte Verhalten von Gläubigen und Predigern hinweist – mit anderen Worten, wenn er das ausspricht, was bestimmte Verantwortliche in der Gemeinde nicht sagen möchten oder sagen können oder was sie sich nicht zu sagen trauen – kann dies dann etwas anderes hervorrufen als Haß und Widerstand?

Menschlich gesprochen bedeutet das: Wenn jemand auf Schlechtes in der Kirche hinweist, ohne Raum für Ausflüchte zu lassen, dann erzeugt er Opposition und Ablehnung. Wenn Gott jedoch jemanden gebrauchen möchte, dann wird Er eine Tür auftun, die niemand schließen kann. Außerdem gibt es trotz der Tatsache, daß es in der Kirche im allgemeinen unehrlich zugeht, doch viele Gläubige, die Gott ehren und über die Sünden der Kirche traurig und betrübt sind. Obwohl meine Predigt also bei verstockten Predigern und Namenschristen Zorn hervorruft, ist die Tür für den Dienst weit geöffnet. Über einen Zeitraum von dreiundzwanzig Jahren hinweg hat Gott mich in achtundzwanzig Provinzen Chinas geführt (eine Provinz hat etwa die Größe von England), und ich habe in Kirchen gepredigt, die mit über dreißig Denominationen zusammenhängen.

Eine positive Antwort

Wann immer ich von einer Gemeinde zu einem Predigtdienst eingeladen werde, gehe ich dort nur einmal hin. Dafür gibt es einen Grund. Ganz gleich, was die Gemeinde gerne hören möchte, ich muß Warnungen aussprechen und die Botschaft predigen, die Gott mir aufs Herz legt. Wenn ich dabei ihren Zorn wecke, werden sie mich bestimmt nicht noch ein zweites Mal einladen wollen. Selbstverständlich wecke ich ihren Ärger nicht absichtlich, denn Gott gefällt es keineswegs, wenn wir um der Schlacht willen aufs Schlachtfeld ziehen. Der Grund dafür, daß ich Sünde und Abtrünnigkeit rüge und dafür keine Ausrede gelten lasse, liegt darin, daß ich, wenn ich mich diesen Dinge gegenübersehe, mit großer Besorgnis erfüllt werde, und daß ich sie ganz einfach nicht ertragen kann.

Ein weiterer Grund ist, daß ich fest davon überzeugt bin, daß Gott mir den Auftrag dazu gegeben hat. Und wehe mir, wenn ich nicht predige, was Er möchte. Ich möchte lieber von Menschen angegriffen werden, als den Zorn Gottes erregen. Wenn man darüber nachdenkt, ist es schon seltsam, daß ich, obwohl ich an viele Orte mit der Absicht gehe, sie nur einmal aufzusuchen, für gewöhnlich ein zweites Mal und nicht selten ein drittes, viertes und fünftes Mal eingeladen werde. Das zeigt, daß es in den Gemeinden nicht wenige Gläubige gibt, die bereit sind, sich Seiner Herausforderung zu stellen.

Eine negative Antwort

Selbstverständlich gibt es auch Gemeinden, die mich nach einer Predigt so behandeln, als sei ich die Pest, und die mir gegenüber eine feindselige Gesinnung einnehmen. Ihre Kritik an mir beschränkt sich auf Äußerungen wie: „Stolz und arrogant; er glaubt, im Recht zu sein und denkt, die anderen seien im Unrecht“, oder „Er liebt es, Kritik zu üben, und die Fehler anderer bloßzustellen“. Der am weitesten verbreitete Einwand lautet: „Sobald Wang Ming-tao zu predigen beginnt, verunglimpft er andere.“ Tatsächlich bezieht sich die „Verunglimpfung“, von der sie sprechen, darauf, daß ich Sünde und Ungerechtigkeit verurteile. Wenn wir die Bibel öffnen, entdecken wir, daß die Propheten früher Menschen auf diese Art und Weise zurechtwiesen. Ihre Tadel waren außerdem noch sehr viel ernster als meine. Sogar unser Herr wies, als Er auf der Erde lebte, Menschen ihrer Sünde wegen auf so unbarmherzige Weise zurecht. Wenn man Matthäus 23 liest, wird klar, daß meine Aussage richtig ist.

Unter Gottes Dienern gibt es solche, die sehr fromm und gottesfürchtig sind. Sie sind sich des Unrechts in der Welt und in der Gemeinde bewußt und sind darüber auch sehr besorgt. Aber sie wagen es nicht, diese Ungerechtigkeiten deutlich und offen auszusprechen. Noch weniger wagen sie es, diejenigen zurechtzuweisen, die für diese Ungerechtigkeiten verantwortlich sind. Der Grund liegt darin, daß sie befürchten, den Menschen zu nahe zu treten; sie befürchten, mit ungerechten Menschen in Konflikt zu geraten. Und weil sie befürchten, Menschen zu nahe zu treten, gewinnen sie auch keine Menschen. Wir müssen Menschen zurechtweisen und dürfen keinen Raum für Ausflüchte lassen. Aber wir müssen andere mit einem Herz voller Liebe zurechtweisen. Wer nicht bereit ist, unseren Tadel zu akzeptieren, wird uns gegenüber eine feindselige Haltung einnehmen, uns hassen und uns als Feind betrachten. Wer unsere Zurechtweisung jedoch ernst nimmt und voll Reue vor Gott Buße tut, wird uns unendlich dankbar sein und uns lieben. Diese Menschen werden uns enge Freunde werden. Ich danke Gott, daß ich in meiner zwanzigjährigen Arbeit in Peking und den Provinzen viele enge Freunde gefunden habe. Nicht wenige Menschen, die wegen mir mit den Zähnen geknirscht haben, sind mir zu Feinden geworden. Sie hielten sich nicht zurück, mich mit den wüstesten Worten zu kritisieren, gegen mich zu fluchen und mich anzugreifen.

Die Menschen, die mich lieben, tun ohne zu zögern alles, was in ihrer Macht steht, um mir zu helfen. Während meiner Krankheitszeiten sind sie mir unendlich freundlich begegnet. Ich erinnere mich an eine Begebenheit, als ich in Ji-nan schwer an Durchfall erkrankte. Damals gab mir jemand zwei Flaschen Lao Shan Mineralwasser. Ich trank es, während ich krank war, und es tat mir gut. Als ein Bruder das hörte, besorgte er sofort noch mehr. Aber er mußte in etliche Geschäfte gehen, bis er es fand. Als es schließlich soweit war, kaufte er sechs Flaschen, d.h. den gesamten Lagerbestand. Vielleicht ist Mineralwasser ein Gut, das man leicht besorgen kann. Aber die aufrichtige Liebe und der Eifer dieses Bruders sind Eigenschaften, die man mit Geld nicht kaufen kann.

Die Gemeinden auf der Anklagebank

Die Ungläubigen in der heutigen Welt müssen Gottes Warnen und Rufen hören. Dasselbe gilt für die heutige Gemeinde. Ein Teil des Auftrags, den Gott mir anvertraut hat, besteht darin, das Evangelium denen zu predigen, die außerhalb der Gemeinde stehen, so daß sie Buße tun und von ihren Sünden ablassen. Doch ich habe auch den Auftrag, die Menschen innerhalb der Gemeinden zu erreichen, und sie zur Buße und zum Ablassen von ihren Sünden zu bewegen.

Viele Gemeinden befinden sich heutzutage wirklich in einem bedauernswerten Zustand. Die Gebäude, die sie errichtet haben, sind gewaltig und prächtig. Hinter ihren Mauern befinden sich prachtvolle Möbelstücke, eine luxuriöse Einrichtung und bequeme Sitzplätze. Musik, Gesang und eine Predigt, die aus sprachlich gewandt dargebotenen Sätzen besteht, haben dort ihren Platz. In manchen Gemeinden ist dies alles jedoch, mit Gottes Augen betrachtet, wie eine leere Eierschale. Nur die Augen Gottes und die Augen derer, die Gottes Sinn kennen, sind in der Lage, die Leere vieler heutiger Gemeinden überhaupt zu sehen. Eine solche Gemeinde kann nur noch mit ihren Äußerlichkeiten Staat machen. Heiligkeit, Gerechtigkeit, Aufrichtigkeit, Mitgefühl, Glaube und Hoffnung – all diese Eigenschaften, die Gott verlangt – haben schon seit langem den Bankrott erklärt.

Die Verantwortlichen der Gemeinde versehen ihren Dienst um ihrer eigenen Ehre willen; Mitarbeiter in der Gemeinde predigen um der Bezahlung willen; viele Mitglieder treten der Gemeinde aus niedrigen Beweggründen bei oder vielleicht auch, weil sie blind anderen folgen. Evangelisten zögern nicht, große Zahlen von Bekehrungen ungeprüft zu akzeptieren, nur um mehr Menschen in die Gemeinde zu bringen, und somit die Zahl der Gemeindeglieder zu erhöhen und die Kollekte zu vergrößern. Sie fragen die „Bekehrten“ nicht nach ihrem Glauben, ihrem Lebenswandel und ihrem Charakter. So wächst in der Gemeinde die Zahl derer, die nicht wirklich gläubig sind. Die Gemeinde wird bekannt für Betrug, Lüge, Täuschung, Habsucht, Bestechlichkeit, Zerrüttung, Haß, Neid, Parteilichkeit, Spaltung, Unzucht, Unreinheit und andere hassenswerte Eigenschaften. Ja, die Sünden, die sich in der Welt zunehmend ausbreiten, finden sich auch in der Gemeinde. Und es kommen sogar noch zwei verabscheuenswerte Sünden hinzu: Stolz und Heuchelei. Wenn Ungläubige sehen, daß es in der Gemeinde solche Sünden gibt, dann hält sie dies nicht nur davon ab, an den Herrn zu glauben, sie fluchen sogar dem Namen des Herrn. Aufgrund all dieser Korruption und Finsternis in der Gemeinde fallen die Schwachen vom Glauben ab: Sie stolpern und fallen.

Als der Herr Jesus sah, wie im Vorhof des Tempels mit Ochsen, Schafen und Tauben gehandelt wurde, und wie die Geldwechsler Geschäfte machten, wurde Er von einem gerechten Zorn erfüllt. Er ergriff eine Peitsche, um die Tiere zu vertreiben, und Er stieß die Tische der Geldwechsler um. Angenommen, Er käme heute wieder und besuchte die Gemeinden, um wieviel größer wäre wohl Sein Zorn heute verglichen mit Seinem Zorn damals im Tempel?

Und wie steht es um die Prediger? Wir können natürlich nicht sagen, daß es keine guten Prediger gibt. Aber wir müssen erkennen, daß viele von ihnen das Predigen einfach als Mittel betrachten, um ihren Lebensunterhalt zu verdienen. Ihre Aufmerksamkeit ist auf das gerichtet, was sie herausschlagen können. Weder Glaube noch Wahrheit haben in ihrer Kalkulation Platz. Um zu Reichtum zu kommen, scheuen sie weder Lüge noch Betrug noch Übeltaten noch persönliche Bereicherung durch Hinterziehung von Geldern. Um zu Reichtum zu kommen, streiten und zanken sie sich mit ihren Kollegen; sie gehen sogar gerichtlich gegen Verwandte und Freunde vor. Sie nehmen nicht nur keine Rücksicht auf Gott, auf Glaubenseinstellungen oder auf das Gewissen. Sie scheren sich nicht einmal um ihren eigenen Ruf oder die Wahrung ihres Gesichts. Sie kriechen vor Personen mit Einfluß oder Wohlstand. Beobachtet man sie, wenn wohlhabende oder einflußreiche Personen in die Gemeinde kommen, möchte man vor Scham erröten.

Vor kurzem wurden in China Fälle von Beamten bekannt, die im höchsten Grade geizig und korrupt waren, und die sowohl Geld als auch Macht besaßen. Weil sie getauft waren, wurden sie von manchen Gemeindegliedern für etwas Besonderes gehalten. Die Gemeinde forderte sie auf, in der Gemeindeleitung mitzuarbeiten und auch zu predigen. Außerdem erbat sie finanzielle Unterstützung von ihnen. Wie kann eine solche Mißachtung hoher moralischer Maßstäbe etwas anderes bewirken, als Gott Unehre zu bringen?

Ungläubige bezeichnen christliche Prediger häufig als „ausländische Priester“ (wobei „Priester“ einen buddhistischen Priester meint). Ich gebe zu, daß dieser Ausdruck für Prediger beleidigend ist. Wenn wir uns jedoch einen Augenblick Zeit nehmen und den Lebenswandel und die Aktivitäten vieler Prediger unter die Lupe nehmen, stellen wir fest, daß dieser Ausdruck nicht ganz grundlos gewählt wurde.

Es gibt nicht wenige Prediger, die nie von Gott berufen und nie von Gott beauftragt wurden. Sie sind gar nicht in der Lage, Sünder aufzufordern, ihre Sünden zu lassen, um dem Zorn Gottes zu entgehen. Sie können anderen das Evangelium nicht mitteilen und können anderen nicht das geben, was sie vom Geist benötigen. Es ist ihnen nicht möglich, Menschen aus Finsternis und Leiden befreien. Sie können den Gefangenen nicht die Freiheit bringen, die nicht trösten, die zerbrochenen Herzens sind. Sie sind den Suchenden kein Wegweiser und der Herde kein Hirte. Gemeindebelange handeln sie nur oberflächlich ab. Sie leiten einige wenige Treffen, sie predigen etwas Lehre ohne jede Begeisterung. Und am Monatsende erhalten sie von der Gemeinde ein Gehalt, um ihre Familie zu ernähren.

Gibt es grundlegende Unterschiede zu einem buddhistischen Priester, der in seinem Tempel sitzt und, um die Zeit totzuschlagen, pausenlos auf einen hölzernen Fisch trommelt und dabei einen eintönigen Singsang von sich gibt?

Wenn Prediger nicht wirklich den Menschen und der Gemeinde etwas geben können und wenn ihr Predigtamt für sie nichts anderes ist als ein Mittel, um ihren Lebensunterhalt zu verdienen, dann können sie nicht als Diener Gottes bezeichnet werden. Es wäre dann passender, sie Parasiten der Gesellschaft zu nennen. Von Ungläubigen als „ausländischer Priester" bezeichnet zu werden, ist eine kleine Sache, von Gott zurechtgewiesen zu werden, ist dagegen wirklich etwas äußerst Ernstes.

In den vom Westen unterstützten Gemeinden trifft man noch auf ein weiteres bedauernswertes Phänomen. Da die Missionare aus dem Westen die wirtschaftliche Autorität besitzen, trachten viele Einheimische danach, mit den Ansichten der Missionare übereinzustimmen und sich dadurch Vorteile zu verschaffen.

Chinesische Prediger, die den Missionaren aus dem Westen gelegen sind, brauchen sich um ihren Arbeitsplatz keine Sorgen zu machen. Andererseits kann es geschehen, daß ein chinesischer Prediger, der deutlich und ohne Heuchelei spricht, und der keinen Gedanken daran verschwendet, wie er sich bei denen, die den Geldbeutel verwalten, einschmeicheln kann, mehr Schwierigkeiten hat, bei westlichen Missionaren einen Arbeitsplatz zu bekommen. Die Gefahr ist, daß gerade diejenigen, die so hohe moralische Maßstäbe vertreten, und sich deshalb weigern, auf Kompromisse einzugehen, sich entweder unter Druck gesetzt fühlen oder sich gezwungen fühlen, von ihren eigenen

Grundsätzen abzurücken. Die Prediger, die dann im Beruf bleiben, sind die unaufrichtigen Männer. Sie sind bereit, ihre eigene Ansicht zu verdrehen oder gar zu opfern, um den westlichen Missionaren zu schmeicheln und zu gefallen. Sie verhalten sich nicht anders als die habsüchtigen Beamten der Gesellschaft. Die westlichen Missionare haben jedoch alle Vertrauen zu ihnen und übertragen ihnen große Verantwortung. Dies ist der Zustand der meisten von westlichen Missionaren geleiteten Gemeinden in China.

Wenn schon die Leitung verdorben ist, welche Hoffnung besteht dann, daß ein gewöhnlicher Gläubiger sich entfaltet und wächst? Leider sind die beschriebenen Umstände nicht auf ein paar wenige Orte oder Denominationen beschränkt. Im ganzen Land trifft man auf solche Gemeinden. Ich wuchs in einer kirchlich geprägten Umgebung auf. Ich ging zehn Jahre lang in eine Missionsschule und machte in Peking die Bekanntschaft von nicht wenigen Gemeindegliedern und Predigern. Ich weiß heute noch mehr über die Bedingungen, die in Peking herrschen. Seit ich vor über zwanzig Jahren meinen Reisepredigtdienst begann, wurde ich ziemlich gut vertraut mit den Bedingungen von Gemeinden in ganz China. Wenn ich alles erzählen wollte, was ich von dem bedauernswerten Zustand vieler Gemeinden gesehen und gehört habe, könnte ich ein Büchlein füllen. Es gibt natürlich viele Gründe für diese weitverbreitete Korruption. Der Hauptgrund ist, daß in den Gemeinden viele Menschen als Mitglieder aufgenommen werden, die nicht wirkliche Christen sind.

Wie kommt es, daß viele Lehren, die heute in den Gemein den gang und gäbe sind, unbiblisch sind und in vielen Fällen sogar dem Glauben widersprechen? Die Antwort liegt darin, daß viele Prediger ungläubig sind. Die weniger Intellektuellen unter ihnen predigen Lehren, die sie selbst nicht glauben. Die Intellektuelleren nehmen Wahrheiten oder Tatsachen aus der Bibel und gehen mit ihnen so um, daß man es umschreiben könnte mit „wie die Realität, aber doch nicht ganz so". Dadurch verdrehen sie den Sinn des Abschnitts und predigen eine verzerrte Interpretation. Sie sagen folgendes: „Gott ist nur die große Intelligenz, die große Macht des Universums. Er ist das Wahrhaftige, das Gute, das Schöne in der Welt. Jesus ist nur die höchste und vollkommenste Persönlichkeit in der Welt. Der Tod Jesu war das höchste Beispiel dafür ‚wie man sein Leben opfert, um seine Integrität zu wahren'. Sie erklären, daß die Auferstehung Jesu bedeutet, daß ‚sein Geist nicht starb' und ‚daß sein Einfluß bleibt'. Sie sagen, daß die Wiederkunft Jesu und seine Machtübernahme symbolisch ausdrücken, daß die Menschen überall auf der Welt an Jesus glauben. Das Kommen des Himmelreichs bedeute, daß wir uns auf der Erde an dem orientieren, was Jesus gelehrt hat, um eine ideale Gesellschaft aufzubauen ...". Die klügsten dieser Prediger nehmen die biblischen Wahrheiten, an die die wahren Gläubigen glauben, und die sie auswendig lernen. Sie haben auch hier ihre eigene Art, sie falsch auszulegen (wie wir noch sehen werden). Wenn sie wahre Gläubige treffen, predigen sie ersteres. Treffen sie dagegen falsche Gläubige oder Ungläubige, predigen sie letzteres ...

Ein notwendiger Dienst

So kam es, daß ich in meinem Dienst einerseits Sünde und andererseits abtrünnige Lehren brandmarken mußte. Wenn ich erstere an den Pranger stellte, dann trat sofort die pharisäerhafte „Partei der falschen Moral" auf den Plan. Kritisierte ich letztere, so rief ich die Gegnerschaft der sadduzäerhaften „Partei des Unglaubens“ hervor. Die „Angehörigen“ der ersten Partei warfen mir vor, andere zu schlecht zu machen, während die „Angehörigen“ der zweiten Partei der Ansicht waren, ich sei abergläubisch. So wurde ich also zur Zielscheibe. Ich werfe ihnen nicht vor, sich gegen mich gestellt zu haben, denn ich stellte mich ja als erster gegen sie. Ich war wie Jeremia, der den Auftrag erhielt, sich gegen das ganze Land zu stellen – „wider die Könige Judas, wider seine Großen, wider seine Priester, wider das Volk des Landes“. Trotz des Widerstands hatte ich keine Angst, und ich zog mich auch nicht zurück. Die Worte, die an Jeremia gerichtet waren, waren mir Trost und Stärkung: *Und sie werden gegen dich kämpfen, dich aber nicht überwältigen, denn ich bin mit dir, spricht der HERR, um dich zu erretten.*

Kleine Anfänge

In den Jahren 1921 bis 1924 – auf die ich schon in anderen Zusammenhängen eingegangen bin – war ich zum einen die meiste Zeit zu Hause und verrichtete dort eine Vielzahl von anstrengenden Arbeiten. Zum anderen las ich meine Bibel und wartete darauf, wie Gott mich gebrauchen würde. Obwohl ich schon viel unterwegs war, um in verschiedenen Gemeinden einen Predigtdienst zu versehen, kehrte ich nach kurzer Zeit nach Hause zurück, um mich wie zuvor ins Bibelstudium zu vertiefen. Es kam mir damals überhaupt nicht in den Sinn, daß es einmal soweit kommen könnte, daß ich von Gemeinden aus allen Provinzen eingeladen würde. Auch kam mir nie der Gedanke, daß ich einmal ein Versammlungsgebäude bauen würde. Noch weniger plante ich, Pastor einer Ortsgemeinde zu werden. Ich erkannte ganz einfach nur, daß ich die vor mir liegenden

Aufgaben sorgfältig und treu erledigen sollte. An die Zukunft dachte ich nicht weiter.

Damals verstand ich eines: *Wer im Geringsten treu ist, ist auch in vielem treu, und wer im Geringsten ungerecht ist, ist auch in vielem ungerecht.* (Lukas 16,10). Egal, welch niedrige Arbeiten ich auch versah, ich bemühte mich immer, gemäß diesem Vers zu handeln, und die Arbeit gründlich (wörtlich: äußerst schön und rechtschaffen) zu tun. Wenn ich fegte, achtete ich darauf, daß nicht das kleinste Staubkörnchen im Raum blieb. Wenn ich die Mahlzeiten kochte, achtete ich darauf, sie so wohlschmeckend wie möglich zuzubereiten und daß keine Speise ihren Geschmack verlor. Wenn ich die Wäsche erledigte, wusch ich sie vollkommen sauber. Beim Briefeschreiben achtete ich darauf, daß ich dies ordentlich tat, und selbst die Briefmarke klebte ich sauber auf den Umschlag. Damals hatte ich keine Hoffnung, jemals etwas von Bedeutung zu tun. Diese Hoffnung hatte ich, als ich zwischen vierzehn und zwanzig Jahre alt war. In der Zeit zwischen meinem 22. und 25. Lebensjahr hatte Gott dieses ehrgeizige Ziel weggenommen. Ich hatte auch keine Ahnung davon, welche Arbeit mir Gott in Zukunft anvertrauen würde. Und doch näherte sich der Augenblick, an dem die Arbeit in Peking so umfangreich sein würde, daß ich sie kaum bewältigen konnte. Und bald sollte sich mein Dienst auch über Peking hinaus erstrecken. Ich möchte erzählen, wie sich dies alles zugetragen hat.

Der Dienst weitet sich aus

Im Januar und in den ersten Februarwochen des Jahres 1925 fanden wöchentlich zwei Treffen bei mir zu Hause statt: Eines am Mittwoch, das andere am Samstag. Manchmal betrug die Zahl der Besucher vierzehn, manchmal waren wir auch nur zu dritt. Dann bat mich eine Schwester, am 10. Februar bei einem Frauentreffen zu sprechen, das von allen Gemeinden der Stadt gemeinsam organisiert wurde. Dabei handelte es sich um monatliche Veranstaltungen. Treffpunkt war immer der Versammlungsort einer anderen Gemeinde. Am 10. Februar fand die Zusammenkunft in der West Drum Tower Presbyterianischen Kirche statt. Sie war gut besucht. Ich sprach über Johannes 15,1-8, das Gleichnis vom Weinstock. Nach der Veranstaltung kam eine ältere Dame mit einem fröhlichen, vornehmen Gesichtsausdruck auf mich zu, sprach mich an und erkundigte sich nach meinem Namen und meiner Adresse. Sie wollte auch wissen, in welcher Gemeinde ich normalerweise predigte. Ich erklärte ihr, daß ich für gewöhnlich bei mir zu Hause predigte. Sie sagte, meine Botschaft habe sie sehr bewegt, und sie habe erkannt, daß ich ein Werkzeug Gottes sei. Als ich ihr sagte, daß ich der Sohn von Wang Dzu-hou bin, meinte sie, sie habe ihn einst gekannt, daß sie jedoch seit dem Boxeraufstand nichts mehr von der Familie gehört habe. Sie fügte noch hinzu, daß es sie besonders freue, mich kennengelernt zu haben. Der Name dieser älteren Dame war Frau Pan Wei-jou.

Die Mehrzahl der damaligen Pastoren in Peking hielt mich für geistesgestört. Daß Frau Pan in mir jemanden sah, der von Gott zu einem besonderen Dienst beauftragt war, tröstete und ermutigte mich ungemein. Vom Zeitpunkt unseres Kennenlernens an machte sie mich häufig mit anderen Gläubigen aus ihrem Bekanntenkreis bekannt. Da sie in allen Gemeinden der Stadt hohes Ansehen genoß, waren ihre Empfehlungen natürlich sehr wirkungsvoll, gewichtig, mächtig und einflußreich. Nun wuchs auch allmählich der

Zulauf zu den Treffen in meinem Zimmer. Ende Februar betrug die Zahl der Besucher dreizehn oder vierzehn. Anfang März erreichte sie schon über zwanzig. Das Zimmer wurde zu klein. Zunächst bot mir Frau Pan an, jeden Freitag bei einem Treffen in ihrem Haus zu sprechen. Dann machte Anfang April eine Frau Yu, die die Treffen in meinen Haus besuchte, den Vorschlag, daß wir uns Samstag nachmittag bei ihr zu Hause träfen, dort sei es geräumiger. Ich nahm dieses Angebot an, und bei unserer ersten Zusammenkunft am 5. April waren wir über siebzig Besucher! Wir trafen uns insgesamt viermal bei ihr zu Hause, und jedesmal war die Wohnung überfüllt.

Ich bekam immer häufiger Einladungen, in Gemeinden Pekings zu sprechen, und bald hielt ich durchschnittlich fast jeden Tag ein Treffen. Das bedeutete natürlich, daß ich ständig von einer Gemeinde zur anderen, von einem Ende der Stadt zum anderen eilen mußte, was allmählich an meinen Kräften zehrte. Mehrere Gläubige taten sich daraufhin zusammen und kauften mir ein Fahrrad. Das war eine enorme Hilfe für mich und ersparte mir Zeit und Kraft. Am 27. Mai verließ ich Peking und machte mich auf den Weg nach Nanking.

An dieser Stelle bietet es sich an, ein wenig über das Motiv zu berichten, das mich veranlaßte, mich auf den Weg nach Nanking zu machen. In den Jahren 1921 und 1922 setzte ich mich besonders für den Herrn ein. Damals hielt ich mich für jemand ganz Besonderen. Es war, als ob es unter den Christen Chinas keinen gab, der so eifrig war wie ich – keinen, der den Herrn mehr liebte als ich oder der die Wahrheit besser verstand als ich. 1923 abonnierte ich dann die Zeitschrift „Geistliches Licht“ (Ling-Gwong-Bao), die in Nanking herausgegeben wurde. Erst dadurch erkannte ich, daß es anderswo auch Heilige gab, die dem Herrn voller Eifer dienten. So begann sich mein Horizont, der bislang sehr eng gewesen war, zu weiten.

Von 1924 an hatte ich den Wunsch, nach Nanking zu gehen und mit den dortigen Heiligen Gemeinschaft zu haben. Im Frühjahr 1925 sandte ich zum ersten Mal Manuskripte an das „Geistliche Licht“ und begann, mit einigen der Gläubigen, die für die Zeitschrift verantwortlich waren, zu korrespondieren. Einmal erwähnte ich in einem Brief meinen Wunsch, nach Nanking zu kommen. Daraufhin erhielt ich eine Einladung. So stieg ich also am 27. Mai in den Zug, der mich in den Süden bringen sollte. Am nächsten Abend erreichte ich um 22.00 Uhr Pugou und überquerte den Jangtsekiang. Dort bestieg ich einen Karren, der mich nach Nanking bringen sollte. Als ich so auf dem Karren saß, wurde mir plötzlich bewußt, daß ich wie ein Kindergartenkind war, das sich danach sehnt, von Gott gelehrt und ausgebildet zu werden.

Eine notwendige Demütigung

Innerhalb weniger Tage nach meiner Ankunft in Nanking traf ich viele Gläubige, die ich schon lange hatte sehen wollen, und ich war hocherfreut. Ich wurde auch einige Male zu Predigtdiensten eingeladen. Bei einer Versammlung am ersten Juni hatte ich den Eindruck, daß ich meine Glaubenseinstellung deutlich darlegen sollte. Ein Gläubiger im fortgeschrittenen Alter mißverstand mich. Dies führte dann noch zu weiteren Mißverständnissen, was mich damals sehr betrübte. Erst später erkannte ich, daß dies alles Gottes Gnade war. Wenn für einen jungen Mann, der noch am Anfang seines Dienstes steht, alles ohne Komplikationen läuft, und er weder Widerstand noch Gegnerschaft erfährt, kann ihn dies stolz und arrogant machen. Er läuft dann vielleicht in die Falle des Teufels.

Als ich das erste Mal in Nanking eintraf, wurde ich von einigen der dortigen Gläubigen geschätzt und respektiert. Unbewußt wurde mein Herz mit Stolz erfüllt. An diesem Punkt kam es dann zu den erwähnten Mißverständnissen, und ich wurde auf den Boden der Tatsachen zurückgeholt. Wenn dies nicht passiert wäre, hätte ich weitergemacht wie zuvor, und der Fall wäre schließlich um so schmerzhafter gewesen. Gott gebrauchte mich, und Er züchtigte mich auch. *Glücklich der Mann, den du züchtigst, Jah, den du belehrst aus deinem Gesetz* (Psalm 94,12).

Ich blieb insgesamt vierzehn Tage in Nanking. Im Herbst des Jahres 1930 wurden die Zusammenkünfte in Peking regelmäßiger. Auch wuchs meine Arbeit dort stark, so daß ich von da ab nicht länger als sechs Monate abwesend sein konnte.

Praktische Lektionen

Während meiner drei Besuche südlich vom Jangtsekiang (1925 und 1926) lernte ich neben meinen Verpflichtungen im Predigtdienst viele praktische Dinge. So lernte ich beispielsweise, wie man in Hotels übernachtet, wie man der Gastfreundschaft einer Gemeinde begegnet, wenn man dort einen Dienst tut, und vor allem lernte ich, wie man sich bei Gläubigen zu Hause verhält. Ich lernte, wie man den unterschiedlichsten Menschen begegnet, wie man die unterschiedlichsten Probleme bewältigt. Aufmerksam beobachtete ich alles, was ich sah, und beachtete auch Details. Auf meinen Erfahrungen aufbauend schrieb ich später die Heftchen „Praktische Lektionen für Gläubige“ und „Wie man ein freundlicher und taktvoller Christ ist“. So entdeckte ich vieles, was nicht nur für mich wertvoll war. Ich konnte auch anderen helfen.

Geistliches Verstehen

Wichtiger als das alles war jedoch das Wachstum, das ich im Verstehen der biblischen Lehre erfahren durfte. Während ich meinen Predigtdienst versah, las ich nach wie vor meine Bibel. Ich las Buch um Buch, Kapitel um Kapitel, wobei ich auf jedes Wort achtete. Stieß ich dabei auf Abschnitte, die ich nicht verstehen konnte, so sank mir der Mut, und ich unterbrach meine Lektüre. Ich ging davon aus, daß ich, wenn ich in der Zukunft für Gott arbeiten wollte, die ganze Bibel verstehen müßte, und auch in der Lage sein müßte, die ganze Bibel zu erklären. Deshalb legte ich besonderen Wert darauf, die Bibel kennenzulernen. Meine Mitarbeit im Dienst machte mir deutlich, was die Gemeinde braucht und half mir auch, die Situation der Gemeinde zu verstehen. Ich sah auch, daß viele Prediger ihrer Gemeinde nicht das gaben, was sie brauchte. Meine Wahrnehmung änderte sich allmählich.

Hirte der Herde

Ich begann zu begreifen, daß das Bedürfnis der Gemeinde nicht so sehr darin bestehe, daß ich dic ganzc Hcilige Schrift verstehe, sondern daß ich mich auf das Wort Gottes verlasse, und von ihm abhängig bin, daß es in mir die Früchte der Heiligkeit und Frömmigkeit hervorbringt, und daß ich ein Leben nach dem Vorbild Christi lebe. Wenn wir das nicht erreichen, werden wir, selbst wenn wir die biblische Botschaft klar verkündigen und selbst wenn unsere Zuhörer sie genau verstehen, nur pharisäerhafte Christen hervorbringen – und das wird dann auch alles sein. So allmählich wurde mir klar, daß ein Christ, wenn er vom Herrn gebraucht werden möchte, zuerst ein festes Fundament bauen muß, das sich auf die Bibel gründet, und daß er dann danach trachten muß, ein frommes und geheiligtes Leben zu führen. Wenn dies geschehen ist, muß er sich dem Studium von Büchern, Ereignissen und Menschen widmen. Er muß wissen, welches die verbreitetsten Sünden sind; er muß den Betrug und die Verdorbenheit des menschlichen Herzens besser verstehen; er muß sich immer mehr der Bedürfnisse und des Leidens der Menschen bewußt werden. Er muß mehr über die menschlichen Gefühle und Empfindungen herausfinden.

In dem Maße, wie ich mir dieser Dinge bewußt wurde, legte ich immer mehr Wert darauf zu predigen, daß wir vor Gott Buße tun und an den Herrn Jesus Christus glauben müssen. Ich stellte auch das Leben Christi mehr heraus. Es spielt nämlich keine Rolle, wie eifrig ein Christ betet, wie angestrengt er die Bibel studiert, wie regelmäßig er die Gemeindeversammlungen besucht, wie oft er predigt – wenn er nicht das Leben Christi lebt, wird er Gott nicht Ehre sondern Unehre bringen.

Als ich mit einundzwanzig Jahren zu Hause anfing, mich zu disziplinieren und die Bibel zu lesen, kam ich an einen Punkt, an dem ich viele meiner anderen Bücher zusammenpackte und auch bereit war, sie zu verbrennen. Ich nahm damals den Standpunkt ein, daß ich außer der Bibel kein anderes Buch brauchte. Nach einiger Zeit erkannte ich jedoch, daß wir Christen Bücher lesen können, die unserem Glauben und Verhalten von Nutzen sind. Auf meinen Reisen zu Predigtdiensten wurde mir bewußt, daß ich, um anderen helfen und sie seelsorgerlich betreuen zu können, erst einmal ihre Bedürfnisse, ihren Hintergrund und ihre Nöte kennen muß. Ich muß wissen, wie ich ihnen bei der Lösung ihrer Probleme helfen kann. So machte ich mir die Haltung zu eigen, daß wir „Bücher, Ereignisse und Menschen studieren müssen". Somit habe ich während meines über zwanzigjährigen Dienstes nie aufgehört, ein Lernender zu sein. Und ich bin heute noch einer. Ich bin mir völlig darüber im klaren, daß es vieles gibt, das ich nicht verstehe, und es gibt noch eine Menge zu studieren. Ich habe nie eine theologische Ausbildungsstätte besucht, aber ich habe in Gottes Bibelschule gelernt. Abgeschlossen habe ich meine dortige Ausbildung jedoch noch nicht.

Der Dienst wächst weiter

Im Jahr 1927 trat mein Dienst in einen neuen Abschnitt. Im Frühjahr dieses Jahres begann ich mit der Veröffentlichung der vierteljährlich erscheinenden Heftchen „Geistliche Nahrung". Mit den wachsenden Verpflichtungen außerhalb hatte ich so besonders viel zu tun.

In der zweiten Hälfte des Monats Februar wurde ich eingeladen, in den drei östlichen Provinzen (Mandschurei) zu predigen. Ich predigte denn auch in über zehn Orten in diesem Gebiet. Es war meine erste grenzüberschreitende Reise (Shan-Hai-Gwan). Ich besuchte drei lutherische Kirchen und neun presbyterianische Kirchen. Die Zahl der wirklich Gläubigen und der treuen Prediger war in diesem Gebiet schmerzlich gering. Es gab eine sehr große soziale Arbeit –

mit Schulen, Krankenhäusern etc. – aber es gab nur bedauerlich wenig wirklich geistliche Arbeit. Kaum hatte ich meinen Dienst beendet und hatte die Region verlassen, als auch schon Opposition laut wurde. Es wurde gesagt, ich neige dazu, andere zu kritisieren und schlechtzumachen. Andere dagegen meinten, daß ihnen die Predigten eine sehr große Hilfe waren. Es wurde die Hoffnung geäußert, daß ich doch wieder einmal in den Nordosten kommen werde. Wieder andere waren dagegen, daß ich erneut eingeladen würde. Wie dem auch sei, Gemeinden in denen sich bereits Todesgeruch ausgebreitet hatte, erwachten zu neuem Leben.

Im Juni und Juli blieb ich in Peking. Die wöchentlichen Versammlungen bei mir zu Hause und die vierzehntägigen Versammlungen bei Frau Pan wurden wieder aufgenommen. Am 15. September machte ich mich zum zweiten Mal in die nordöstlichen Provinzen auf. Dieses Mal predigte ich an neun Zentren, die mit der presbyterianischen Kirche zusammenhingen.

Dieser zweite Besuch dauerte länger als der erste. Dies ermöglichte es mir, auf wichtige Wahrheiten genauer und tiefer einzugehen. Die Zustände in den Gemeinden waren wirklich beklagenswert. Die Gemeindeglieder waren weder warm noch kalt. Nach außen hin besuchten sie zwar den Gottesdienst, die Prediger hatten ihnen jedoch keine lebensnotwendige Botschaft zu verkündigen. Niemand fragte sich, ob es im Leben dieser Menschen Sünden gab, die bekannt werden mußten. Niemand dachte auch nur an die Beziehung dieser Menschen zu Christus oder erklärte ihnen, was Christus in ihrem Leben bewirken könnte. Niemand dachte auch nur an grundlegende Glaubensdinge. Trotzdem erwachten viele, als die Posaune Gottes erklang.

Sie begannen, sich ihrer Sünden und ihrer Fehler bewußt zu werden. Über ihre Beziehung zu Christus nachzudenken, wurde lebenswichtig. Sie begannen, sich ehrlich Christus zuzuwenden und ihr Vertrauen auf Ihn zu setzen. Sie nahmen das Geschenk des neuen Lebens an, das Er ihnen anbot.

Es gab natürlich auch andere, die ihren Schlaf fortsetzten, und die auch weder ihre Haltung änderten, noch Buße taten. Eine natürliche Spaltung trat ein. In den Augen derer, die die Wahrheit nicht erfaßt hatten, wurden die Gemeinden, in denen es normalerweise friedlich zuging, wie von einem Sturmwind in größte Unruhe gebracht. Die Schuld an dem, was sie als Verwirrung bezeichneten, gaben sie mir. Auf der anderen Seite waren diejenigen, die Gott in alldem sahen, davon überzeugt, daß Er ein gutes Werk innerhalb der Gemeinden begonnen hatte.

Gewiß, das Jahr 1927 war ein Jahr, in dem sich die Gemeinden der Mandschurei veränderten. Die Spaltung unter den Predigern wurde bei der Synode der presbyterianischen Kirche der Mandschurei, die im Sommer stattfand, offensichtlich. Einige von ihnen sprachen sich heftig gegen eine erneute Einladung für mich aus. Aber es waren die Befürworter – also diejenigen, die spürten, daß ein weiterer Besuch dringend notwendig war – die die Oberhand gewannen. Und so kam es, daß ich im Herbst erneut dorthin ging.

Für den 1. Februar 1928 nahm ich eine Einladung der presbyterianischen Kirche der westlich von Bao-ding gelegenen Vorstädte an. Es waren nun über sieben Jahre vergangen, seit ich meine Arbeit dort hatte aufgeben müssen. Ich erkannte, daß sich seither wenig verändert hatte. Sogar das Wetter war das gleiche, und der Boden war mit einer

Schneedecke bedeckt wie damals bei meinem Abschied. Wenn ich mich betrachtete, mußte ich natürlich feststellen, daß meine ganze Welt eine völlige Veränderung erfahren hatte. Auch war meine Beziehung zu diesem Ort nun eine andere. Während ich erfüllt von Schande und Kummer Abschied genommen hatte, kehrte ich nun als Prediger zurück. In gewisser Hinsicht machte ich die gleiche Erfahrung wie Joseph. Ich konnte dort acht Tage lang predigen, bevor ich wieder nach Peking zurückkehrte. Wie wunderbar sind Gottes Wege!

Am 9. November 1931 verließ ich Kanton, um mich nach Hongkong aufzumachen. Am 19. bestieg ich einen Dampfer, der mich von dort nach Macao bringen sollte. Macao ist kein großer Ort, aber ich fand fünf Dinge, die sehr verbreitet waren – Spielhöllen, Opiumhöhlen, Pfandhäuser, Bordelle und Lotterieannahmestellen. Man läge nicht falsch, wenn man Macao als den Ort beschreiben würde, an dem sich alle Arten von Sünden treffen und miteinander in Wettstreit treten.

Die Stadt besitzt zwei historisch interessante Plätze. Auf dem einen befinden sich die Ruinen einer römisch-katholischen Kirche, die dort im 17. Jahrhundert erbaut worden war. Dieses große Gebäude wurde vor vielen Jahren von einem Feuer zerstört. Die Frontmauer und die Bilder sind jedoch noch vollständig erhalten. Das Kreuz auf der Mauer hat das Feuer ebenfalls unbeschädigt überstanden. Der Sockel einer Säule trägt die Inschrift „1602". Er hat also eine schon über dreihundertjährige Geschichte.

An einem anderen Ort befindet sich das Grab von Robert Morrison, dem ersten protestantischen Chinamissionar. Das Grab liegt auf dem protestantischen Friedhof. Der

Grabstein ist einfach und trägt die Inschrift: „Robert Morrison, der erste protestantische Chinamissionar". Ich kehrte nach Hongkong zurück, nachdem ich in Macao auf einer dreitägigen Veranstaltung gepredigt hatte.

(Nun folgen Details über den ausgiebigen Reisedienst von 1931-1937.)

Während der Jahre, in denen ich Gemeinden in den verschiedensten Orten besucht habe, hatte ich eine besondere Schwierigkeit. Es gab viel zu viele Einladungen gemessen an der Zeit, die mir zur Verfügung stand. Jedes Jahr gab ich vier Nummern der „Geistlichen Nahrung" heraus. Meist schrieb ich in den Pausen auf meinen Predigtreisen an den Manuskripten. Natürlich war es mir wichtig, nach Peking zurückzukehren, wenn die Veröffentlichung bevorstand. Ich mußte den Druck überwachen und korrekturlesen.

Obwohl ich meine Arbeit im „Tabernacle" mit mehreren Mitarbeitern teilte, konnte ich doch nicht zu weit reisen. Dafür gab es zwei Gründe. Jedes Jahr war ich im Durchschnitt sechs Monate unterwegs. Wenn man die reine Reisezeit und die reine Predigtzeit bedenkt, dann konnte ich innerhalb von sechs Monaten nicht mehr als zwanzig Orte besuchen.

Manchmal werde ich gefragt, wieviele Menschen während meines zwanzigjährigen Dienstes an den verschiedenen Orten zu Christus gefunden haben. Diese Frage kann ich jedoch nicht beantworten. Denn wenn ich das Evangelium predige, ganz gleich, wo ich bin, dann verkündige ich der Versammlung einfach die Worte Gottes. Danach überlasse ich es Gottes Geist, Seine Worte zu gebrauchen, um Sein Werk im Herzen der Menschen zu vollbringen.

Überlegungen

Der Auftrag, den Gott mir vor über zwanzig Jahren gegeben hat, lautete, Sein Wort zu predigen, um der Korruption in der Welt und in Seiner Gemeinde zu begegnen. Wenn ich nun Rückschau halte, stelle ich fest, daß es jemand, der solch einen wichtigen Dienst zu erfüllen hat, keineswegs leicht hat. Und um wieviel schwerer hatte ich es, der ich von Kindheit an so viel Wert auf Ansehen und auf Ruhm und Ehre gelegt habe. Von Natur aus möchte ich mir keine Feinde zuziehen; von Natur aus bin ich unglücklich, wenn mich jemand beschimpft oder verleumdet; von Natur aus wünsche ich mir, daß mich jeder achtet, mich liebt und mein Freund ist. Von Natur aus möchte ich gerne jedermann willkommen heißen und jedermann loben. Aber, weil ich Gott treu sein möchte, muß ich die Beschimpfungen, die Beleidigungen, die Verleumdungen und die Angriffe vieler Menschen über mich ergehen lassen. Und Gott erlaubt nicht, daß ich mein Ansehen oder meinen guten Ruf wahren kann. Sein Ruf und Sein Auftrag bezwingen mich. Aber, Seine Gnade und Seine Macht bieten mir Schutz. Und so kann ich kühn die Botschaft verkündigen, die Er von mir verkündigt haben möchte. So habe ich neben den Feinden auch viele Freunde gewonnen. Gott sei Dank dafür! Was Er dem Propheten Jeremia verheißen hat, gilt auch für mich: *Und sie werden gegen dich kämpfen, dich aber nicht überwältigen, denn ich bin mit dir, spricht der HERR, um dich zu erretten.*

Weshalb stieß ich auf Widerstand? Abgesehen davon, daß ich offensichtliche Sünde in der Welt und in der Gemeinde an den Pranger stellte und mich nicht nur gegen falsche Propheten stellte, sondern auch gegen das unbiblische Predigen der Modernisten, gab es noch einen anderen Grund für die Opposition, die mir begegnete. Dieser war, daß ich alle Traditionen in der Gemeinde ablehne, die mit der Bibel nicht in Einklang stehen. Manche Gläubige sind der Meinung, daß diese Traditionen dieselbe Autorität besitzen wie die Heilige Schrift. Die römisch-katholische Kirche hat eine Vielzahl von Praktiken eingeführt, die nicht mit der Bibel vereinbar sind. In der Reformation im 15. und 16. Jahrhundert hat die protestantische Kirche etliche römisch-katholische Lehren abgeschafft, aber einige der traditionellen Praktiken blieben doch erhalten. Warum ich diese Traditionen nicht akzeptiere? Weil ich, als ich die Wahrheit studierte, dies weder an einer theologischen Ausbildungsstätte getan habe, noch dabei ein theologisches Buch gelesen habe. Alles, was ich tat, war, das Alte und Neue Testament immer und immer wieder zu lesen. Meine Glaubensvorstellungen und die von mir verkündigte Botschaft stammen nur aus der Bibel. Mich interessierte es nicht, wieviele Wahrheiten einige Prediger von der Bibel weggenommen hatten oder wieviele Traditionen von anderen hinzugefügt worden waren. Was ich in der Bibel fand, akzeptierte ich – nicht mehr und nicht weniger. Es ist deshalb nicht verwunderlich, daß mich gewisse Gläubige mißverstanden und mir Widerstand leisteten.

Versuchung

Einmal durchlebte ich eine Phase der Versuchung, als der Teufel mir einen unwürdigen Gedanken eingab. Ich dachte über die Vergangenheit nach. Auf meinen Reisen in die unterschiedlichen Teile Chinas hatte ich zu Menschenmengen gepredigt, die in die Zehntausende gingen. Meine Bücher wurden im ganzen Land gelesen. Durch diese Tätigkeiten war ich weit bekannt geworden, und unter den Menschen, die mich kannten, sahen viele zu mir auf und liebten mich. Nun kam plötzlich der Gedanke auf: „Weshalb sollte ich eigentlich an meiner bisherigen Vorgehensweise festhalten und so weiterhin Widerstand, Beschimpfungen und Angriffe auf mich nehmen? Angenommen, ich verzichte in meinen Predigten auf alles, was Widerstand erzeugt; angenommen, ich verzichte auf die Lehren, die andere als Mythen betrachten; angenommen, ich brandmarke nicht länger die Abtrünnigkeit; würde ich dann nicht der Feindseligkeit derer ein Ende setzen, die nicht mit mir übereinstimmen? Wenn ich diese Linie verfolgen würde, würde ich die bereits gewonnene Ehre und Achtung behalten – ja, ich würde noch größere Ehre erlangen – und ich könnte vermeiden, daß ich in Zukunft mißverstanden und angegriffen würde und daß ich auf Widerstand stieße. Ich könnte tatsächlich eine einflußreiche und ehrenwerte Persönlichkeit in der christlichen Gemeinde werden. Gott sei Dank, ich erkannte diese Gedanken als Versuchung vom Teufel. Er wollte, daß ich mich gegen Gott auflehne, daß ich in Sünde falle und dadurch Gottes Werk beende. Gott brachte mir auch die Worte aus Lukas 6,26 in Erinnerung: *Wehe, wenn alle Menschen wohl von euch reden, denn ebenso taten ihre Väter den falschen Propheten.*

Ich war nicht gewillt, ein Gefangener Satans zu werden. Noch weniger wollte ich mich gegen Gott auflehnen. Es war mein Wunsch, Gott bis zum Ende treu zu bleiben. So wies ich Satans Versuchung zurück. Ich muß auch weiterhin treu Gottes Wort predigen; ich muß auch weiterhin ein Botschafter sein, der klar und deutlich spricht; und dies bedeutet, daß ich auch weiterhin die Verfolgung erdulden muß, die die Propheten früher auch erduldet haben. Gott macht mich fähig, auch weiterhin eine feste Stadt, eine eiserne Säule und eine eherne Mauer zu sein. *Und sie werden gegen dich kämpfen, dich aber nicht überwältigen, denn ich bin mit dir, spricht der HERR, um dich zu erretten.*

KAPITEL 5

Hirte der Herde

Habt acht auf euch selbst und auf die ganze Herde, in welcher der Heilige Geist euch als Aufseher gesetzt hat, die Gemeinde Gottes zu hüten, die er sich erworben hat durch das Blut seines eigenen [Sohnes].

Apostelgeschichte 20,28

Mit diesen Worten wandte sich Paulus in Milet an die Ältesten der Gemeinde von Ephesus. Er wollte ihnen bewußtmachen, daß sie zwar von den Aposteln zu Hirten der ganzen Herde ernannt worden waren, daß jedoch noch wichtiger war, daß der Heilige Geist sie zu Hirten berufen hatte. Paulus rief ihnen dies in Erinnerung zurück, damit sie die Schwere ihrer Verantwortung und die Bedeutung ihres Auftrags erkannten. Deshalb mußten sie auf sich selbst und auf die ganze Herde achtgeben. Das macht deutlich, daß die Hirten der Gemeinde, wenn sie nur eine Ernennung von Menschen vorweisen können und nicht vom Heiligen Geist ernannt sind, im Grunde nicht die Befähigung besitzen, die Herde zu weiden.

In allen Organisationen können Mitarbeiter von Menschen ernannt werden, aber in der Gemeinde kann es ohne die Führung und Bestätigung des Heiligen Geistes keine wirklichen Leiter geben. In den heutigen Gemeinden gibt es eine Vielzahl von Bischöfen, Ältesten, Pastoren und Diakonen. Wie viele sind jedoch vom Heiligen Geist ernannt? Und wie groß ist die Zahl derer, die nur von Menschen ernannt sind? Der Heilige Geist kann keine Ungläubigen zu Hirten der Herde ernennen. Der Heilige Geist kann niemanden mit einem inkonsequenten Verhalten zum Hirten der Herde ernennen. Noch weniger kann er jemanden zum Hirten der Herde ernennen, der denkt, *... die Gottseligkeit sei [ein Mittel] zum Gewinn* (1Ti 6,5).

Selbstverständlich steht es uns nicht zu, zu sagen, wie viele Führer der Gemeinde heute vom Heiligen Geist ernannt worden sind und bei wie vielen dies nicht der Fall ist. Aber es ist ziemlich klar, daß es in der Gemeinde etliche Glieder gibt, die ein Amt innehaben, ohne vom Heiligen Geist dafür ernannt worden zu sein.

Weshalb ist die Kirche heute so korrupt? Gewiß gibt es dafür viele Gründe. Das Fehlen von vom Heiligen Geist ernannten Leitern ist jedoch einer der vorrangigsten Gründe. Ohne gute Leiter kann nichts Nennenswertes geschehen. Wie groß ist doch der Schaden, wenn es in einer Gemeinde keine treuen Leiter gibt! Wie kann es ohne vom Heiligen Geist ernannte Leiter zu einer Erweckung kommen? Eines der wichtigsten Gebete, die wir überhaupt für die Gemeinde beten können, ist, daß der Heilige Geist Leiter bestimmen möge.

Als ich zwanzig Jahre alt war, wußte ich genau, daß ich von Gott berufen war, Ihm zu dienen. Dennoch dachte ich immer noch, Er wolle, daß ich meinen Dienst innerhalb meiner ursprünglichen Denomination ausübe. Ich erwartete, daß ich finanzielle Unterstützung erhalte, um eine theologische Ausbildung zu absolvieren. Im Alter von einundzwanzig Jahren führte Gott mich auf ganz besondere Weise, und ich mußte meinen Plan, eine theologische Ausbildungsstätte zu besuchen, aufgeben. Dennoch hielt ich weiterhin daran fest, daß Gott mich gebrauchen wollte, um korrupte Praktiken in den traditionellen Kirchen zu verändern. Nach zwei oder drei Jahren kam ich jedoch mehr und mehr zu der Überzeugung, daß es im Grunde genommen unmöglich ist, dieses Vorhaben zu realisieren. Ein Grund dafür lag darin, daß zu wenige Kirchenglieder zeigten, daß sie wirklich Buße getan hatten und glaubten. Außerdem gehörten viele der Leiter zu den Menschen, die eben meinten, ... *die Gottseligkeit sei [ein Mittel] zum Gewinn.* Mit solchen Menschen über eine Veränderung in der Gemeinde zu sprechen war etwa das gleiche, wie „einen Tiger um sein Fell zu bitten“. So kam es, daß ich seltener zu den Gottesdiensten ging und mehr Zeit dafür verwendete, zu Hause die Bibel zu studieren. Wenn sich die Möglichkeit ergab, redete ich mit anderen und studierte die Bibel mit ihnen. Ich hatte jedoch keineswegs die Absicht, eine neue Arbeit zu beginnen. Dieser Gedanke kam mir nie.

Die Arbeit in Peking

Bei der Erbauung des „Christians' Tabernacle" in Peking erfuhren wir Schritt um Schritt Gottes Führung. Ich habe im vorausgegangenen Kapitel von den Treffen bei mir zu Hause berichtet, bei denen eine Handvoll Teilnehmer anwesend war. Im Frühjahr 1933 mieteten wir einen Saal (den She-chiao Saal), weil der Platz für die Versammlungsteilnehmer zu knapp geworden war. Gerade zu dieser Zeit suchten mein alter Freund Shih Tien-min und ein anderer Bruder eine neue Bleibe. Ein bestimmtes Haus gefiel ihnen sehr, aber dies war so groß, daß sie und ihre beiden Familien nicht alle Zimmer benötigten. Da kam ihnen der Gedanke, ob man nicht den großen Raum an der Nordseite des Hofes als Versammlungsraum nutzen könnte. Nach Gesprächen und Gebet entschlossen wir uns, diesen Vorschlag anzunehmen. Wir besaßen jedoch weder Stühle noch Tische. Und wir brauchten Geld für die Miete. Zuvor, als wir uns privat bei Gläubigen getroffen hatten, waren Tische, Stühle und was man sonst noch brauchte vorhanden. Auch mußte keine Miete bezahlt werden. Als wir den She-chiao Saal mieteten, stellten wir eine Opferbüchse auf, und so wurden durch die Opfer und Spenden alle Ausgaben gedeckt.

Bei diesem letzten Umzug beschlossen wir, 100 Bänke zu bestellen, auf denen jeweils drei Personen Platz finden konnten, und einen Tisch für den Prediger. Wir planten auch, die Zwischenwände im Raum zu entfernen und den gesamten Saal zu tapezieren. Um diese Kosten und die Miete zu decken, benötigten wir 450 chinesische Dollar. Ich bat die Gläubigen, innerhalb von drei Wochen ihren Beitrag zur Deckung dieser Ausgaben mitzubringen und ihn in die Opferbüchse zu legen. Wir beschlossen, nach drei Wochen das dann zusammengelegte Geld für den Kauf von Stühlen zu benutzen. Wir würden jedoch auf keinen Fall irgend jemanden bitten, uns Geld vorzuschießen. Das eingelegte Geld betrug dann schließlich 500 Dollar, so daß wir alle Möbelstücke kaufen konnten, die wir brauchten. Unsere erste Zusammenkunft in unserem neuen Saal (in der Chien-shamien Gasse Nr. 23) fand am 23. April 1933 statt.

Die Arbeit wächst

Von da an hatten wir einen vergleichsweise günstigen Versammlungsort. Wenn wir ein wenig zusammenrückten, brachten wir hundertachtzig bis zweihundert Besucher unter. Im Hof konnten außerdem noch weitere hundert Menschen Platz finden. Darüber hinaus bestand noch die Möglichkeit, in den von drei gläubigen Familien gemieteten Räumen noch zwanzig bis dreißig Personen unterzubringen. So konnten also über dreihundert Personen einen Sitzplatz finden. Unseren ersten Taufgottesdienst feierten wir am 10. Juni in dem außerhalb der westlichen Vorstädte gelegenen Fluß. Sechs Täuflinge taten den Gehorsamsschritt. Und in jenem Sommer hatten wir auch unsere erste jährliche Konferenz, die über zehn Tage dauerte.

Jedes Jahr machte ich mich dreimal zu Predigtreisen auf. So war ich etwa sechs Monate im Jahr nicht in Peking. Während meiner Abwesenheit lag die Arbeit in den Händen meines langjährigen Freundes Shih Tien-min und zwei anderen Brüdern.

Praktische Schwierigkeiten

Eine Zeitlang fühlten wir uns relativ wohl und zufrieden an unserem neuen Versammlungsort. Dann wurden uns jedoch verschiedene Schwierigkeiten bewußt. Im Winter war es beispielsweise zu kalt für diejenigen, die auf dem Hof saßen. In unseren Räumlichkeiten konnten jedoch unmöglich alle Versammlungsbesucher untergebracht werden. Wir befanden uns in einer Sackgasse. Wir konnten nur diejenigen, die warme Kleidung trugen, bitten, sich nach draußen zu setzen, so daß diejenigen mit dünner Kleidung drinnen sitzen konnten. Als ich diesen Vorschlag vor der Gemeinde aussprach, waren einige wirklich sehr freundlich. Sie waren früh gekommen und saßen im Haus, aber sie gingen bereitwillig nach draußen und stellten somit anderen ihren Platz zur Verfügung.

Am 14. Februar 1934 begannen wir eine achttägige Evangelisation. Wir nutzten die Gelegenheit, weil dieser Tag ein Feiertag war. Im Hof stellten wir ein Zelt auf, wie man es von Hochzeitsfeiern kennt. Wir bauten aus Backsteinen zwei Heizöfen. Es war natürlich nicht so warm wie in den Räumen, aber es war bestimmt wärmer als unter freiem Himmel. So wurden jedes Frühjahr Evangelisationen durchgeführt. Sobald es wärmer wurde, nahmen wir die Fenster heraus, so daß die Räume und der Hof miteinander verbunden waren. Dadurch konnten die Besucher auf dem Hof nicht nur die Predigt hören, sondern auch den Prediger sehen. Der Prediger seinerseits konnte die Teilnehmer auf dem Hof auch sehen. Wenn es jedoch wieder kalt wurde, mußten wir die Fenster wieder einsetzen.

Am 1. August 1934 begann unsere zweite Sommertagung. Sie war für die Dauer von vierzehn Tagen angesetzt. Am

Abend des 8. August, als ich gerade meine Predigt beginnen wollte, ergoß sich ein Wolkenbruch über uns. Die Teilnehmer auf dem Hof sprangen auf, um schnell Schutz vor den Regenmassen zu suchen. Die Räume waren jedoch bereits voll. Einigen wenigen gelang es, sich in den Versammlungsraum zu quetschen. Andere strömten nach Osten, Westen oder Süden, um in den Wohnräumen der gläubigen Familien Schutz zu finden. Die wenigen, die nirgendwo einen Platz finden konnten, versuchten vor dem Regen unter die überhängenden Vordächer zu fliehen. Sie waren jedoch völlig durchnäßt. Dieses Erlebnis machte uns klar, daß wir unsere Versammlungen nicht länger an diesem Ort abhalten konnten. Wir brauchten ein anderes, besseres Gebäude. Und dafür begannen wir nun zu beten.

Nach einigen Tagen gab Gott mir einen Gedanken: Wir sollten uns ein Stück Land kaufen und darauf unser eigenes Gemeindehaus errichten. Ich betete mehrere Tage über diese Idee und unterhielt mich mit gleichgesinnten Gläubigen darüber. Danach stellte ich wieder eine Opferbüchse auf, dieses Mal für den Bau eines neuen Gemeindehauses. Ich kündigte es der Gemeinde an und forderte all diejenigen auf, die einen Beitrag leisten wollten, ihre Spende in die Büchse zu legen, wenn wir uns zu Gemeindeveranstaltungen trafen. Wir wählten auch fünf Gläubige aus, die sich um diese Gelder kümmern sollten. Sobald wir genügend Mittel zusammenhätten, wollten wir den nächsten Schritt tun und ein Grundstück erwerben.

Im Frühjahr 1936 waren über 2.000 chinesische Dollar zusammengekommen. Nun war es soweit, nach einem Stück Land zu suchen. Im März gingen wir nach Shih-Jia Hutong (Hutong bedeutet eine Gasse oder Seitenstraße an Orten, wo Mandschus gelebt hatten). Und da erblickte ich es! Ich sagte zu mir selbst: „Dieses Grundstück ist ideal. Kauf es." Einige Gläubige gaben uns jedoch den Rat, uns auch anderswo umzusehen, um eventuell etwas Günstigeres zu erwerben. Wir folgten diesem Rat. Obwohl wir damit viel Zeit zubrachten und auch viel Kraft verbrauchten, konnten wir nichts Geeigneteres finden.

Ein neues Grundstück

Von Anfang an hatten wir uns auf einige Grundsätze geeinigt: Erstens, kein Grundstück in einer Straße zu erwerben, die den Namen eines Idols oder Tempels trug. Zweitens, das neue Gemeindehaus sollte möglichst nahe beim Stadtzentrum liegen, damit niemand einen zu weiten Anfahrtsweg hätte. Drittens, unser neuer Treffpunkt sollte in der Nähe einer Hauptverkehrsstraße liegen, so daß man ihn leicht finden könnte. Dies würde zum einen den Vorteil haben, daß neue Besucher keine Zeit damit verschwenden müßten, uns zu suchen. Zum anderen müßte man bei Regen oder Schnee nicht durch allzuviel Matsch waten. Auf das Grundstück in der Shih-Jia Gasse Nr. 42 trafen alle drei Punkte zu. Wir beschlossen, es zu kaufen. Im April einigten wir uns mit dem Besitzer, obwohl wir damals nur etwa 3.000 chinesische Dollar besaßen. Er brauchte noch etwas Zeit zur Vorbereitung der Unterlagen. Als er dann soweit war, hatten auch wir genügend Geld beisammen, um das Grundstück zu kaufen. Im Oktober kauften wir auch ein Stück Land vor dem Finanzministerium.

Während der Vorbereitungen zum Kauf des Grundstücks und noch während des Baus hatte ich über die Frage der Registrierung beim Staat nachgedacht. Wenn eine Kirche Land erwirbt, muß sie ihren Namen auf das Dokument schreiben. Außerdem brauchten wir auch nach dem Abschluß der Bauarbeiten eine Bezeichnung. Nach vielen Tagen des Gebetes und Nachdenkens fiel die Wahl auf den Namen „Christians' Tabernacle“ (wörtlich: Versammlungssaal von Christen).

Am 8. Februar erhielten wir eine polizeiliche Benachrichtigung, daß wir mit der Registrierung fortfahren sollten. Am 5. März waren die letzten Registrierungsformalitäten im Büro für soziale Angelegenheiten erledigt. Am 21. März brachten wir außerhalb des Haupttores unseres Gemeindehauses eine Tafel mit schwarzen Schriftzeichen auf weißem Grund an. Auf der Tafel stand unsere offizielle Bezeichnung: „Christians' Tabernacle“.

Ein neues Gebäude

Im Frühjahr 1937 hatten wir mehrere tausend chinesische Dollar beisammen. So begannen die Vorbereitungen zum Bau eines Gemeindehauses. Nach Auskunft eines bestimmten Bauunternehmers müßten die Kosten für ein Gemeindehaus mit vierhundertfünfzig Sitzplätzen mit über 20.000 chinesischen Dollar veranschlagt werden. Damals wagten wir nicht an irgend etwas besonders Stilvolles zu denken. Was wir wollten, war einfach ein „festes Zelt“, das nicht einstürzen würde, wenn Wind und Regen daran zerrten. Damit wären wir schon zufrieden. Aber Gottes Gedanken sind höher als unsere Gedanken. Während des Frühjahrs und Sommers jenes Jahres bauten wir nämlich ein ca. einundzwanzig Meter langes und zwölf Meter breites Gemeindehaus mit Schieferdach und gaben dafür 6.792 chinesische Dollar aus. Wir begannen mit dem Bau Anfang Mai und waren vor Ende Juli damit fertig.

Vor dem Beginn der Bauarbeiten besuchte ich eine Schwester, die seit langer Zeit krank und ans Bett gefesselt war. Sie erkundigte sich danach, welche Vorkehrungen denn für das Heizen im Winter getroffen würden. Sie fragte auch, ob es möglich sei, Heißluftrohre zu legen. Kohleöfen, so meinte sie, seien ästhetisch nicht sonderlich anziehend und würfen das Problem der Asche auf. Außerdem würden sie den Platz mehrerer Sitzplätze brauchen. Diese Schwester fuhr dann fort, daß sie, wenn ich nicht gegen Heißluftrohre sei, sich sehr freuen würde, uns die gesamte Installation zu bezahlen. Zuvor hatten wir es nicht einmal gewagt, überhaupt an eine Zentralheizung zu denken. Gott schenkte sie uns jedoch auf eine Art und Weise, die über unseren Verstand ging. Wie groß ist Seine Gnade!

Während dieser Zeit brachen Feindseligkeiten zwischen Japan und China aus, hervorgerufen durch den Zwischenfall am 7. Juli 1937 an der nahe gelegenen Marco Polo-Brücke. Das neue Gemeindehaus in der Shih-Jia Gasse Nr. 42 wurde Ende Juli fertiggestellt, und der Einweihungsgottesdienst fand am 1. August statt. Etwa fünfhundert Besucher waren anwesend. Kurz zuvor, am 28. Juli, hatte sich die chinesische Armee zurückgezogen. Die japanische Armee zog am 8. August in die Stadt ein. Da die Herzen der Menschen voller Angst waren und das Geschäftsleben in der Stadt stillstand, verlängerten wir unsere Sommerkonferenz auf insgesamt achtzehn Tage.

Der Kampf sprang auf Nordchina und Zentralchina über, was die unvermeidbare Konsequenz nach sich zog, daß jegliche Verbindung nach außen abbrach. Treffen, die ich in der zweiten Jahreshälfte halten wollte, mußten abgesagt werden, und ich blieb in Peking. Die Menschen waren unruhig und voller Angst. Und ich erkannte, daß mein Aufenthalt in Peking Gottes perfektem Willen entsprach.

Meine Arbeit außerhalb Pekings blieb weiterhin beschränkt. Es bildete sich eine Grenze zwischen dem von der japanischen Armee besetzten Gebiet und dem freien China. Die Menschen versuchten alles Mögliche, um von einer Seite zur anderen zu gelangen. Ich brachte es jedoch nicht fertig, zu lügen, um auf die andere Seite zu kommen, auch nicht, um vom Herrn zu erzählen. Das bedeutete, daß ich nur im besetzten Gebiet arbeiten konnte. Über meine Erfahrungen während der Besetzung Pekings durch die Japaner berichte ich im 10. Kapitel.

Jeder war glücklich darüber, daß wir nun einen eigenen Versammlungsort hatten. So waren wir sowohl vor der brütenden Hitze des Sommers als auch vor der klirrenden Kälte des Winters geschützt. Außerdem mußten wir uns nicht länger sorgen, daß die Sitzplätze nicht ausreichten. Im Jahr 1938 bauten wir noch einen kleinen Raum im Obergeschoß an der Südseite des Hofes an.

Die Innenausstattung war schlicht, sauber und würdevoll. An den schneeweiß getünchten Wänden waren weder Worte noch Bilder angebracht. Nichts sollte die Aufmerksamkeit der Gottesdienstbesucher ablenken. Sie sollten Gott mit aufrichtigem Herzen anbeten können. Wir hatten weder außen noch innen ein Kreuz, da dies das Zeichen der römisch-katholischen Kirche ist. Ein weißer Stein, der an der südöstlichen Ecke an der Gebäudeaußenseite angebracht ist, trägt cinc Inschrift von vier Sätzcn, dic auf unseren Glauben und die Wahrheiten hinweisen, die wir betonen. Außerdem steht dort auch das Datum der Gebäudeerrichtung. Die vier Sätze lauten folgendermaßen:

Er wurde wegen unserer Übertretungen geschlagen. Er wurde von den Toten auferweckt. Er ist bereits in den Himmel aufgefahren. Er kommt wieder, um uns zu sich zu holen.

Um Platz zu sparen, haben wir uns für eine sehr kleine Kanzel entschieden. Vor der Kanzel befindet sich ein Taufbecken. Rechts und links des Taufbeckens sind Vorhänge angebracht, die bei Taufen zugezogen werden können.

Im Winter 1945 erhielt ich Briefe aus vielen Orten der Provinz Si-chuan, und im März bestieg ich das Flugzeug und begab mich nach Chungking. Von dort machte ich mich auf den Weg nach Cheng-du, wo ich mehrere Evangelisationen unter Universitätsstudenten durchführte. Auch für Gläubige führte ich Veranstaltungen durch.

Kaum war ich wieder in Peking, da erkrankte meine Schwester. Innerhalb von wenigen Tagen wurde meine Mutter ebenfalls krank. Sie erholte sich allmählich. Die Krankheit meiner Schwester verschlimmerte sich jedoch, und am 1. September starb sie. Meine Mutter war darüber sehr bekümmert. Sie war ja nun auch schon alt und körperlich schwach. So wollte sie mich nicht gehen lassen. Also beschränkte ich meine Aktivitäten auf Peking. Ich nahm nur Einladungen nach Tien-jin an. Anderswo führte ich keine Veranstaltungen durch.

Dann erkrankte auch Frau Pan, mit der wir dreiundzwanzig Jahre Gemeinschaft im Herrn gehabt hatten. Man bat mich, den Beerdigungsgottesdienst zu halten. Diese gottesfürchtige Frau war nicht nur mit meiner Arbeit während der letzten Jahre verbunden gewesen. Sie hatte auch einen bleibenden Eindruck auf meinen Geist und auf mein Leben hinterlassen, der niemals ausgelöscht werden konnte. „Obwohl sie tot ist, redet sie.“

Das ganze Jahr 1945 hindurch war die Arbeit in Peking so schwer wie noch nie zuvor. Als im Dezember der Kampf mit den Kommunisten in den Vororten ausbrach, waren die Menschen noch mehr mit Sorge und Angst erfüllt. Sie brauchten Stärkung und Trost. So war es für mich nicht nur schwieriger zu reisen, sondern es war auch notwendiger, bei den Gläubigen zu bleiben.

Grundsätze für die Gemeindeleitung

Wir sind sehr streng, wenn es um die Aufnahme von Gläubigen in die Gemeinde geht. Wenn wir nicht ganz sicher sind, daß sich jemand bekehrt hat, an den Herrn glaubt und somit gerettet ist, werden wir die betreffende Person auf keinen Fall taufen. Wir prüfen nicht, ob die Kandidaten Fragen zur Lehre beantworten können. Wir betonen ganz einfach Buße, Glaube und Errettung. Diese Erfahrung muß im Leben der Person sichtbar werden: Ihre Lebensweise muß sich verändern.

Bei manchen Menschen wird schon bald nach der Bekehrung deutlich, daß sie glauben. Sie können unverzüglich getauft werden. Manchmal ist es schwieriger, sicher zu sein. Dann bitten wir die Person zu warten. Es kann ein Jahr oder auch zwei oder drei Jahre dauern, bis die Taufe erfolgt. Manche beginnen dann zu klagen oder werden ärgerlich und kommen nicht mehr in die Gemeindeveranstaltungen. Es ist gewiß gut, wenn bei solchen Menschen gewartet wurde. Wenn sie als Gemeindeglieder aufgenommen würden, wäre das für die Gemeinde kein Gewinn.

Andererseits gibt es Menschen, die auf die Bitte zu warten, keinerlei Klage lautwerden lassen oder Ärger zeigen. Sie bleiben demütig und besuchen fleißig die Gemeindeveranstaltungen. Sie erkennen, daß Gottes Zeit noch nicht gekommen ist. Wenn sie dann schließlich getauft werden, sind sie im allgemeinen gute Christen.

Es kommt vor, daß wir von denen, die nicht verstehen, was wir tun, verleumdet werden. Sie werfen uns vor, Gläubige aus anderen Gemeinden anzustacheln, unserer Gemeinde beizutreten. In Wirklichkeit ist es jedoch keineswegs so, daß wir andere anstacheln, zu uns zu kommen. Sie kommen von selbst und bitten darum, mit uns Gemeinschaft zu haben. Und wir machen es ihnen gewiß nicht leicht.

Die Erfahrung hat gezeigt, daß der Grund, warum Christen ihre Heimatgemeinde verlassen und sich einer anderen Gemeinde anschließen möchten, nicht immer darin liegt, daß sie die Wahrheit lieben. Manchmal sind sie in Sünde gefallen und wurden in ihrer Gemeinde zurechtgewiesen. Manchmal wollten sie zu Ruhm und Reichtum kommen, und es ist ihnen nicht gelungen. Sie denken nur an Rache. Solche Christen wenden sich einer anderen Gemeinde zu, um so Mittel und Wege zu haben, die Gemeinde anzugreifen, aus der sie ausgetreten sind. Folglich sind wir also besonders vorsichtig und nehmen Gläubige aus anderen Gemeinden nicht einfach so auf.

Wenn ich zurückblicke, erinnere ich mich an viele Fälle, wo neu gegründete Gemeinden ältere Gemeinden kritisiert haben und versucht haben, Gläubige aus diesen Gemeinden zum Übertritt zu bewegen. Nach zehn oder zwanzig Jahren sieht es jedoch in den jüngeren Gemeinden noch schlimmer aus als in den von ihnen kritisierten Gemeinden. Ich habe dieses Phänomen selbst gesehen, und es war mir eine Warnung. Ich werde auf keinen Fall diesem Beispiel folgen. Ich bin nicht bereit, mit Holz, Heu und Stroh zusammenzuarbeiten. Diese Dinge scheinen in Ordnung zu sein, aber sie können das Feuer nicht überstehen. Ich möchte mit Gold, Silber und kostbaren Steinen zusammenarbeiten. Diese sind zwar klein, überstehen jedoch die Feuerflammen. Drei echte Christen in die Gemeinde aufzunehmen ist besser, als dreihundert oder dreitausend neue Gemeindeglieder zu bekommen, die kein wirkliches Leben haben. Wir haben kein Interesse daran, durch große Zahlen zu Ruhm oder Gewinn zu kommen. Und da wir nicht daran interessiert sind, unser Prestige zu vergrößern, warum sollten wir dann andere anstacheln, sich unserer Gemeinde anzuschließen? Ich weiß jedoch auch, daß es tatsächlich Prediger gibt, die so handeln. Wer mich nicht kennt, neigt dazu, mich in dieselbe Kategorie einzuordnen. Ich kann es ihnen nicht verübeln.

Während der vergangenen siebzehn Jahre wurden in unserer Gemeinde nicht mehr als etwa 570 Personen getauft. Viele neu gegründete Gemeinden verzeichnen eine solche Zahl bereits in den ersten zwei Jahren ihres Bestehens. Manchmal hatten wir pro Termin nur ein oder zwei Täuflinge, manchmal hatten wir auch zehn oder mehr und einmal sogar zwanzig. Es gibt Gemeinden, wo an einem Termin zweihundert Kandidaten getauft werden, und ich mache mir wirklich Sorgen um sie. Zu Beginn waren wir bei Taufkandidaten nicht so streng. Durch schmerzliche Erfahrungen in der jüngsten Vergangenheit habe ich gelernt, strenger zu sein.

In unserer Gemeinde gibt es keine bezahlten Mitarbeiter. Aber die Gläubigen erinnern sich immer an die Arbeiter für den Herrn. Geführt vom Heiligen Geist geben sie ihre Beiträge für die Arbeiter. Sie geben ihre Gaben Gott, und Gottes Arbeiter erhalten von Ihm, was sie brauchen. An jeder Tür unseres Gemeindesaales haben wir eine Opferbüchse angebracht. Bei jeder Gemeindeveranstaltung legen die Gläubigen ihr Opfer dort hinein. Wenn ihre Gabe für einen Diener Gottes bestimmt ist, legen sie diese in einen Umschlag, auf den sie den Zweck vermerken. Was nicht zweckgebunden eingeworfen wird, wird für allgemeine Ausgaben benutzt. All unser Einkommen stammt aus den Opferbüchsen. Wir lassen kein Körbchen herumgehen, weil das auf der einen Seite bei Ungläubigen den Eindruck erwecken könnte, sie müßten bezahlen, um die Botschaft zu hören, und weil es auf der anderen Seite Gläubige mit geringen finanziellen Mitteln in Verlegenheit bringen könnte.

Voraussetzungen für Mitarbeiter

Wenn wir Gläubige auswählen, damit sie einen Dienst in der Gemeinde übernehmen, legen wir am meisten Wert auf ihre Glaubensüberzeugungen und ihre Integrität. Gaben, Wissen und Gelehrtheit kommen erst an zweiter Stelle. Reichtum und Besitz messen wir keine Bedeutung bei. Ich habe in vielen Kirchen beobachtet, daß sie bei der Wahl ihrer verantwortlichen Mitarbeiter auf Reichtum und Besitz der betreffenden Personen achten. Solange ein Gläubiger Reichtum besitzt, wird er hochgeachtet. Von ihm wird Gutes gesprochen; er wird aufgefordert, Verantwortung zu übernehmen; er wird in eine leitende Position gewählt. Dabei haben die Gemeindeglieder als letztes Ziel im Auge, daß die Gemeinde von dem Reichtum dieser Person profitiert. Sobald eine Gemeinde jedoch einen solchen

Weg einschlägt, erleidet sie geistlichen Schaden, sie wird korrupt und geht schließlich zugrunde.

Ihre Handlungsweise kann mit Israel verglichen werden, als es das Goldene Kalb anbetete. Dieses schmerzliche und bedauerliche Phänomen beobachte ich häufig. Deshalb warne ich besonders vor dieser Gefahr. Wenn jemand, der wohlhabend ist oder eine gehobene Stellung innehat, Christ wird, sollte ihm nicht sofort Verantwortung übertragen werden. Solche Männer müssen von Gott in besonderer Weise gezüchtigt werden. Aufgrund ihres Reichtums und ihres Ruhms wurden sie in der Gesellschaft immer geachtet, und man begegnete ihnen mit Respekt. Das hat sie möglicherweise stolz und arrogant gemacht, was Gott zuwider ist. Jetzt, nachdem sie Christen sind, ist es für sie noch immer schwierig, zu verhindern, daß ein Gefühl der Überlegenheit hochkommt, selbst wenn die anderen Gläubigen sie nicht in den Himmel heben. Man sollte sie deshalb genauso behandeln wie andere Gläubige auch, so daß sie begreifen, daß sie in den Augen Gottes keineswegs besser sind als die anderen. Nach einiger Zeit, wenn ihre stolze und arrogante Haltung allmählich verschwunden ist – und erst dann – kann ihnen ein verantwortungsvoller Dienst übertragen werden.

Leider entspricht es der Wahrheit, daß Glieder der meisten Gemeinden, sobald sie sehen, daß jemand mit Reichtum oder einer gewissen Stellung in der Gesellschaft Christ geworden ist, versuchen, sich bei ihm auf verschiedene Art und Weise einzuschmeicheln und ihm zu gefallen, indem sie ihm besondere Ehrenaufgaben übertragen. So hoffen sie, sich die Hilfe solcher Menschen zu sichern und ihre finanziellen Beiträge zu bekommen.

Darf ich Ihnen eine Frage stellen? Denken Sie bitte einmal

an die Ältesten, Diakone, Ausschuß- und Komiteemitglieder in der Gemeinde, die Sie kennen, und sagen Sie mir, wie viele von ihnen kein soziales Ansehen genießen oder kein Geld besitzen. Mit eigenen Augen habe ich gesehen, wie Menschen mit fragwürdigem Charakter und schlechtem Ruf geschmeichelt wird und wie sie hochgeachtet werden. Sie werden zu Gemeindeleitern gewählt und ihnen werden einflußreiche Aufgaben übertragen. Was Glaube, Tugend und Wissen angeht, sind sie anderen keineswegs überlegen. Das einzig Besondere an ihnen ist ihr Geld und ihr Ansehen. Muß eine Gemeinde mit solchen Leitern nicht zwangsläufig korrupt werden? Kann sie verhindern, ein Ort zu werden, an dem der Teufel sich wohlfühlt?

Ohne Frage haben sich nicht wenige Menschen wieder aus unserer Gemeinde zurückgezogen, weil wir eben nicht die Menschen erheben, die in der Gesellschaft Rang und Namen haben und dazu noch reich sind. Gelegentlich kommt es vor, daß solche Menschen, wenn sie gläubig geworden sind, erwarten, daß wir ihnen in der Gemeinde einen besonderen Rang einräumen. Wenn sie diesen nicht bekommen, werden sie unzufrieden. Dann ziehen sie sich in andere Gemeinden zurück, wo ihnen die Ehre zuteil wird, die sie glauben, verdient zu haben.

Auch werden manchmal Glieder aus anderen Gemeinden an uns überwiesen. Dort haben sie das Ansehen entsprechend ihrer Position in der Gesellschaft genossen. Sie erwarten nun, in unserer Gemeinde genauso geehrt zu werden. Ist dies jedoch nicht der Fall, finden sie eine andere Gemeinde, in der ihr Reichtum und ihre Position anerkannt werden. Sie werden wie Raritäten behandelt; häufig wird ihnen angeboten, Gemeindeleiter zu werden. So bleiben sie verständlicherweise dort und kehren nicht mehr zu uns zurück.

Bedenkt man all das Gesagte, so ist es nicht erstaunlich, daß etwa während der letzten zehn Jahre zwar Menschen mit Wohlstand und Einfluß unsere Veranstaltungen besucht haben, daß jedoch nicht viele bei uns geblieben sind. Mancher Beobachter mag dies als Verlust für unsere Gemeinde beurteilen, in Wirklichkeit stellt dies jedoch für uns einen Gewinn dar. Denn wo es in einer Gemeinde Menschen gibt, die gerne prahlen und sich in den Mittelpunkt stellen, bedeutet dies ein großes Handikap für die Gemeinde.

Die Wichtigkeit eines gottwohlgefälligen Lebens

Auf zwei Dinge lege ich in meinem Dienst besonderen Wert: Zum einen auf Glaubensüberzeugungen, zum anderen darauf, wie ein Christ sein Leben führen sollte. Einerseits erläutere ich die grundlegenden Wahrheiten der Bibel, andererseits predige ich die Lehre der Bibel. In jeder Gemeinde gibt es Gläubige, die die grundlegenden Wahrheiten der Bibel zwar gut kennen, die sie jedoch nicht in ihrem täglichen Leben in die Praxis umsetzen – sie sind stolz, ruhmsüchtig, hochmütig, lieben Lüge, Habsucht, Unreinheit, Neid, Haß, Verleumdung, Selbstsucht, Parteilichkeit und vieles andere mehr. In solch einer Situation hebe ich besonders die praktischen Seiten des Christenlebens hervor. So habe ich mir den Vorwurf eingehandelt, das Verhalten zu betonen und Glaube und Gnade nicht zu betonen. Diese Kritik ist jedoch nicht berechtigt. Ich lege ganz gewiß viel Wert auf den Glauben, und als Folge davon betone ich auch das Verhalten. Die Heilige Schrift sagt dazu:

... eben deshalb wendet aber auch allen Fleiß auf und reicht in eurem Glauben die Tugend dar, in der Tugend aber die Erkenntnis, in der Erkenntnis aber die Enthaltsamkeit, in der Enthaltsamkeit aber das Ausharren, in dem Ausharren aber die Gottseligkeit, in der Gottseligkeit aber die Bruderliebe, in der Bruderliebe aber die Liebe.

(2. Petrus 1,5-7)

Ich ermahne euch nun, ich der Gefangene im Herrn: Wandelt würdig der Berufung, mit der ihr berufen worden seid.

(Epheser 4,1)

Es überrascht mich überhaupt nicht, daß viele Prediger nie betonen, wie man sich als Christ verhalten und wie man sein Leben führen soll: sie bleiben in dieser Hinsicht selbst hinter den Ansprüchen der Bibel zurück. Über diese Dinge zu predigen, ist jedoch nicht nur eine Hilfe für die Zuhörer sondern auch für den Prediger selbst. Seit ich mit vierzehn Jahren zum Glauben gekommen bin, habe ich sehr darauf geachtet, wie ein Christ sich zu verhalten hat und wie sein Charakter sein soll. Und als ich mit meinem Predigtdienst anfing, machte ich das christliche Verhalten genauso zum Gegenstand meiner Botschaft wie den christlichen Glauben. Auch hatte ich den Eindruck, daß ich so predigen soll bis zu dem Tag, an dem ich dem Herrn Rechenschaft ablegen muß. Ein Mensch mit einem befleckten Charakter ist unwürdig für die Arbeit Gottes.

Als ich gläubig wurde, wurde mir ein Freund zu einer großen Hilfe, weil er mich zurechtwies und korrigierte. Dadurch legte er das feste Fundament dafür, daß ich ein Mann wurde. Das ist ein Grund dafür, weshalb ich mich bis heute im Umgang mit den Menschen, die Gott mir anvertraut hat, und mit denjenigen, die willens sind, auf mich zu hören, an diesem Vorbild orientiere. Wenn ich miterlebe, wie ein Christ – in Wort oder Tat – gegen die Wahrheit verstößt, lasse ich dies nicht so ohne weiteres durchgehen. Ich bin so frei, ihn wegen seines Fehlers zurechtzuweisen und ihn zu drängen, Buße zu tun. Das gilt sowohl bei sogenannten Kleinigkeiten als auch bei bedeutenden Sünden. Denn ich weiß wohl, daß viele große Sünden ihren Ursprung in kleinen Sünden haben.

Ich weiß auch sehr gut, daß die größte Verantwortung von Gemeindeleitern darin besteht, die Gläubigen von der Sünde wegzuführen und ihnen zu helfen, auf dem Weg der Heiligkeit zu wandeln. Das ist weitaus wichtiger, als bloßes Kopfwissen über den Inhalt der Bibel anzuhäufen. Wenn ein Gemeindeleiter beobachtet, daß Gläubige in Sünde fallen, und er weist sie nicht zurecht oder warnt sie nicht, wird er an ihren Sünden mitschuldig. Ich wage nicht zu ignorieren, was Gott mir anvertraut hat. Noch weniger bin ich jedoch gewillt, an den Übertretungen anderer teilzuhaben.

Wie ich bereits betont habe, hoffe ich, wenn ich andere zurechtweise und warne, nicht nur den betreffenden Personen zu helfen, sondern auch mir selbst eine Hilfe zu sein. Je mehr ich andere ermahne, desto mehr muß ich auf mich achten. Sonst habe ich keine Autorität, um solch einen Dienst auch weiterhin zu versehen.

So schrieb auch Paulus den Thessalonichern: *Ihr seid Zeugen und Gott, wie heilig und gerecht und untadelig wir gegen euch, die Glaubenden, waren;* (1. Thessalonicher 2,10). Jedesmal, wenn ich diese Worte des Paulus lese, trachte ich danach, ein solcher Prediger zu sein. Denn nur ein solcher Prediger hat Autorität und Vollmacht oder kann anderen Gläubigen ein Vorbild sein.

Es spielt keine Rolle, wie gut jemand predigen kann; es spielt keine Rolle, wie ansprechend seine Worte sind; es spielt keine Rolle, wie aktiv er ist; es spielt auch keine Rolle, wie gut seine Beziehungen nach außen sind – wenn ein Prediger sich nicht den biblischen Maßstäben entsprechend verhält, wird sein Werk nur von kurzer Dauer sein. Früher oder später wird offenbar werden, daß das, was er predigt, nicht mit seinem Verhalten übereinstimmt, und er wird zum Stein des Anstoßes werden.

Da ich Sünde nicht toleriere, habe ich viele Freunde gewonnen. Aber ich habe mir auch die Feindschaft mancher Menschen zugezogen. Der, dem ich durch meine Warnungen helfen konnte, gewinnt mich allmählich lieb; der jedoch nicht bereit ist, Buße zu tun, fürchtet und haßt mich allmählich. Wenn ein Gläubiger aus unserer Gemeinde in Sünde fällt, hat er nur zwei Möglichkeiten: Entweder, er bekennt seine Sünde und tut Buße, oder er verläßt unsere Gemeinde.

Kompromißlos in der Lehre

Für die Hirten einer Herde gibt es noch etwas, was von größter Wichtigkeit ist. Das hat mit dem Unterschied zwischen Wahrheit und Unwahrheit zu tun. Gemeindeleiter dürfen auf keinen Fall Kompromisse mit der Unwahrheit eingehen. Sie dürfen nicht dulden, daß auch nur um Haaresbreite von der Wahrheit abgewichen wird. Mit der Wahrheit muß richtig umgegangen werden. Was der Wahrheit widerspricht, muß entschieden zurückgewiesen werden.

Wenn wir diesen Weg verfolgen, dürfen wir keine Angst vor Mißverständnissen, Opposition, Angriffen oder auch

Verfolgung haben. Wenn Gemeindeleiter sich so viele Gedanken darüber machen, welchen Eindruck sie hinterlassen, oder daß ihr Ansehen Schaden nehmen könnte; wenn sie sich fürchten, Anstoß zu erregen oder mißverstanden und abgelehnt zu werden; wenn sie besorgt sind, verfolgt zu werden oder Gefahren ausgesetzt zu sein, daß sie bei der Wahrheit zu Kompromissen bereit sind oder sogar von der Wahrheit abweichen, dann verlieren sie bestimmt ihre Autorität und Vollmacht. Die Gemeinde wird dabei auch Schaden nehmen. Gottes Arbeiter müssen standhaft und mutig sein.

Wenn du ein treuer Diener sein möchtest, muß dir dein guter Ruf einerlei sein. Ja, letztlich muß dir dein Leben völlig einerlei sein.

Übermäßige Angst bedeutet Kapitulation vor der Sünde oder Kompromiß mit Satan. Gemeindeleiter müssen nicht nur gläubig sondern auch mutig sein. Gemeindeleiter sind mit Truppenführern vergleichbar. Wenn sie scheu sind, wenn sie die Flucht ergreifen, sobald sie sich dem Schlachtfeld nähern, wenn sie vor dem Feind ihre Waffen strecken, dann wird die gesamte Truppe eine Niederlage erleiden. Von Natur aus bin ich feige.Wenn Gott mir jedoch Sein Wort gibt, kommt der Schatten Seiner Kraft über mich. Sein Name sei gepriesen!

In unserer Gemeinde schauen wir nicht auf „Bevorzugung“ oder auf „gesellschaftlichen Rang“. Wenn jemand eine Bitte an mich heranträgt und ich ihr entsprechen kann, dann tue ich dies auch. Wenn ich ihr jedoch nicht entsprechen kann, lehne ich ab. Angenommen, ein Ehepaar kommt auf mich zu und bittet darum, getauft zu werden. Wenn ich erkenne, daß nur einer der beiden für die Taufe bereit ist, dann gebe ich nur diesem einen meine Zusage. Ich kann nicht beide nur deshalb taufen, weil sie verheiratet sind.

Angenommen, zwei Freunde suchen mich auf und bitten mich, ihr Bürge zu sein. Wenn ich nur einen kenne, werde ich auch nur dessen Bürge sein und nicht auch noch der Bürge des anderen. Angenommen, ein verlobtes Paar bittet mich, sie zu trauen. Wenn ich mein Ja hierzu aus irgendeinem Grund einer der beiden Personen nicht geben kann, kann ich nicht wegen der anderen Person Zugeständnisse machen. *Eure Rede aber sei: Ja, ja; nein, nein. Was darüber ist, das ist vom Übel* (Matthäus 5,37).

Seelsorge

Meine Erfahrung über viele Jahre hat mich gelehrt, daß die Leitung einer Gemeinde keine einfache Aufgabe ist. Obwohl sich die Gläubigen an einem Ort versammeln, unterscheiden sie sich hinsichtlich ihres Wesens, ihres Wissens, ihrer Ansichten und ihres Hintergrunds. Alle Gläubigen haben das Leben Christi, aber jeder besitzt noch immer das Fleisch und die Sünden des Fleisches. Solange ihnen nichts Besonderes widerfährt und solange sie nicht über längere Zeit hinweg auf engem Raum zusammenleben müssen, treten keine besonderen Schwierigkeiten auf. Sobald es jedoch zu einem Zwischenfall kommt oder wenn sie für lange Zeit an einem Ort zusammen sind, kommt eine Unstimmigkeit nach der anderen auf.

Manche Menschen sind oberflächlich, andere dagegen sind genau und aufmerksam. Manche sind engherzig, andere großmütig und weitherzig. Manche sind hinterlistig und geheimnistuerisch, andere sind geradeaus und aufrichtig.

Manche sind voller Mißtrauen und Zweifel, andere sind offen und freimütig. Manche halten an ihrem Reichtum fest, als sei er ihr Leben, andere werfen mit Geld um sich, als sei es nichts wert. Manche sind scheu, andere sind furchtlos wie Tiger. Manche sind egoistisch, andere sind darauf bedacht, anderen zu helfen. Darüber hinaus haben selbst die Menschen mit vielen vorzüglichen Seiten auch ihre Schwachpunkte. Niemand hat nur gute Seiten und keine Fehler. In einer Gruppe von Menschen mit all ihren Unterschieden läßt es sich nicht vermeiden, daß es nach einiger Zeit zu Spannungen kommt.

Diese Menschen muß ein Hirte führen. Wenn es zwischen ihnen zu Spannungen kommt, muß er die Einigung herbeiführen. Er muß sehr umsichtig vorgehen, sonst verschlimmert er die Lage nur noch. Jede Seite sieht nämlich nur ihre eigenen Argumente. Vielleicht denken beide, der Hirte sei voreingenommen und mißverstehen ihn daher. Es kann vorkommen, daß Sie aus der tiefsten Liebe und dem aufrichtigsten Mitgefühl heraus anderen zu helfen versuchen. Entspricht jedoch Ihr Ratschlag nicht völlig den Wünschen der einen oder anderen Seite, so kann es vorkommen, daß Ihnen statt Dankbarkeit Feindseligkeit entgegenschlägt. Eltern, die ja nur einige Kinder haben, erfahren manchmal solches Leid. Wie ergeht es dann erst einem Hirten, der mehrere hundert Gläubige in seiner Obhut hat?

Die Aufnahme von Gläubigen ist eine weitere Quelle für Mißverständnisse. Manche vertreten die Ansicht, daß eine Person sobald wie möglich nach ihrer Bekehrung getauft werden sollte. Was sie jedoch nicht verstehen, ist, daß es Menschen gibt, die zwar mit ihrer Zunge bekennen, in ihrem Herzen jedoch nicht wirklich gläubig sind. Manch einer bekennt sich zum Glauben, um materiell zu profitieren. Andere verhalten sich so, um ihrem Arbeitgeber oder Chef zu gefallen. Andere geben vor zu glauben, weil sie sich für jemanden vom anderen Geschlecht interessieren. Manche folgen anderen blind.

Vor vielen Jahren dachte ich auch, daß ein Mensch, der sich zum christlichen Glauben bekennt, auch wirklich gläubig sei. Nach vielen Jahren schmerzlicher Erfahrungen bin ich jedoch zu dem Schluß gelangt, daß von denjenigen, die sich zum Glauben bekennen, nicht einmal 50% auch wirklich gläubig sind. Wenn Sie unkritisch jeden in Ihre Gemeinde aufnehmen, der sich zum Glauben bekennt, säen Sie die Saat ernsthafter Schwierigkeiten, die in der Zukunft an die Oberfläche treten werden. Wie sollte die Gemeinde da nicht korrupt sein?

Vor einigen Jahren lebte eine höchst eifrige, aber ungenügend erfahrene gläubige Frau, die große Anstrengungen unternahm, um andere davon zu überzeugen, an den Herrn zu glauben, und die sie auch davon überzeugte, sich auf ihr Bekenntnis hin taufen zu lassen. Sie regte viele Menschen an, mich aufzusuchen und um die Taufe zu bitten. Ein Gespräch mit ihnen ergab jedoch, daß die meisten von ihnen, wenn die Sprache darauf kam, weder Glauben noch geistliches Leben hatten. Einigen war es schwergefallen, sich dem Drängen der Frau zu entziehen, und aus Gründen des Ansehens hatten sie oberflächlich geantwortet. Selbstverständlich konnte ich diese Menschen nicht taufen. Dies wiederum verärgerte die eifrige Frau sehr. Sie hatte sich so viel Mühe gegeben, Menschen davon zu überzeugen, daß sie getauft werden müßten, und so konnte sie meine Ablehnung nur schwer ertragen. Sie ging mit diesen Menschen in eine andere Gemeinde, und binnen kurzem waren sie alle getauft.

Auch in unsrer Gemeinde gibt es Glieder, die der Ansicht sind, ich sei übertrieben vorsichtig in diesen Dingen. Ich bin jedoch der Meinung, daß wir die Gemeinde nicht vor der Verderbnis bewahren können, wenn wir auf diesen Punkt nicht in besonderer Weise achten.

Bewahrung der Kanzel

Dann gibt es noch das Problem, wer auf die Kanzel steigt. Auch hier lasse ich äußerste Vorsicht walten und bitte nie leichtfertig jemanden von außerhalb, in unserer Gemeinde zu predigen. Das ist ebenfalls ein Grund für Mißverständnisse. Abgesehen von meinen nächsten Mitarbeitern haben wir nur sehr wenige Menschen gebeten, in unserer Gemeinde zu predigen. Angenommen, wir laden einen Prediger zu uns ein, dessen Glaubenshaltung wir nicht ganz kennen, und angenommen, der Inhalt seiner Predigt widerspricht der Wahrheit, was sollen wir dann tun? Bitten wir ihn, mitten in seiner Predigt aufzuhören? Oder lassen wir ihn zu Ende reden? Da ich ihn ja eingeladen habe, wäre es mir höchst unangenehm, ihn inmitten seiner Ausführungen zu unterbrechen. Ihn weiterreden zu lassen, würde jedoch den Zuhörern schaden. Deshalb befände ich mich in einem Dilemma. Der sicherste Weg ist der, erst dann einen Prediger einzuladen, wenn man seine Glaubenseinstellung richtig kennt.

Es gibt noch einen anderen Grund für meine Vorsicht. Es gibt Männer, die zwar predigen können, die ihr tägliches Leben jedoch nicht so führen, wie es sich für einen Chri sten gehört. Wenn man mit jemandem nicht schon seit längerer Zeit bekannt ist, ist es schwierig, ihn wirklich zu kennen. Angenommen, wir laden vorschnell jemanden zum

Predigtdienst ein, und später stellt sich heraus, daß dieser einen schlechten Ruf hat. Das bedeutet dann, daß wir die Kanzel beschmutzt und der Gemeinde einen falschen Eindruck vermittelt haben. Ich habe selbst Prediger kennengelernt, deren Herz voll Betrug, Habsucht, Lüsternheit, Neid, Stolz und Selbstsucht war. Die Kanzel gibt ihnen die Möglichkeit, sich darzustellen, die Gemeinde zu täuschen und die Menschen anzustacheln, ihm zu folgen. Wenn von solch einem Prediger Schaden ausgeht, können diejenigen, die ihn eingeladen haben, nicht auf Schuldlosigkeit pochen.

Es ist eine Tatsache, daß viele Gläubige Schaden erlitten haben, weil die Gemeinde ungläubige Prediger eingeladen hat. Deshalb muß ich besonders vorsichtig sein. Die meisten Gläubigen haben in dieser Beziehung keine Erfahrung. So ist es für sie äußerst schwierig zu verstehen, daß diejenigen, die eine Gabe zu predigen haben, gleichzeitig einen liederlichen Lebenswandel führen können. Sie denken, daß ein guter Prediger Gottes treuer Diener sein muß und hoffen, daß ich ihn einlade, in unserer Gemeinde zu predigen. Meine Zurückhaltung, einem mir Unbekannten einzuladen, ist der Grund für Mißverständnisse und Kritik. Ich mache meinen Kritikern nicht die geringsten Vorwürfe. Vor über zwanzig Jahren habe ich genauso gedacht wie sie heute. In der Zwischenzeit hat mir meine Erfahrung geholfen, die Worte des Herrn Jesus zu verstehen, mit denen Er sich warnend an Seine Jünger wendet: *Hütet euch aber vor den falschen Propheten, die in Schafskleidern zu euch kommen, inwendig aber sind sie reißende Wölfe. An ihren Früchten werdet ihr sie erkennen. ... Nicht jeder, der zu mir sagt: Herr, Herr! wird in das Reich der Himmel eingehen, sondern wer den Willen meines Vaters tut, der in den Himmeln ist. Viele werden an jenem Tage zu mir sagen: Herr, Herr!*

Haben wir nicht durch deinen Namen geweissagt und durch deinen Namen Dämonen ausgetrieben und durch deinen Namen viele Wunderwerke getan? Und dann werde ich ihnen bekennen: Ich habe euch niemals gekannt. Weicht von mir, ihr Übeltäter! (Matthäus 7,15.16.21-23).

In der Vergangenheit bin ich zwar häufig mißverstanden worden, weil ich gewisse Prediger nicht einladen wollte. Nachdem jedoch der schlechte Ruf dieser Männer ans Tageslicht gekommen war, haben auch die Gläubigen, die mich mißverstanden hatten, begriffen, daß ich recht hatte.

Eine ausgewogene Ernährung

Eifrige Gläubige sind zutiefst besorgt um die Belange der Gemeinde. Sie haben bestimmte Meinungen, von denen sie hoffen, daß der Prediger sie akzeptiert, und sie sind sehr enttäuscht, wenn er nicht so viel Wert auf diese Dinge legt. Ein Hirte sollte diese Menschen wegen ihres Interesses loben, aber nicht unbedingt ihre Vorschläge akzeptieren. Darin liegt das Problem. Es gibt Gläubige, die einen besonderen Gesichtspunkt der Wahrheit hervorheben, und sie möchten auch von der Kanzel herunter hören, daß dieser Aspekt am wichtigsten ist. Man könnte es vergleichen mit jemandem, der gerne Hähnchen, Ente, Fisch oder Fleisch ißt, und deshalb am liebsten bei jeder Mahlzeit Hähnchen, Ente, Fisch oder Fleisch genießen würde, oder mit jemandem, der gerne grünes Gemüse, Karotten oder Rüben ißt, und somit bei jeder Mahlzeit grünes Gemüse, Karotten oder Rüben zu sich nehmen würde. Verantwortungsbewußte Eltern würden jedoch nie zulassen, daß ihre Kindern zu jeder Mahlzeit dasselbe essen. Dadurch würden sie ja auf dem sichersten Weg ihre Gesundheit ruinieren und ihre

Entwicklung beeinträchtigen. Eltern müssen ihren Kindern eine große Vielfalt an Lebensmitteln geben. So muß auch der Pastor einer Gemeinde, der Gott treu ist und seine Herde liebt, den Gläubigen eher das geben, was sie brauchen, als das, was einige wenige möchten.

Ratschläge für Hirten

Was sollte ein Hirte tun und welche Haltung sollte er einnehmen angesichts all dieser Schwierigkeiten? Erstens muß er bereit sein, den Willen Gottes zu verstehen und tun zu wollen. Zweitens muß er seiner Herde immer in einer Haltung der Liebe begegnen wie Eltern ihren Kindern. Drittens sollte er aus seinen Gedanken Gewinn oder Verlust, Ehre oder Schande, Nutzen oder Schaden, Vorteil oder Nachteil verbannen. Viertens sollte er eine Haltung der Demut einnehmen und offen dafür sein, Neues zu lernen. Fünftens sollte er sich von allem, wo es um Ansehen geht, fernhalten und Opposition und Mißverstandenwerden nicht fürchten. Diese Punkte sind Hinweise für einen Mitarbeiter nach Gottes Herzen. Es ist natürlich, daß jemand, der Gott treu dient, Schwierigkeiten und Leiden erleben wird. Aber die Freude, die Gott gibt, und die Belohnung, die Er verheißt, entschädigt für alles.

Gott hat mir das Vorrecht gewährt, daß ich über mehr als zwanzig Jahre hinweg mehrere hundert Gemeinden besuchen konnte. Ich habe sowohl schlechte als auch gute Seiten festgestellt. Ich habe Leistungen und Verluste, Erfolge und Mißerfolge miterlebt. Ich habe erfahren, wie aufrichtige Menschen betrogen wurden und wie listige Menschen andere betrügen. Ich haben erlebt, wie ehrliche Gläubige eine Zeitlang mißverstanden und angegriffen wurden und wie Gott ihnen jedoch die Fülle geschenkt hat. Ich habe viele verschlagene Menschen gesehen, die vorübergehend über Macht und Wohlstand verfügten. Aber ich habe auch gesehen, wie sie schließlich Leid über sich selbst brachten. Ich habe demütige Leiter gesehen, die Gott auf wunderbare Weise gebrauchte, und ich habe Leiter gesehen, die aufgeblasen und eingebildet, stolz und arrogant waren, und die Gott verworfen hat. Ich habe starke und mutige Mitarbeiter Gottes gesehen, die die Drohungen und den Schrecken des Feindes überwanden, um mutig zu handeln. Ich habe auch andere gesehen, die schüchtern und ängstlich waren, die von der rohen Gewalt besiegt wurden und letztlich versagt haben. Ich habe heilige, unbestechliche Prediger gesehen, die von Gott erhöht und von Menschen geachtet wurden. Ich habe auch habsüchtige und liederliche Prediger erlebt, die den Unwillen Gottes erregten. In all dem waren mir die Treuen ein Vorbild und die Unwürdigen eine Warnung.

Fünfundzwanzig Jahre sind fast vergangen, seit wir uns zum ersten Mal bei mir zu Hause getroffen haben. Aus den Privathäusern gingen wir in gemietete Räume und danach in ein von uns selbst gebautes Gemeindehaus. Aus einer Handvoll Menschen wurde allmählich eine Gemeinde mit mehreren hundert Mitgliedern. Ja, wir hatten zu zweit begonnen: Mein Freund Shih Tien-min und ich. Vieles geschah, ohne daß es geplant gewesen wäre. Alles ist Gottes Werk. Ihm sollen Lob und Anbetung gelten!

Ich habe nicht den Wunsch, etwas Großartiges zu vollbringen. Meine Hoffnung ist nur, in dieser so dunklen Welt, in der die Lüste der Menschen keinerlei Grenzen mehr kennen, für Gottes Wahrheit Zeugnis ablegen und Sein Leben leben zu können. Ich möchte treu sein bis zum Tod. In meiner Umgebung möchte ich Gott verherrlichen, und ich möchte den Wohlgeruch Christi verbreiten, wo immer ich bin. Es geht mir nicht darum, eine große Gemeinde zu bauen, sondern darum, eine Gemeinde zu bauen, die dem Willen Gottes entspricht. Zwei Dinge braucht die heutige Welt besonders: Vorbildhafte Gläubige und vorbildhafte Gemeinden. Mein Gebet ist deshalb, daß wir vorbildhafte Gläubige sein mögen und zu einer vorbildhaften Gemeinde gehören mögen.

KAPITEL 6

Gib du ihnen zu essen

Und als Jesus aus [dem Schiff] trat, sah er eine große Volksmenge und wurde innerlich bewegt über sie; denn sie waren wie Schafe, die keinen Hirten haben. Und er fing an, sie vieles zu lehren. Und als es schon spät am Tag war, traten seine Jünger zu ihm und sagen: Der Ort ist öde, und es ist schon spät am Tag; entlaß sie, damit sie auf die umliegenden Höfe und in die Dörfer gehen und sich etwas zu essen kaufen! Er aber antwortete und sprach zu ihnen: Gebt ihr ihnen zu essen!

Markus 6, 34-37a

Bei dieser Begebenheit wußte der Herr sehr wohl, daß Seine Jünger nicht genügend Nahrungsmittel bei sich hatten, um sie unter mehreren tausend Menschen zu verteilen. Und vor allem wußte Er, daß Er allein die Möglichkeit hatte, so viele Menschen zu ernähren. Seine Absicht war, Seine Jünger an dieser großartigen und herrlichen Aufgabe mitarbeiten zu lassen. So gab Er, bevor Er dieses erstaunliche Wunder vollbrachte, Seinen Jüngern den Befehl: *Gebt ihr ihnen zu essen!*

Hatten die Jünger denn überhaupt Nahrungsmittel, die sie unter dem Volk verteilen könnten? Ja. Obwohl die fünf Brote und zwei Fische als solche natürlich nicht ausreichten, mußten die Jünger nichts anderes tun, als diese Lebensmittel in die Hände des Herrn zu legen. Obwohl die Gabe klein war, konnte der Herr sie doch gebrauchen, um Gewaltiges zu tun. Fünftausend Männer aßen sich satt, und danach konnten sogar noch zwölf Körbe mit Brocken gefüllt werden.

Mit einundzwanzig Jahren verstand ich viel vom Wort Gottes. Mich begeisterte der Weg des Herrn. Ich verspürte einen Impuls, der in mir den Wunsch weckte, anderen von der Gnade zu erzählen, die ich empfangen hatte. In verschiedenen kirchlichen Veröffentlichungen, die mir in die Hände fielen, stieß ich auf Artikel, die der Bibel und der Wahrheit widersprachen. Das bekümmerte mich zutiefst. Es war, als brannte in mir ein Feuer. Es ärgerte mich, daß ich mich nicht sofort hinsetzen konnte, um Artikel zu schreiben und zu veröffentlichen, in denen die Wahrheit deutlich wird, und daß ich solche Artikel nicht verteilen und somit Gläubige vor diesen Irrlehren warnen konnte. Eine Last lag auf meinem Herzen, da ich zwar den Willen hatte, aber nicht die Kraft. Das einzige, was ich tun konnte, war, in meiner Besorgnis zu rufen: „Warum gibt es keine Abhilfe?"

Eine allmähliche Entwicklung

Der Herr war mir jedoch gnädig, so daß ich um 1925 über wenige finanzielle Mittel verfügte. Wie ich bereits erwähnt habe, veröffentlichte ich damals vier Heftchen. Weitere Ausgaben wurden nachgefragt. So nahm also meine schriftstellerische Arbeit ihren Anfang.

Ich habe auch beschrieben, wie ich 1923 erstmals die Zeitschrift Ling-Gwong-Bao („Geistliches Licht") abonnierte, die zweimonatlich in Nanking herausgegeben wurde. Ich war überglücklich, daß den Gemeinden in China eine solche Zeitschrift zur Verfügung stand. Im Jahr 1925 sandte ich mehrere Artikel an „Geistliches Licht"; alle wurden veröffentlicht. Leider wurde das Manuskript, das ich im Sommer einsandte, aufgrund des Mißverständnisses während meines Besuchs in Nanking (siehe Kapitel 4) abgelehnt. Als das geschah, war ich wirklich enttäuscht, doch später konnte ich Gottes gnädige Hand darin sehen. Ohne diese Erfahrung wäre ich ja niemals auf die Idee gekommen, selbst eine regelmäßige Zeitschrift herauszugeben. Die Herausgabe von „Geistliches Licht" wurde übrigens 1927 eingestellt.

Gegen Ende des Jahres 1925 und im Jahr 1926 reiste ich häufig in die beiden Provinzen Zhe-jiang und Jiang-su. Gläubige baten mich wiederholt, meine Botschaften zu vervielfältigen, so daß sie sie entweder für sich selbst aufbewahren oder an andere weitergeben konnten. Da ich jedoch sehr unter Zeitdruck stand, war mir dies unmöglich. Trotzdem dachte ich darüber nach und kam dann auf die Idee, daß es doch sinnvoller wäre, eine Veröffentlichung für Gläubige in ganz China herzustellen, als viele verschiedene auf Ortsgemeinden beschränkte Vervielfältigungen zu verteilen. Zunächst wagte ich nicht, an eine regelmäßig erscheinende Zeitschrift zu denken. Ich wußte jedoch, daß ich für Trägheit äußerst anfällig bin und daß das Ergebnis nichts Großartiges sein könnte, wenn ich mich nicht zu einer regelmäßigen Veröffentlichung entschloß. So hielt ich dreizehn Tage später am 28. Oktober 1926 in Sujou folgende Zeilen in meinem Tagebuch fest: „Heute nachmittag habe ich über die geplante Veröffentlichung nachgedacht und darüber gebetet. Ich kam auf den Namen ‚Vierteljährliche geistliche Nahrung' (Ling-Shih-Ji-Kan)."

Die Bezeichnung „Geistliche Nahrung" bezieht sich natürlich auf die Worte des Herrn Jesus: „Gebt ihr ihnen zu essen!" Wohin ich auch gereist bin, überall habe ich Menschen getroffen, die geistliche Nahrung brauchten, genauso wie die Menge der über fünftausend Menschen wirkliche Nahrung gebraucht hat. Im Geist vernahm ich die Stimme des Herrn: „Gib du ihnen zu essen!" Diesen Befehl wagte ich nicht zu überhören. Glücklich nahm ich ihn an. Ich war bereit, meine Brote und Fische zu nehmen und sie in die Hände des Herrn zu legen. Er sollte sie gebrauchen, wie Er wollte. So konnten sie an die Menschen verteilt werden. Der Herr ist wirklich treu und voller Erbarmen. Er nahm unsere kleine Gabe an, und während der zwanzig Jahre, in denen wir diese unscheinbare geistliche Nahrung verteilt haben, erreichten wir nicht fünftausend sondern über fünfzigtausend Menschen. Sogar ich, der ich die Gabe überreicht habe, wurde gesegnet und mehr als ich erwartet hätte auferbaut.

Gegen Ende 1926 kehrte ich von Zhe-jiang und Jiang-su nach Peking zurück. Im Januar 1927 verbrachte ich viel Zeit mit Beten und Nachdenken, denn wir trafen die Vorbereitungen für die Veröffentlichung dieser neuen Zeitschrift. Ich betrachtete dies alles als eine sehr wichtige Arbeit, fürchtete jedoch immer noch, überstürzt zu handeln. Deshalb war ich vorsichtig, ja, übervorsichtig.

Am 12. Januar begab ich mich aufs Verwaltungsbüro der Post in Peking, um mich wegen der Registrierung von Zeitschriften zu erkundigen. Erst dort erfuhr ich, daß wir zuerst eine polizeiliche Genehmigung brauchten. Ich hatte bereits gehört, daß der ganze Prozeß besonders beschwerlich ist. Da ich nicht wußte, wie wir vorgehen mußten, ging ich mit einer bösen Vorahnung zur Polizei. Dort lief es jedoch ohne die Schwierigkeiten ab, die ich befürchtet hatte. Als ich erfuhr, daß für das Verlegen einer Zeitschrift ein Bürge erforderlich ist, ergriff einer der Christen die Initiative und machte sich auf die Suche. Am 17. Januar konnten wir unsere Verhandlungen zufriedenstellend mit der Druckerei abschließen. Wir warteten nun nur noch auf die behördliche Genehmigung.

Ganz zu Anfang, als wir die ersten Pläne für die Veröffentlichung der „Geistlichen Nahrung“ machten, hatte ich selbst hundertfünfzig Dollar zur Deckung der Unkosten gegeben. Als wir nun bei der Polizei den Antrag ausfüllten, trug ich als Startkapital diese hundertfünfzig Dollar ein. Am 29. Januar kam ein Vertreter der Polizei zur Überprüfung zu uns und meinte, daß das Kapital für eine Zeitschrift mindestens zweihundert Dollar betragen müsse. So gab ich noch fünfzig Dollar dazu.

Während wir auf die erforderliche polizeiliche Genehmigung warteten, bereitete ich schon mal die Artikel für die erste Ausgabe vor. Ich hatte bereits verschiedene Einladungen im Nordosten (Mandschurei) angenommen, zögerte die Reisen jedoch ein wenig hinaus, da wir noch immer auf die Zustimmung warteten. Schließlich konnte ich nicht mehr länger warten, obwohl uns noch immer keinerlei Nachricht von den Behörden erreicht hatte, und so machte ich mich am 24. Februar auf, um die Grenze zu passieren.

Dieses Mal sollte der Reisedienst zwei bis drei Monate dauern. Über zehn Orte standen auf meinem Plan. Am 8. März erfuhr ich aus Peking, daß wir die Genehmigung für die Veröffentlichung der „Geistlichen Nahrung“erhalten hatten. Da mein langjähriger Freund Shih Tien-min der einzige in Peking war, der die Verantwortung übernehmen konnte (zusätzlich zu seinem Beruf als Lehrer), mußte ich eine Zeitlang nach Peking zurückkehren. In den Nordosten kam ich wieder am 1. April. Die erste Ausgabe der „Geistlichen Nahrung“ erschien im späten April. Seither ist dieses kleine Heftchen um die ganze Welt gegangen.

Der erste Leitartikel

In der ersten Ausgabe der „Geistlichen Nahrung“ schrieb ich in meinem Einleitungsartikel folgendes:

„Der Mensch wurde von Gott geschaffen, und Er hat ihm Leben gegeben. Um jedoch am Leben zu bleiben und wachsen zu können, muß ein Mensch sich ernähren. Um von einem schwachen Kind zu einem starken Mann heranzuwachsen, braucht er Nahrung. Wenn unsere Ernährung ausgewogen ist, sind wir gesund und kräftig, wenn sie unausgewogen ist, sind wir schwach und kränklich. Als Gott den Menschen geschaffen hat, hat Er für ihn zunächst

Nahrung in Fülle geschaffen. Er sagte zu den Menschen: Und Gott sprach: *Siehe, ich habe euch alles samentragende Kraut gegeben, das auf der Fläche der ganzen Erde ist, und jeden Baum, an dem samentragende Baumfrucht ist: es soll euch zur Nahrung dienen* (1. Mose 1,29).

Die erste Nahrung, die Gott geschaffen hat, war materieller Natur. Die Nahrung, die Er später gab, war geistlicher Art. Materielle Nahrung kann dem Menschen helfen zu wachsen, aber letztendlich kann sie ihn nicht von Schwachheit und Tod erretten. Geistliche Nahrung dagegen kann dem Menschen im Heute neues Leben geben und ihm ein ewiges Erbe sichern.

Aber obwohl die Nahrung Gottes für uns in solcher Fülle vorhanden ist, gibt es noch immer viele Menschen, die sie ablehnen; sie haben ihre Bedeutung noch nicht schätzen gelernt. Solche Leute sind wirklich zu bedauern. Es gibt jedoch viele andere, die gehört und geglaubt haben; sie haben Rettung erfahren. Aber sie sind selbstzufrieden und machen keine weiteren Fortschritte. Es ist, als ob ein Kind unmittelbar nach der Geburt wie ein Erwachsener behandelt würde. Ein Erwachsener kann sich selbst überlassen bleiben. Wenn jedoch ein Kind keine Nahrung erhält, bleibt es weder gesund noch wird es wachsen.

Manche Christen sind schon seit Jahren gläubig. Trotzdem möchten sie noch immer mit Milch ernährt werden. Sie bewegen sich sozusagen am Existenzminimum und sind mit äußerst wenig Lehre zufrieden. Warum suchen sie nicht nach nährstoffreicher Nahrung? Sie siechen zwar nicht gerade dahin, sind jedoch meilenweit davon entfernt, volles Wachstum in Christus zu erreichen. Sie haben noch nicht den Punkt erreicht, an den Gott sie führen möchte.

Die Menschenmenge, die Jesus folgte und Seinem Wort zuhörte, hatte keine materielle Nahrung. Aber der Herr Jesus hatte Mitleid mit ihnen. Wird Jesus heute nicht auch Sein Mitgefühl denen gegenüber zeigen, die geistliche Nahrung benötigen? Wie damals, so auch heute. Die Stimme des Herrn Jesus ertönt in unseren Ohren: *Gebt ihr ihnen zu essen!*

Erinnern Sie sich an die Worte des Herrn Jesus an Seine Jünger? *Wer ist nun der treue und kluge Verwalter, den der Herr über sein Gesinde setzen wird, um [ihm] die zugemessene Speise zu geben zur rechten Zeit?* (Lukas 12,42)

Jedesmal, wenn ich diesen Vers lese, kann ich nur seufzen und klagen. Denn trotz der Vielzahl der Verwalter gibt es nur eine äußerst geringe Anzahl, die die Nahrung so verteilen können, wie sie benötigt wird. Wir haben philosophische Argumente und weitschweifende Vorlesungen parat; wir predigen die Emporhebung des Charakters, die Veränderung der Gesellschaft, eine Gesinnung der Aufopferung: all diese Dinge mögen tatsächlich ein Quentchen an Nützlichkeit in sich tragen; für die grundlegenden Bedürfnisse des menschlichen Herzens sind sie jedoch völlig wertlos. Wie können sie für die Hungrigen Nahrung sein und ihnen helfen zu wachsen? Leider ist jedoch das meiste, das von unseren Kanzeln verkündigt und in christlichen Veröffentlichungen gedruckt wird, nur von geringer Bedeutung.

Es gibt noch etwas anderes, das uns noch größeren Kummer bereitet, und zwar, daß viele ungläubige Gemeindeleiter ihrer Gemeinde in aller Offenheit Schädliches weitergeben. Was predigen sie? Sie sagen: ‚Die Lebensweise eines Christen besteht aus Dienst und Opfer. Jesus zeigt am besten, was eine Persönlichkeit ist. Er hat eine finstere

Gesellschaft reformiert ... Je nachdem, wie schnell sich das Wissen verbreitet, wird sich die Welt verändern und zum Himmel werden. Die Jungfrauengeburt Christi, Sein Sühneopfer, Seine Auferstehung und Wiederkunft sind nur Mythen. Die Bibel ist nichts anderes als die Geschichte der jüdischen Religion, und nicht alles, was darin steht, kann man glauben.'

Solche Verdrehungen sind wie Sauerteig und verbreiten sehr schnell ihren verderblichen Einfluß. Viele Christen haben bereits ernsthaften Schaden erlitten. Wie weh das tut!

Nun erscheint also zum ersten Mal die neue vierteljährliche Zeitschrift ‚Geistliche Nahrung'. Nach Monaten der Vorbereitung und des Gebetes geben wir sie heraus und beten, daß Gott über ihr wacht. Möge sie immer stärker werden, möge sie immer lebendiger werden, möge sie denjenigen dienen, die geistliche Nahrung benötigen. Wir bitten auch, daß sie jedem Leser helfen möge, immer mehr von Gottes Herrlichkeit zu sehen, immer mehr von Seiner Gnade zu erfahren, Seinen Willen besser zu verstehen, Ihm treuer zu dienen, Seinen Sohn – unseren Herrn Jesus Christus – tiefer kennenzulernen, nach Seiner Wiederkunft Ausschau zu halten und darauf zu warten und dann fröhlich in Seiner Gegenwart zu stehen und von Ihm angenommen zu werden. Dies ist das Gebet und die Hoffnung des Herausgebers."

Leitsätze

Zu Anfang hatten wir die Absicht, nur das zu veröffentlichen, was Gott mir gezeigt hatte, sowie die Botschaften, die Er mir anvertraut hatte, damit ich sie anderen weitergebe. Deshalb hatten wir nicht vor, von anderen Beiträge zu erbitten. Mein Freund Shih Tien-min übersetzte jedoch häufig hilfreiche Artikel. Ab und zu wählten wir davon einige aus und druckten sie ab. Ich selbst übersetzte vier Bücher von G.H. Knight, die ebenfalls in der „Geistlichen Nahrung“ Verwendung fanden. Zwei von ihnen sind bereits als Sonderdrucke erschienen. Eines trägt den Titel: „Am geheimen Ort der Gemeinschaft“. Das andere heißt „Am düsteren und wolkenverhangenen Tag“. Außerdem habe ich manchmal kürzere Abschnitte übersetzt und in der Zeitschrift veröffentlicht. Ansonsten habe ich die meisten Artikel selbst verfaßt.

Während dieser mehr als zwanzig Jahren habe ich mich an eine allgemeine Vorgehensweise gehalten, was die Art des verwendeten Materials angeht. So ist in jeder Ausgabe ein Teil einer grundlegenden biblischen Wahrheit gewidmet und ein Teil irgendeinem Aspekt des christlichen Lebens. Ich lege auch Wert darauf, Irrlehren und die Arbeit falscher Lehrer aufzuzeigen. Ich stelle außerdem die offensichtlichen Sünden der Gemeinde und der Welt heraus und kritisiere sie. Meine Artikel entsprechen dem, was ich predige. Ich habe es nicht gerne, wenn die Hörer meiner Predigten mitschreiben, da die Notizen mich nur in wenigen Fällen auch wirklich richtig wiedergeben. Es gibt oft viele Unterschiede zwischen dem, was ein Prediger verkündet hat und den Aufzeichnungen der Zuhörer. Die Fehler sind manchmal schwerwiegend. Deshalb habe ich den Eindruck, daß es wichtiger ist, wenn ich das Manuskript schreibe.

In den ersten Ausgaben stellte ich einen vergleichsweise langen Artikel an den Anfang. Dann machte mir jedoch ein Christ einen Vorschlag. „Wenn jemand ‚Geistliche Nahrung‘ zum ersten Mal liest, hat er vielleicht nicht viel Zeit oder er ist noch nicht wirklich am Inhalt interessiert. Steht dann ein langer Artikel am Anfang, legt er die Zeitschrift möglicherweise gleich wieder aus der Hand und hat vielleicht auch keine Lust, sie nochmals zu lesen. Wenn du jedoch einen kurzen Artikel an den Anfang stellst, wird der Leser mit geringem Interesse eher zum Lesen ermutigt.“ Diese Worte erschienen mir logisch, und so folgte ich seinem Vorschlag.

Viele Zuschriften haben uns erreicht, in denen die Schreiber darum baten, aus der vierteljährlichen Zeitschrift doch eine monatliche zu machen. Ich habe diesem Wunsch jedoch nie nachgegeben. Zu einer vierteljährlichen Erscheinungsweise hatte ich mich ja überhaupt erst deshalb entschlossen, weil meine Kräfte begrenzt sind. Und es hat sich seither nur zu gut erwiesen, daß die Entscheidung richtig war. Meine literarische Arbeit ist nur einer von drei Bereichen. Die anderen beiden sind die Gemeinde in Peking und mein Reisedienst. Wenn wir eine monatliche Zeitschrift herausgegeben hätten, hätte die Veröffentlichung innerhalb von ein, zwei Jahren eingestellt werden müssen.

Obwohl die „Geistliche Nahrung“ von mir verwaltet wird, werden die Finanzen unabhängig verwaltet. Außer den zweihundert Dollar, die ich als Startkapitel beigesteuert habe, habe ich weder Geld hineingesteckt noch herausgeholt. Vor dem Kriegsbeginn mit Japan brachte der Verkauf von Büchern und Zeitschriften einen angemessenen Gewinn. Einiges davon wurde beiseite gelegt, um mehreren Predigern zu helfen, die auf den Herrn vertrauen, was ihre finanzielle Versorgung angeht. Der Rest wurde zum Druck von mehr Büchern benutzt. So veröffentlichten wir über einen Zeitraum von zehn Jahren hinweg mehr als zwanzig Bücher. Während der ersten ein, zwei Jahre nach dem Kriegsbeginn mit Japan gab es keine größeren Schwierigkeiten, da die Lebenshaltungskosten nur gering anstiegen. Dann stürzte jedoch der Wert der Währung katastrophal in den Keller, die Lebenshaltungskosten schossen in die Höhe, so daß unsere Einnahmen nicht mehr mit unseren Ausgaben Schritt hielten. Wir hoben den Bezugspreis leicht an. Trotzdem war es noch zu wenig. Im Herbst 1943 wählten wir andere Drucktypen, um Papier zu sparen. In den letzten drei Kriegsjahren und in den ersten drei, vier Nachkriegsjahren erreichten die Preise derart schwindelerregende Höhen, daß die Erhöhung des Bezugspreises noch immer mehr als unzureichend war. Wir wollten aber nicht noch mehr für den Bezug verlangen. Ein Grund dafür war unsere Scheu davor, den Abonnenten noch größere Lasten aufzuerlegen. Ein anderer Grund war die Tatsache, daß Erhöhungen von Bezugspreisen immer hinter den Preisen im allgemeinen lagen.

Einige der Veröffentlichungen von chinesischen Gemeinden wurden von ausländischen Missionsgesellschaften finanziell unterstützt, so daß diese selbst bei zurückgehenden Abonnentenzahlen oder ausbleibenden Zahlungen nicht in Schwierigkeiten gerieten. Unsere Zeitschrift wurde jedoch von keiner ausländischen Missionsgesellschaft unterstützt und auch von keiner Gruppe oder Einzelperson finanziell mitgetragen. Das einzige Kapital, das sie gehabt hatte, waren die zweihundert Dollar, die ich vor dreiundzwanzig Jahren gegeben hatte. Wenn Gott Sich nicht unablässig um mich gekümmert hätte, und mir die Weisheit gegeben hätte, diese Veröffentlichung zu managen, kann ich mir nicht vorstellen, wie wir die Zeitschrift über mehr als zwanzig Jahre hinweg hätten herausbringen können.

Ich habe unterschiedliche Dienste versehen, aber ich habe nie eine Bezahlung dafür angenommen. Auch habe ich selbst nie Gehälter bezahlt. Aber mein Gott hat all meinen Mangel ausgefüllt nach Seinem Reichtum in Herrlichkeit, und mir hat es nie an etwas gefehlt. Ich war immer äußerst beschäftigt, aber ich war auch äußerst glücklich. Jeden Tag, an dem ich lebe, erledige ich die Arbeit eines Tages. Wenn Gott geehrt wird durch die Arbeit, die ich tue, wenn Menschen durch meine Arbeit geholfen wird, und wenn ich in der Zukunft, wenn ich den Herrn sehe, als Sein guter und treuer Diener erfunden werde – welche Belohnung kann großartiger sein?

Wenn ich für „Geistliche Nahrung" Beiträge verfasse, werde ich selbst immer wieder gesegnet. Je mehr ich schreibe und die Lehre, die ich vom Herrn erhalte, weitergebe, desto mehr erfahre ich Trost, Ermutigung und Kraft vom Herrn selbst. Außerdem gibt mir der Herr, wenn ich ohne Pause mehrere Artikel schreibe, auch pausenlos Botschaften. Wenn mich jemand vor zwanzig Jahren gebeten hätte, mehr als 200.000 Wörter aufs Papier zu bringen, ich hätte mir nicht vorstellen können, wie ich dies bewerkstelligen könnte. Da ich jedoch während mehr als zwanzig Jahren ständig schriftstellerisch tätig war, habe ich in der Zwischenzeit diese Zahl erreicht. Wenn ich Worte der Zurechtweisung schreibe, werde ich selbst zurechtgewiesen. Schreibe ich Worte der Ermutigung, bin ich selbst ermutigt. Schreibe ich Worte des Trostes, erfahre ich selbst Trost. Wenn ich anderen helfe, wird mir selbst geholfen. Dies gilt, egal ob ich predige oder Artikel verfasse. Es ist kein Wunder, daß der Herr Jesus sagte: *Gebt, und es wird euch gegeben werden: ein gutes, gedrücktes und gerütteltes und überlaufendes Maß wird man in euren Schoß geben; denn mit demselben Maß, mit dem ihr meßt, wird euch wieder gemessen werden.* (Lukas 6,38).

Außer der Tatsache, daß ich aus dem Schreiben von Artikeln selbst Nutzen für meinen Glauben ziehe, konnte ich auch Fortschritte machen, was das Schreiben selbst angeht. Es besteht ein großer Unterschied zwischen meiner Wortwahl in den Artikeln, die ich vor zwanzig Jahren verfaßt habe, und der Wortwahl in den heutigen. Durch häufigen Gebrauch des Wörterbuchs drücke ich mich nun exakter aus.

Das Schreiben der Artikel hat mir auch geholfen, meine Lehre schriftlich festzuhalten. Versagen und Fehler der Vergangenheit waren mir eine Warnung. Heute verfahre ich so: Wenn ich eine Lehre wirklich nicht verstehe, dann predige ich auch nicht darüber; was ich nicht erfasse, verkündige ich auch nicht; Wörter und Redewendungen, die ich nicht kenne, benutze ich nicht; Zitate, die mir nicht klar sind, benutze ich ebensowenig. Die Worte, die ich rede, die Redewendungen, die ich gebrauche, die Artikel, die ich schreibe, die Arbeit, die ich tue, die Wege, die ich gehe – ich möchte, daß all das so perfekt wie nur möglich geschieht. Selbstverständlich kann dies nicht über Nacht erreicht werden. Dennoch strebe ich es an.

KAPITEL 7

Ich will ihm eine Hilfe machen, die ihm entspricht

Und Gott, der HERR, nahm den Menschen und setzte ihn in den Garten Eden, ihn zu bebauen und ihn zu bewahren.

1. Mose 2,15

Und Gott, der HERR, sprach: Es ist nicht gut, daß der Mensch allein sei; ich will ihm eine Hilfe machen, die ihm entspricht.

1. Mose 2,18

Gott schuf Adam einen Partner, um dem zu helfen, den Er liebte und den Er gebrauchte. Gott sorgt in ähnlicher Weise für andere, die Er ebenfalls liebt und gebraucht. Wenn sie selbst nicht voreilig handeln, wenn sie nicht auf ihre eigenen Vorstellungen bauen, sondern demütig auf Gott vertrauen und Ihm gehorchen, wenn sie zulassen, daß Gott sie nach Seinem guten und wohlgefälligen Willen leitet, werden sie bestimmt entdecken, daß der Partner, den Gott für sie bereithält, nicht nur ein guter Lebensgefährte ist, sondern auch ein guter Mitarbeiter. Leider haben es viele allzu eilig und treffen eine Wahl, die ihren eigenen Vorstellungen und Wünschen entspricht. Sie meinen, den idealen Partner gefunden zu haben, doch ihre eigene Wahl ersetzt Gottes Wahl. So entgeht ihnen nicht nur die Freude und der Erfolg, den Gott ihnen geben möchte, sie bringen auch unendlich viel Kummer und Versagen über sich selbst.

Die Partnerwahl ist für Christen von höchster Bedeutung. Um eine falsche Entscheidung zu vermeiden, gibt es nur den einen Weg: Allein auf Gott zu schauen und Seine Führung zu suchen. Gott hat einen Plan für alle, die Ihm gehören. Dieser Plan ist vollkommen und bringt Seinen Segen mit sich. Wir müssen vorsichtig sein, daß wir ihn nicht zerstören.

Manche Gläubige zerstören ihn durch Habsucht, andere durch ihre Liebe zur Prahlerei, wieder andere dadurch, daß sie nicht still auf Gottes Zeit warten. Einige zerstören Gottes Plan, weil sie den Begierden des Fleisches nachgeben. So handeln sie sich Verlust und viel Leiden ein.

Manche Leute denken, daß der Idealpartner ähnliche Neigungen haben müßte wie man selbst. Ich denke jedoch, daß dies nicht ganz korrekt ist. Bei den Paaren, die Gott zusammenführt, haben die Partner häufig unterschiedliche Temperamente. Das ruft wohl so manches Mal Reibungen hervor, aber Gott kann diese Reibungen dazu nutzen, um rauhe Ecken abzuschleifen und die Menschen zu glatten Steinen zu machen (siehe 1. Samuel 17,40).

Der Idealpartner muß jedoch denselben Glauben und dieselben Lebensziele haben wie man selbst. Wenn Ihr Partner wie Sie an den Herrn glaubt und Ihn liebt, brauchen Sie sich keine Sorgen darüber zu machen, wenn Sie in anderen Bereichen nicht hundertprozentig derselben Meinung sind. Noch weniger sollten Sie sich von Reichtümern, Schönheit, Prahlerei leiten lassen und dadurch einen wunderbaren Partner verlieren, den Gott für Sie persönlich bestimmt hat. Wenn ein Gläubiger ruhig auf den Herrn wartet, wird Er ihm den passenden Partner schenken – vielleicht ist es jemand, den man selbst nicht als gut und passend zu einem beurteilen würde, aber es wird sicher jemand sein, der in Gottes Augen gut und passend ist.

Ein eingefleischter Junggeselle

Es gab eine Zeit in meinem Leben, so zwischen einundzwanzig und vierundzwanzig, in der ich davon überzeugt war, daß ich Junggeselle bleiben wollte. Zum einen waren meine Lebensumstände sehr schwierig und meine Arbeit hart; auch hatte ich keine Hoffnung, daß sich das bessern würde. Zum anderen hatte ich,wenn ich die Umstände betrachtete, den Eindruck, daß es besser wäre, nicht zu heiraten. Auch hatte ich über lange Zeit hinweg die Spannungen zwischen meiner Mutter und meiner Schwester einerseits und den Mietern andererseits miterlebt, und ich wollte kein Heim gründen, in dem sich dieselbe Unordnung und Not wiederholen würden. Außerdem war ich damals der Meinung, daß unverheiratete Christen besonders rein und geistlich seien. Dies entging auch meiner Mutter nicht und machte sie traurig. Sie war mehr als zwanzig Jahre lang Witwe gewesen und hatte nur einen einzigen Sohn. So war es ihr großer Wunsch, daß ich erwachsen werden würde, eine Arbeitsstelle finden, dann heiraten und Kinder haben würde. Als sie sah, wie ich mich dem Junggesellenleben verschreiben wollte, fürchtete sie, ihre Wünsche wie Seifenblasen zerplatzen zu sehen. Meine Mutter war sogar so besorgt um diese Sache, daß sie einmal jemanden beauftragte zu kommen und mich doch zu drängen, meinen Gedanken, ledig zu bleiben, aufzugeben.

Wie stand es aber mit mir selbst? Ich hegte zwei unvereinbare Gedanken. Einerseits wollte ich gerne unverheiratet bleiben, andererseits hatte ich dennoch das Bedürfnis nach einem Partner.

Lange Zeit konnte ich mich weder für das eine noch für das andere entscheiden. Die Frage der Ehe wurde in dieser Zeit bei zwei Gelegenheiten von Brüdern im Herrn angesprochen. Beide Male gab ich jedoch keine Antwort.

Im Frühjahr 1925, als meine Arbeit in Peking wuchs, kam eine Frau, die mich schon lange kannte, häufig zu meinen Veranstaltungen. Sie kam oft auf mich zu, um mit mir zu reden und stellte viele Fragen. Auch wies sie darauf hin, daß sie aus Liebe zum Herrn eifrig sein wollte. Ich hatte jedoch den Eindruck, daß sich ihr Eifer eher auf mich richtete als auf den Herrn. So achtete ich darauf, daß wir nicht öfter zusammen waren als unbedingt notwendig. Einmal, als sie erfuhr, daß ich auf eine Reise gehen würde, sagte sie zu mir: „In der letzten Zeit habe ich Sie häufig predigen hören, und dies war mir wirklich eine große Hilfe. Jetzt, da Sie weggehen, werde ich sehr einsam sein. Ich werde nirgendwo hingehen können, um Hilfe zu erfahren. Können Sie mir auch während Ihrer Abwesenheit helfen?“

Ich verstand, daß sie tatsächlich mit mir einen Briefkontakt aufbauen wollte. Mir war jedoch klar, daß dies weder für sie noch für mich gut sein würde. So antwortete ich: „Ich kann nur für Sie beten. Mehr kann ich nicht tun.“ Meine Vermutung stellte sich auch als richtig heraus. Als ich im Herbst aus dem Süden zurückkehrte, wurde ein Mitglied ihrer Familie beauftragt, mich zu einer formellen Vorstellung einzuladen. Ich lehnte den Vorschlag sofort ab. Dies setzte der Sache ein Ende, und die Frau kam auch nicht mehr zu unseren Treffen.

Im Mai 1925 machte ich mich nach Nanking auf, um mehrere Christen zu besuchen, mit denen ich schon seit einiger Zeit in Briefkontakt stand. Während meines dortigen Aufenthalts fragte ich einen älteren Diener Gottes, ob er nicht seine Meinung dazu abgeben könnte, ob ich heiraten solle. Er gab zu, daß sowohl das Ledigsein als auch das Verheiratetsein Vorteile hätten. Generell sei nichts dagegen einzuwenden, wenn ein älterer Prediger unverheiratet sei. Wenn jedoch ein junger Prediger nicht heirate, müsse er sich vielen Schwierigkeiten und Unannehmlichkeiten stellen. Ich dachte über seine Worte nach, und mir wurde klar, daß seine Aussagen logisch sind. So gab ich also den Gedanken auf, ledig zu bleiben.

Mein Aufenthalt in Nanking dauerte vierzehn Tage. Vor meiner Abreise dorthin hatte ich nicht daran gedacht, Hang-zhou zu besuchen. Ich hatte schon von Kindesbeinen an von der zauberhaften Landschaft am Westsee bei Hang-zhou gehört, und so kam mir plötzlich der Gedanke, daß dies eine gute Gelegenheit sei, einen Abstecher dorthin zu machen. Eine Schwester im Herrn, die aus Nanking stammte, stellte mich ihrer Tante vor, als sie erfuhr, daß ich Hang-zhou besuchen wollte. Eine andere Schwester machte mich mit einem Bruder im Herrn bekannt, den sie kannte. Als ich nun am 16. Juni in Hang-zhou ankam, suchte ich diesen Bruder auf und bat ihn, mir ein gutes Hotel zu empfehlen. Er drängte mich, doch bei ihm zu bleiben. Da mich jedoch die Schwester aus Nanking ihrer Tante vorgestellt hatte, fühlte ich mich verpflichtet, diese zuerst zu besuchen. So machte ich am 22. Juni einer älteren Dame, Frau Li, die in der Nähe der Tien-shui Brücke wohnte, meine Aufwartung. Diese wiederum machte mich mit dem dortigen Pastor, Pastor Liu Deh-shun, und seiner Frau bekannt.

Herr Liu suchte mich am 26. Juni auf und bat mich, in seiner Gemeinde zu predigen. Ich nahm die Einladung an und predigte am darauffolgenden Sonntag morgens und abends. Die Gemeindeglieder baten mich daraufhin, eine Predigtreihe zu halten. Ich sagte wieder zu. Mein Quartier lag jedoch eine beträchtliche Wegstrecke von der Tien-shui Brücke entfernt, so daß Pastor Liu mich drängte, bei ihm zu bleiben. So kam es, daß ich am 30. Juni in seine Wohnung einzog.

Am 3. Juli verließ ich Hang-zhou und machte mich nach Jia-hsing auf, wo ich über zehn Tage hinweg Veranstaltungen leitete. Dann nahm ich den Zug nach Schanghai. Dort wollte ich an Bord eines Schiffes nach Fu-zhou, der Haupstadt der Provinz Fu-jian, gehen. Während ich jedoch auf das Schiff wartete, wurde ich plötzlich krank. Es gab nicht nur niemanden im Hotel, der sich um mich kümmerte, die anderen Gäste spielten die ganze Nacht hindurch Karten, und es war unmöglich, auch nur ein klein wenig zu schlafen. Da ich in Schanghai niemanden kannte, würde mir nichts anderes übrigbleiben, als auf dem schnellsten Weg nach Hause zu gehen. Ich würde jedoch zwei oder gar drei Tage unterwegs sein. In Nanking müßte ich außerdem umsteigen und den Fluß überqueren. In meiner Verfassung eine solche Reise zu wagen, schien unmöglich zu sein. Inmitten dieser sich anhäufenden Schwierigkeiten kamen mir plötzlich Pastor Liu und seine Frau aus Hang-zhou in den Sinn. Sie waren mir doch so freundlich und warmherzig begegnet. Von Schanghai bis Hang-zhou waren es nur vier oder fünf Stunden. So entschloß ich mich also, sofort nach Hang-zhou zurückzukehren. Am 17. Juli traf ich dort ein. Ich blieb mehrere Tage in Hang-zhou und kam allmählich erneut zu Kräften. Als ich wieder hergestellt war, nahm ich eine Einladung an, in der Gemeinde der Tienshui Brücke nochmals eine Veranstaltungsreihe durchzuführen, die zwölf Tage dauerte. Ich besuchte auch andere Orte in diesem Gebiet und machte mich erst am 9. September wieder nach Peking auf.

Am 14. September kam ich in Peking an. Kurz darauf erhielt ich einen Eilbrief von Pastor Liu. Er teilte mir mit, daß die Gemeinden in Hang-zhou im Oktober gemeinsam eine siebentägige Veranstaltung organisieren würden. Da einige der Christen in Hang-zhou durch meinen früheren Dienst Hilfe erfahren hatten, luden sie mich als Redner ein. Nachdem ich zwei Tage lang darüber gebetet hatte, schrieb ich einen Brief, in dem ich die Einladung annahm.

Da die Veranstaltung am 18. Oktober beginnen sollte, nahm ich mir vor, Peking am 15. zu verlassen. Doch etwas Unvorhergesehenes trug sich zu: Die beiden Provinzen Jiang-su (in welcher Schanghai liegt) und Zhejiang (in welcher Hang-zhou liegt) wurden die Schauplätze erbitterter Kämpfe. Der Bahnverkehr lag lahm. Mir kam zu Ohren, daß es möglich sei, mit dem Dampfer von Tien-jin nach Schanghai zu gelangen. Da die Kampfhandlungen schon die Bahnstrecke zwischen diesen beiden Städten erreicht hatten, entschloß ich mich für den Seeweg. Am 27. verließ ich Tien-jin, und da die Strecke südlich von Schanghai wieder eröffnet worden war, erreichte ich Hang-zhou am 4. November, um dort meinen verschobenen Dienst wahrzunehmen. Die Veranstaltung dauerte eine Woche. Die Leiter wußten, daß ich Pastor Liu und seine Frau kannte, und hatten dafür gesorgt, daß ich bei ihnen untergebracht wurde. So war ich also zum dritten Mal Gast im Hause Liu.

Meine zukünftige Frau

Am zweiten Tag der Veranstaltung war die Organistin verhindert. So wurde Pastor Lius Tochter, Liu Jing-wun gefragt, ob sie einspringen könne. Ich kannte Fräulein Liu schon seit über zwanzig Tagen. Ich wußte, daß sie sechszehn oder siebzehn Jahre alt war, und hatte sie nicht besonders beachtet, da ich in ihr mehr ein Kind gesehen hatte. Bis zu diesem Zeitpunkt war ich der Ansicht gewesen, daß man nur jemanden heiraten sollte, der in etwa so alt ist wie man selbst. Der Altersunterscheid sollte höchstens ein oder zwei Jahre betragen. Da Fräulein Liu und mich acht oder neun Jahre trennten, war mir die Möglichkeit einer Heirat nicht in den Sinn gekommen. Als ich sie jedoch die Orgel spielen sah, erkannte ich mit einem Mal, daß sie nicht nur ein Teenager war. Sie war groß, hatte ihr Haar so frisiert, daß sie reif wirkte. Sie trug ein langes gefüttertes Kleid. Ja, sie war erwachsen. Sie arbeitete damals übrigens als Lehrerin. Obwohl sie zehn Jahre lang die Mädchenschule der Espiskopalkirche besucht hatte, und immer zu den Gottesdiensten der Hsin-I-Episkopalkirche gegangen war, hatte sie hier noch nie zuvor die Orgel gespielt. Ja, es war das erste und auch das einzige Mal. Aber als sie dieses eine Mal die Orgel spielte, erkannte ich zum ersten Mal, daß sie erwachsen war.

Die drei Male, die ich mich im Hause von Herrn und Frau Liu aufhielt, wurde mir viel Interesse und Liebe entgegengebracht. Ich war mir bereits der geistlichen Wärme in diesem Heim bewußt gewesen. Ich hatte nie meinen Vater gekannt. Meine Mutter liebte mich innigst, die Beziehung zu ihr und meiner Schwester war gut. Aber in unserer Familie wurde keine geistliche Atmosphäre spürbar. Die Beziehung zwischen meiner Mutter und Schwester auf der einen Seite und zwischen ihnen und meiner Tante auf der anderen Seite war gespannt. Zwischen ihnen und den Mietern herrschte ständiges Gezänk. Ja, was ich zu Hause sah und hörte, machte mich immer sehr unglücklich. Wir kannten keinen Frieden, keine Freude, keine Eintracht und nahmen keine Rücksicht aufeinander. Meine Mutter hatte nur Liebe zu ihren Kindern. Meine Schwester kannte nur Liebe zu ihrer Mutter und zu ihrem jüngeren Bruder. Meine Mutter und auch meine Schwester hatten den Eindruck, daß es keine Basis dafür gab, Außenstehende zu lieben. Nachdem ich zum Glauben gekommen war, schmerzte und bekümmerte mich diese Haltung sehr. So spürte ich im Hause Liu besonders die Eintracht und Freude, die dort herrschten. Ja, und so fragte ich mich von dem Tag an, an dem ich entdeckte, daß Fräulein Liu kein Kind mehr, sondern erwachsen war, ob der Partner, den Gott für mich vorbereitete, nicht gerade an diesem Ort war.

Ich blieb noch weitere zwanzig Tage für Veranstaltungen in dieser Gegend. Während dieser Zeit bewegte mich die Sache mit Fräulein Liu immer wieder, und ich betete ernsthaft darüber. Ich hatte Angst vor einem falschen Schritt, der ein Leben des Kummers und Versagens nach sich ziehen würde. Am 29. November betete ich besonders darüber und sprach am Abend mit einer älteren Schwester. Ich bat sie, mir ihre Meinung zu sagen und suchte ihren Rat. Sie versprach mir, darüber zu beten und dann zu sehen, was sie tun könnte. Einige Tage später erfuhr ich, daß Herr und Frau Liu meinem Antrag weder zugestimmt noch ihn abgelehnt hatten. Sie waren der Meinung, daß diese Sache sorgfältig durchdacht werden müsse. Und wie stand es um Fräulein Jing-wun selbst? Als ihre Mutter sie nach ihrer Meinung fragte, sagte sie: „Was mein himmlischer Vater für gut hält, ist gut.“

Von Ende November 1925 bis Ende April 1926 war ich in den Provinzen Jiang-su und Zhe-jiang zu Predigtdiensten unterwegs. Wenn nichts auf dem Programm stand, kehrte ich nach Hang-zhou zurück. Was die Heirat betraf, so kam keiner von uns zu einer Lösung. Wir warteten einfach darauf, daß Gott uns Seinen Willen offenbaren möge. Gleichzeitig war es möglich, daß wir uns näher kennenlernten.

Aber ich wußte noch immer nicht, was meine Mutter und meine Schwester dachten. Ich wollte sie nicht schriftlich informieren, da ich befürchtete, dies könne zu Mißverständnissen führen. So beschloß ich, persönlich mit ihnen zu reden, wenn ich nach Peking zurückkehrte.

In der Vergangenheit hatte meine Mutter mehrmals zu mir gesagt, daß ich, sollte ich heiraten, ein Mädchen aus Peking zur Frau nehmen müsse und daß es vor allem wichtig sei, daß sie dieses kenne. Meine Mutter war voller Vorurteile. Sie betrachtete jeden, der nicht von Peking stammte, als minderwertig. Kam jemand auch noch aus dem Süden, dann war es noch schlimmer. Von Zeit zu Zeit hatten wir Zimmer an Mieter aus dem südlichen China vermietet. Meine Mutter bezeichnete diese Menschen immer als „Barbaren aus dem Süden". Folglich war es nur allzu wahrscheinlich, daß die geplante Heirat mit Fräulein Liu bei meiner Mutter auf Ablehnung stoßen würde. Aber ich glaubte, daß Gott, wenn diese Heirat Seinem Willen entsprach, das Herz meiner Mutter verwandeln könnte, und sie zustimmen würde. Sollte Gott Selbst dagegen sein, dann – so glaubte ich – würde Er durch die Ablehnung meiner Mutter die Heirat verhindern. Vor meiner Geburt war meine Mutter Witwe geworden. Mehr als zwanzig Jahre hatte sie sehr hart für mich gearbeitet und mich großgezogen. Ich mußte ihr treu sein und ihr gehorchen. Darum entschloß ich mich, meine Mutter nicht durch diese Heirat zu verletzen. Sollte sie also dagegen sein, dann würde ich die Sache fallenlassen und keine weiteren Schritte unternehmen. Herr und Frau Liu befürworteten meine Entscheidung und rieten mir sehr, meine Mutter zu achten.

Am 10. Mai 1926 kehrte ich nach Peking zurück, und zwei Tage später sprach ich mit meiner Mutter und meiner Schwester über die geplante Heirat mit Fräulein Liu. Beide sagten kein Wort dagegen. Sie waren sogar der Ansicht, daß ich bestimmt die richtige Sicht in der Sache hätte. So hatte Gott mir nun den letzten Beweis gegeben, den ich von Ihm erhofft hatte. Nun wußte ich, daß unsere Heirat der gute, wohlgefällige und vollkommene Wille Gottes war.

Verlobung und Hochzeit

Ich blieb einundzwanzig Tage lang zu Hause. Am 1. Juni fuhr ich mit dem Schiff gen Süden, um in Shao-xing in Zhe-jiang zu predigen. Danach predigte ich an verschiedenen Orten in dieser Gegend. Am 24. November verlobte ich mich in Hang-zhou mit Jing-wun. Nachdem ich noch im Süden einen Dienst zu tun hatte, kehrte ich Ende Dezember nach Peking zurück. Danach besuchte ich erneut die Mandschurei.

Nachdem ich Hang-zhou verlassen hatte, kehrte ich siebzehn Monate nicht mehr in den Süden Chinas zurück. Erst im Juni 1928 machte ich mich wieder nach Hang-zhou auf. Am 8. August um elf Uhr fünfzehn heiratete ich dort Liu Jing-wun. Den Gottesdienst hielt Pastor Run Jih-ching von der China-Inland-Mission, ein Mann fortgeschrittenen Alters. Er war der Lehrer meines Schwiegervaters gewesen, ein gläubiger, liebenswürdiger älterer Herr. Er las 1. Mose 2 und 24 und baute seine Botschaft auf zwei Paare auf, Adam und Eva und Isaak und Rebekka. Er redete sehr lange und bei dem heißen Wetter schwitzte ich enorm. Dennoch erfuhr ich viel Belehrung und Ermutigung.

Obwohl meine Frau und ich uns bei unserer Verlobung schon über ein Jahr kannten, hatten wir doch nie eine Freundschaft derart, wie sie junge Leute heutzutage haben. Mehrmals warf Jing-wun gewisse Fragen über die Lehre auf. Darüber hinaus unterhielten wir uns jedoch nie allein, und wenn wir miteinander redeten, dann waren in der Regel ihre Eltern dabei. Erst nach unserer Verlobung im Winter des Jahres 1926, als ich in den Norden zurückkehrte, begannen wir, uns zu schreiben. Wir wurden einmal gefragt, ob wir eine neu- oder eine altmodische Ehe führten. Darauf konnte ich nur antworten: „Sie ist weder altmodisch noch neumodisch. Sie ist beides: halb alt- und halb neumodisch.“

Für unsere Hochzeitsfeier lieh uns eine ältere Schwester im Herrn ihr Haus, während sie „der Hitze entfloh“. Die Kapelle und die Gebäude der Bibelschule für Frauen befanden sich in der Mitte; Herr Lius Haus stand im Osten, das geliehene Haus im Westen. So brauchten wir an unserem Hochzeitstag keine Fahrzeuge. Beim Verlassen der Kapelle gingen wir durch zwei Hoftore und erreichten das Haus, in dem wir feierten.

Meine Schwiegermutter schenkte jedem von uns eine Bibel zur Hochzeit. In meine hatte sie geschrieben: *Habe acht auf dich selbst und auf die Lehre; beharre in diesen Dingen; denn wenn du dies tust, so wirst du sowohl dich selbst erretten als auch die, die dich hören.* (1. Timotheus 4,16). In der Bibel meiner Frau stand folgender Bibelvers als Widmung: *Niemand verachte deine Jugend, sondern sei ein Vorbild der Gläubigen im Wort, im Wandel, in Liebe, im Glauben, in Keuschheit.* (1. Timotheus 4,12).

Ich war am 25. Juli 1900 geboren, meine Frau am 29. März 1909. Ich bin also acht Jahre, acht Monate und vier Tage älter als sie. An unserem Hochzeitstag war ich gerade achtundzwanzig Jahre alt, meine Frau war noch keine zwanzig. Von dem Moment an, wo wir über die Möglichkeit einer Heirat gesprochen hatten, bis zu unserer Verlobung verging ein Jahr. Von unserer Verlobung bis zu unserer Hochzeit vergingen ein Jahr und acht Monate.

Gottes Vorsorge

Meine Frau und ich konnten im Rückblick erkennen, wie wunderbar Gott uns geführt hatte. Wenn ich bei meinem ersten Aufenthalt in Hang-zhou nicht Frau Liu aufgesucht hätte, hätte ich niemals Herrn und Frau Liu kennengelernt. Wenn ich auf meiner Reise von Zhe-jiang nach Schanghai nicht krank geworden wäre, wäre ich nie in das Haus von Herrn Liu in Hang-zhou zurückgekehrt. Beide Ereignisse: Der erste Besuch und die spätere Krankheit lagen eindeutig im Willen Gottes. Es war auch ganz wunderbar, daß meine Mutter und meine Schwester der Heirat zugestimmt hatten. Und wenn man ihr Verhalten nach der Hochzeit bedenkt (später werde ich davon berichten), dann war die Zustimmung noch um einiges wundervoller. Ich glaube ganz bestimmt, daß ihr damaliges Einverständnis von Gott gewirkt war. Auch ihre spätere Unzufriedenheit kam von Ihm, so daß wir beide durch eine Zeit der Anfechtung die Lektionen lernen sollten, die für uns wichtig waren. Obwohl ich aus Peking stammte, hatte Gott mich ganz wunderbar über den Jangtsekiang nach Süden geführt, damit ich die Frau treffen möge, die Er für mich als Ehepartner vorgesehen hat. Wie herrlich sind doch Seine Werke!

Vor der Verlobung hatte meine zukünftige Schwiegermutter erfahren, wie Gott mich gezüchtigt hatte. Eines Tages fragte sie mich: „Ist es notwendig, daß jemand, den Gott gebrauchen möchte, gezüchtigt wird?“ Ich entgegnete: „Ich denke ja.“ Sie erwiderte: „Wie steht es dann um ein Mädchen wie Jing-wun, die noch nie so gezüchtigt wurde?“ Damals vermochte ich darauf nichts zu antworten. Auch machte ich mir keine Gedanken darüber, ob sie wirklich Züchtigung erlebt hatte. Kurz nach unserer Hochzeit mußte sie jedoch erfahren, was Züchtigung bedeutet.

Wir verließen Hang-zhou am 31. August und nahmen am 9. September ein Schiff von Schanghai noch Ching-dao. Nach einem mehrwöchigen Dienst in dieser Stadt schifften wir uns nach Tian-jin ein und erreichten Peking am 18. September.

Eine seltsame Reaktion

Kaum hatten wir mein Zuhause erreicht, als wir mit einer Prüfung konfroniert wurden, mit der wir nicht gerechnet hatten. Wenn ich früher nach Hause gekommen war und meine Mutter und Schwester wußten, an welchem Tag ich heimkehren würde, hatte mich immer ein herrlich wohlschmeckendes Mahl erwartet, das sie schon recht früh zubereitet hatten, damit es bei meiner Rückkehr fertig war. Als wir nun als Mann und Frau um vier Uhr nachmittags in Peking eintrafen, waren meine Mutter und meine Schwester seltsam kühl in ihrem Verhalten uns gegenüber. Um siebzehn Uhr gingen meine Frau und ich zum Bahnhof, um unser Gepäck abzuholen. Wir mußten eine Weile warten, bis es uns ausgehändigt wurde. Als wir schließlich gegen achtzehn Uhr dreißig wieder zu Hause ankamen, meinte meine Mutter zu mir: „Wir (damit meinte sie sich, meine Schwester und die Hausangestellte) haben bereits zu Abend gegessen. Ihr zwei könnt euch ja selbst was zubereiten." So blieb uns nichts anderes übrig, als uns noch etwas zu kaufen. Dann aßen meine Frau und ich zusammen. Diese Sache erschütterte mich völlig. Ich hatte erwartet, daß meine Mutter und meine Schwester überglücklich sein würden, wenn sie meine Frau und mich zusammen sehen würden, und daß wir Gemeinschaft haben und uns aneinander freuen würden. Wer hätte denn mit einer solchen Behandlung gerechnet?

Am folgenden Morgen schrie meine Schwester auf dem Innenhof und veranstaltete einen regelrechten Aufruhr. Ich wußte, daß ihre Worte sich gegen meine Frau und mich richteten. Ich verstand jedoch nicht den Grund für ihr Verhalten. So begann ich zu weinen, und auch meine Frau weinte Tränen des Mitgefühls. Ich konnte die Beweggründe meiner Schwester nicht verstehen. Meine Frau verstand sie noch weniger. Wir konnten, um des Herrn Willen, unseren Gefühlen nicht Luft lassen. Wir konnten das ganze nur ertragen.

Von da ab herrschten in unserem Heim Argwohn, Haß, unfreundliche Gefühle, Streit und Unruhe. Ich hielt meine Augen und Ohren offen und verstand allmählich den Grund der Schwierigkeiten. Sie rührten hauptsächlich von Vorurteilen und Mißverständnissen von seiten meiner Mutter und meiner Schwester her. Ich trug jedoch dazu bei, da es mir an Erfahrung und gesundem Menschenverstand mangelte.

Ich erinnerte mich an ein Ereignis, das sich zugetragen hatte, als ich ein Teenager gewesen war. Damals meinte meine Mutter zu meiner Schwester und mir: „Wenn ihr etwas auf dem Herzen habt, dann laßt uns jetzt darüber reden. Denn wenn du, Yong-shung, einmal verheiratet bist, wird eine Fremde im Haus sein, und wir werden nicht länger über persönliche Dinge sprechen können." Damals hatte ich keine Ahnung, was hinter diesen Worten steckte. Aber obwohl sie mehr als zehn Jahre vor meiner Hochzeit ausgesprochen worden waren, zeigten sie, daß in den Augen meiner Mutter eine Schwiegertochter eine außenstehende Person war. Diese Worte machten mir auch die Denkweise meiner Mutter bewußt, daß sich nämlich „ein Sohn, wenn er verheiratet ist, unweigerlich verändert. Er wird seine Mutter und seine Schwester nicht mehr lieben und wird nicht mehr eines Sinnes mit ihnen sein.“ Diese Sicht war so stark in ihrem Innern verankert, daß es für den Sohn und die Schwiegertochter äußerst schwierig sein würde, akzeptiert zu werden, selbst wenn sie sich noch so sehr anstrengten.

Bittere Erfahrungen

Ich werfe meiner Mutter und meiner Schwester ihre Haltung nicht vor. Sie wurden einfach von ihren Erfahrungen und Lebensumständen geprägt. Bei uns dreien lebten ja noch meine Großmutter und meine Tante. Letztere war drei Jahre jünger als meine Mutter und war nie verheiratet gewesen. Meine Mutter war einfach und ehrlich, wohingegen meine Tante raffiniert war und gerne Ränke schmiedete. Obwohl sie bei uns lebte, kümmerte sie sich doch allein um ihre eigenen Belange und nahm auch ihre Mahlzeiten für sich ein. Zunächst hatte meine Mutter ihre jüngere Schwester sehr geliebt und immer daran gedacht, daß sie noch zwei Kinder hatte, während ihre Schwester alleinstehend war. Meine Mutter bedachte sie ständig mit Geschenken. Als jedoch meine Tante sah, wie aufrichtig und großzügig meine Mutter war, ersann sie immer neue Arten, um an die Habseligkeiten meiner Mutter zu kommen. Wenn jedoch meine Mutter in Not war und meine Tante um Hilfe bat, gab sie ihr nichts. Obwohl also meine Tante ständig die Dinge meiner Mutter benutzte, ließ sie sie nicht nur nicht an ihre eigenen Dinge heran, sondern versteckte sie auch noch, so daß sie unauffindbar waren. Wenn meine Tante etwas benutzen wollte, was meiner Mutter gehörte, so nahm sie es sich einfach.

Eine Zeitlang ließ meine Mutter dies geschehen, schließlich mußte sie jedoch etwas tun. Ihre Besitztümer wurden nämlich immer weniger, und so konnte sie sich ihre Großherzigkeit nicht länger leisten. Als meine Tante merkte, daß sie sich nicht länger einfach die Dinge meiner Mutter unter den Nagel reißen konnte, erfuhr ihr Verhalten einen Wandel, und sie wurde kalt und grausam. Dadurch litt meine Mutter sehr. Und obwohl meine Mutter ihre jüngere Schwester einst von ganzem Herzen geliebt hatte, kam es nun zu einer Situation, in der sie ständig aneinandergerieten. Meine Mutter wurde dadurch sehr aufgebracht. Wenn selbst ihre eigene Schwester sich so verhielt, wo in aller Welt konnte sie dann einen Menschen finden, auf den sie sich verlassen konnte, und der nicht danach trachtete, sie zu verletzen oder ihr zu schaden? Sie befand sich an einem Wendepunkt. Von da ab war es für meine Mutter unmöglich, Vertrauen zu einem anderen Menschen zu haben.

Auch konnte sie niemand Rechtschaffenen unter den Mietern finden. Was sie sah, waren untreue Kinder, Schwiegertöchter, die zu ihren Schwiegermüttern unfreundlich waren, Ehemänner, die ihre Frauen unterdrückten, Ehefrauen, die ihre Männer beleidigten, Stiefmütter, die die Kinder einer früheren Ehefrau mißhandelten, Brüder, die sich gegenseitig haßten und häufig Kämpfe austrugen. Sie lebte unter Menschen, die logen und ständig in Streitereien verwickelt waren. All das trug sich tagtäglich zu.

Bedenken wir die Situation meiner Mutter – sie war mit zehn Familien auf engstem Raum zusammengepfercht. Es herrschte ein ständiges Kommen und Gehen: Die einen zogen aus, die anderen zogen ein. Meine Mutter war eine ganz gewöhnliche Witwe mit zwei kleinen Kindern. Das Leben unserer Familie war unweigerlich mit solchen Menschen verbunden. So befand sie sich in einem schrecklichen Dilemma. Sie hatte nicht genügend Geld, um sich selbst zu versorgen. Wenn sie keine Zimmer vermietete, hatte sie kein Einkommen. Aber da sie vermietete, wurde sie ausgenützt. Sie wurde oft ärgerlich und weinte viel. Zwanzig Jahre bitterer Erfahrungen veranlaßten sie zu der Schlußfolgerung, daß es nirgendwo in der Welt jemandem gebe, auf den sie sich verlassen könne, weil er wirklich gut ist.

Meine Mutter dachte, die ganze Welt sei wie die Mieter, mit denen sie zusammenwohnte. Sie kam zu der Erkenntnis, daß es keine treuen Kinder gebe, daß jede Schwiegertochter ihrer Schwiegermutter unfreundlich begegnete, daß in allen Ehen der Schwächere vom Stärkeren unterdrückt würde, daß sich alle Geschwister haßten und sich grausam behandelten, daß das Hauptziel jeden gesellschaftlichen Verkehrs darin bestand, sich gegenseitig auszunützen, zu betrügen, zu schaden und zu unterdrücken.

Obwohl meine Mutter als Kleinkind getauft worden war und später auch in die Kirche ging, hatte sie doch nur selten Menschen getroffen, die aufrichtig und ehrlich waren, und die den Herrn wirklich liebten. Was sie sogar dort gesehen hatte, waren Lüge, Eitelkeit, Neid, Streit, Habsucht, Verdorbenheit und Selbstsucht. Die ungläubigen Mieter verhielten sich so und die sogenannten Christen auch. So zog meine Mutter die Schlußfolgerung: Egal, ob jemand Christ sei oder nicht, kein Mensch sei aufrichtig und vertrauenswürdig.

Meine Schwester war klug und besaß einen ehrlichen Charakter. Vom Wesen her war sie jedoch eigensinnig und stolz. Meine Schwester und ich waren gute Schüler gewesen, und unsere Mutter lobte uns, weil wir Auszeichnungen erhielten. Das führte jedoch dazu, daß wir, ohne uns dessen bewußt zu sein, stolz und eingebildet wurden. Wir neigten dazu, auf diejenigen herabzublicken, die weniger begabt waren, und das führte unvermeidlich zu Reibereien und Konflikten. Hinzu kam, daß unsere Mutter uns verwöhnte und wir somit zu Menschen wurden, mit denen es äußerst schwierig war auszukommen. Glücklicherweise bekehrte ich mich mit vierzehn Jahren. Dadurch erfuhr mein Leben eine grundlegende Veränderung. Meine Schwester erlebte jedoch keinen derartigen Wandel. Ich sprach mit ihr über das Evangelium. Sie war auch so sehr berührt, daß sie weinte und bereit war, die Erlösung anzunehmen.

Im Jahr 1921 arbeitete sie jedoch ein Jahr lang unter Jugendlichen in einer Gemeinde in Peking. Das Verhalten des Gemeindeleiters, der weder gläubig war noch irgendwelche Moralvorstellungen hatte, war so verdorben, daß meine Schwester anderen häufig erzählte, daß alle Prediger eine Sache sagten und eine andere meinten, daß sie Heuchler seien, daß sie nur predigten, um sich ihren Lebensunterhalt zu verdienen. Außerdem meinte sie: „Mein Bruder ist ein Einfaltspinsel."

Da meine Schwester die Dinge so sah, vermochte sie niemandem Glauben zu schenken und auch niemanden zu lieben. Sie war etwa zehn Jahre lang Schülerin gewesen und hatte etwa zehn Jahre lang als Lehrerin gearbeitet. Sie hatte in all den Jahren nie eine enge Freundin gehabt. Als Folge davon wurde sie immer zurückhaltender. Sie war von Natur aus klug und besaß eine äußerst genaue Gabe der Intuition. So wurde sie immer selbstbewußter und gleichzeitig aber auch mißtrauischer anderen gegenüber. Da sie dachte, sie liege nie falsch, wenn sie eine bestimmte Person als schlecht beurteilte, konnte nichts sie von dieser einmal gefaßten Meinung abbringen, egal, welche Gegenbeweise man erbringen mochte.

Weder meine Mutter noch meine Schwester waren im Grunde genommen boshaft. Sie würden niemanden schmähen oder schlagen. Wenn jedoch Mutter und Tochter eine Weile zusammen saßen, dann erwuchs in ihnen der Verdacht, daß eine bestimmte Person etwas im Schilde führe, eine Verschwörung aushecke, Ränke gegen sie schmiede, um ihnen zu schaden oder plane, ihnen ihre Besitztümer zu stehlen. Auch in diesem Punkt fällt es mir schwer, ihnen Vorwürfe zu machen. Zwanzig Jahre lang waren sie unablässig betrogen worden und hatten eine Unmenge an Bitterkeit einstecken müssen.

Eine schlimme Prüfung

Vor diesem Hintergrund trat nun noch eine junge Frau in ihr Leben, die ihnen unbekannt war. Nach all den Erfahrungen der vergangenen Jahre verbanden sie mit dem Eindringling ein Bild, das das Ergebnis ihres Argwohns war. Nun war es jedoch so, daß diese junge Frau in einem äußerst einfachen und gesunden Umfeld aufgewachsen war. Es war ihr nie in den Sinn gekommen, jemals eingeschätzt zu werden und Mißtrauen zu begegnen. Sie war zu jung, um die Verästelung der Gesellschaft im allgemeinen erfahren zu haben. Da sie von südlich des Jangtsekiang kam, war sie auch mit den Sitten, Gebräuchen, Gefühlen und Lebensarten des Nordens nicht vertraut. Hinzu kam, daß sie die Sprache Pekings nicht beherrschte. Aufgrund all dieser Dinge sah sie sich der Kritik ausgesetzt.

Es heißt, ein Mann sei normalerweise weitherzig, eine Frau

dagegen eher engstirnig. Im Falle von meiner Frau und mir traf das Gegenteil zu. So gab es mir öfter einen tiefen Stich ins Herz als meiner Frau. Es gab Vermutungen, die meine Schwester als Tatsachen betrachtete, und auch als solche meiner Mutter erzählte. Da meine Mutter wußte, daß meine Schwester klug war, ließ sie ihre Ansichten ohne nachzufragen stehen. Dann kam die Verwirrung: Eine Schicht legte sich auf die andere, ohne ein Ende zu nehmen. Obwohl meine Mutter uns mißverstand, konnte sie sich doch beherrschen, denn sie liebte ihren Sohn. Meine Schwester geriet jedoch oft in Zorn, manchmal schrie und tobte sie geradezu. Nachts hörten wir häufig, wie sie bis zwei oder drei Uhr morgens ihrem Zorn in ärgerlichen Wortschwallen Luft machte. Meine Frau wollte diesem Geschrei nicht zuhören und es auch nicht beachten, aber sie litt sehr darunter, und manchmal brachte es sie auch aus der Fassung. Ich meinesteils hörte mir den Redeschwall an, wurde dadurch jedoch nur noch mehr von Schmerz und Kummer erfüllt.

Von dem Augenblick an, als meine Frau in unser Zuhause kam, wurde ich in den Augen meiner Mutter und meiner Schwester zu einem Außenstehenden. Sie redeten häufig nicht mit mir. Sie hatten nicht etwa aufgehört, mich zu lieben, aber sie nahmen an, daß sie keinen Platz mehr in meinem Herz hätten. In Wirklichkeit liebte ich sie natürlich nicht weniger, nur weil ich eine Frau hatte. Gott ist meine Zeuge, daß ich, wann immer ich etwas besonders Schmackhaftes zu essen hatte, immer zuerst an meine Mutter dachte. Jedesmal, wenn ich zu einem Festessen eingeladen war, dachte ich daran, daß meine Mutter nicht mitkommen konnte, und ich kaufte dann immer etwas besonders Köstliches, das ich ihr mitbrachte.

Einmal sagte ich sogar, daß ich eher meine Frau als meine

Mutter opfern würde. Hinterher erkannte ich jedoch den Fehler dieser Aussage. Ich hatte zwar nur eine Mutter, aber auch nur eine Frau. Ein Sohn sollte seine Mutter lieben; aber ein Ehemann sollte auch seine Ehefrau lieben. Man kann weder eine Mutter wegen einer Ehefrau aufgeben noch eine Ehefrau wegen einer Mutter. Ich tat alles, um meiner Mutter gegenüber mein Mitgefühl auszudrücken und sie zu trösten. Ich tat dasselbe für meine Frau. Trotzdem blieb ich für meine Mutter ein Außenstehender, da mein Herz ja nun meiner Frau gehörte.

Meine Mutter gab zu, daß ich sie noch immer sehr gut behandelte. Aber sie konnte mir nicht vertrauen. „Da er eine Frau hat, braucht er seine Mutter nicht mehr", so hieß es. Durch diese Art von vorgefaßter Meinung baute meine Mutter eine hohe Mauer zwischen ihr und mir auf. Diese Mauer war so fest wie Beton. Zu Beginn konnte nur meine Schwester diese hohe Mauer beseitigen, da sie und meine Mutter noch miteinander redeten. Früher war immer ich es gewesen, der alles tat, um Frieden zu stiften, wenn meine Mutter mit den Mietern Streit hatte. Ich argumentierte immer, daß nicht die Mieter allein schuld seien, und daß uns selbst irgendwie die Schuld treffe. Meine Schwester jedoch hatte sich immer auf die Seite meiner Mutter gestellt und sich über die Fehler und Schwächen der Mieter ausgelassen. Meine einzige Hoffnung war, eine Schüssel Wasser über die Zornesflammen meiner Mutter zu schütten. Meine Schwester dagegen nahm einen Krug gefüllt mit Öl. Hinter meinem Tun stand die Liebe zu meiner Mutter, sie dachte jedoch, ich sympathisiere mit den Mietern und brächte somit Schaden über meine eigene Familie. Unter diesen Umständen war meine Mutter sehr mit den Worten meiner Schwester einverstanden und akzeptierte, was sie sagte. Wenn meine Schwester meine Mutter beruhigt und ihr gesagt hätte, daß sich an meiner Liebe zu ihnen nichts geändert hat, dann hätten die vorgefaßten Meinungen meiner Mutter sich in nichts auflösen können. Leider dachte aber meine Schwester ebenfalls, ich schütze Außenstehende. Da meine Mutter und meine Schwester hier einer Meinung waren, hielt die Mauer nicht nur allen Anstrengungen stand, sie abzureißen, sondern sie wurde sogar noch höher und stärker.

Gewiß wäre ich mit der Situation besser zurechtgekommen, wenn ich einfach mein Herz verhärtet hätte. Ungeachtet des Kummers, den ich vielleicht meiner Mutter oder meiner Schwester bereitete, hätte ich die Haltung einnehmen können, daß uns dies alles nichts angehe. So hätte ich viel Leid entgehen können. Aber ich liebte die beiden nun einmal. Sie sahen in mir jedoch nur den Außenstehenden und wiesen meine Liebe zurück. Das verletzte mich, und ich machte mir Sorgen um meine Mutter und meine Schwester. Ich konnte es nicht ertragen zu sehen, wie meine alte ergraute Mutter und meine Schwester, die vom selben Schoß geboren worden war wie ich, ein Leben in solcher Bitterkeit führten. Die Situation war tragisch.

Ich bitte alle Eltern ganz eindringlich, niemals die Meinung zu vertreten, daß ein Sohn, der verheiratet ist, seine Eltern nicht mehr liebt. Ich weiß, daß es Söhne gibt, die so handeln, aber sie sind in der Minderheit. Wenn Eltern eine solche vorgefaßte Meinung haben, dann bereiten sie sich selbst Kummer und den Kindern ebenso. Und Söhne, die ihre Eltern nicht wirklich lieben, werden vielleicht gezwungen sein, sich von ihnen ganz zu trennen. Eltern sollten sich darüber im klaren sein, daß es eine äußerst schmerzliche Erfahrung ist, wenn man mißverstanden und ungerechtfertigt verurteilt wird.

Weise Eltern sollten nach der Hochzeit ihrer Söhne nicht nur gut behandeln, sondern auch den Schwiegertöchtern in Liebe begegnen.

Tiefe Gefühle

Der Hauptgrund für die Reibereien in unserem Zuhause war, daß die vorgefaßten Meinungen so tief saßen. Ein anderer Grund war mein Mangel an Erfahrung. Bevor ich erwog zu heiraten, hatte ich meine Schwester mehrmals durch das Wort des Herrn ermahnt, entweder im persönlichen Gespräch oder per Brief. Manchmal sprach ich ernst und ohne ein Blatt vor den Mund zu nehmen. Da meine Schwester mich liebte, wies sie mich nie zurecht, auch wenn sie meine Ermahnung nicht annahm. Nach meiner Verlobung behandelte ich sie weiterhin genauso; ich wußte ja nicht, daß sie nun eine andere Haltung mir gegenüber einnahm. Ein- oder zweimal schrieb ich ihr aus der Ferne Briefe, in denen ich sie mit ernsten und harten Worten ermahnte. Mein Herz hatte sich nicht verändert; auch meine Ermahnung hatte sich nicht verändert. Wer hätte denn gedacht, daß meine Schwester aufgrund dieser Briefe ärgerlich werden würde? Sie beschwerte sich und meinte, wenn ich schon vor meiner Hochzeit ihre Sünde derart verurteilte und sie angriffe, welche schlechte Behandlung müßte sie dann nach meiner Hochzeit von mir erwarten?

Während meiner Verlobungszeit nahm das Mädchen, das bei uns angestellt war, ein Seil, um darauf Fische aufzureihen. Sie war etwas unvorsichtig und ließ das Seil in einen Kübel mit schmutzigem Wasser fallen. Meine Schwester sah das und wies das Mädchen sofort zurecht. Dieses griff rasch nach dem Seil, zog es heraus und wusch es in sauberem Wasser. Dann machte sie sich erneut an das Aufreihen der Fische. Doch meine Schwester unterbrach sie und meinte, daß sie das Seil nicht mehr benutzen könne, da es bereits in schmutzigem Wasser gelegen habe. So suchte das Mädchen nach einem anderen Seil. Doch wieder hatte meine Schwester ihre Einwände. Dieses Mal meinte sie, daß sie das erste Seil benutzen müsse. Das Mädchen wusch das Seil also erneut in sauberem Wasser. Aber meine Schwester war mit ihrem „Aufstand" noch nicht am Ende. „Ich habe es doch gewaschen", entgegnete das Mädchen, „und Sie sagen, es sei noch immer schmutzig. Dann hole ich ein anderes Seil, und Sie sind auch damit nicht einverstanden. Dann wasche ich das erste Seil ein zweites Mal, und Sie sagen immer noch, es sei schmutzig. Was soll ich denn wirklich tun?" Als Antwort sagte meine Schwester: „Ich möchte das erste Seil, bevor es ins schmutzige Wasser gefallen ist. Mit einem anderen Seil werde ich nie zufrieden sein."

Als Zuschauer konnte ich das einfach nicht so stehenlassen. Ich suchte nach einem anderen Seil, gab es dem Mädchen und sagte: „Hier ist ein sauberes. Benutzen Sie dieses." Aber meine Schwester war damit nicht zufrieden. „Mit einem anderen Seil bin ich nicht zufrieden", sagte sie zu dem Mädchen gewandt. „Sie müssen das erste Seil benutzen, bevor es ins schmutzige Wasser gefallen ist."

Ich sah, daß meine Schwester das Mädchen grob behandelte und sagte zu ihr: „Sie ist auch ein Mensch. Warum quälst du sie denn so? Wie soll sie denn das Seil benutzen, bevor es ins Wasser gefallen ist? Selbst wenn du sie tötest, wird sie deine Forderung nicht erfüllen können." Mein Verhalten war nicht gut gewesen. Meine Worte brachten sie nur noch mehr auf. Sie sprang auf und schrie mich an: „Deine

Frau hat noch nicht das Haus betreten (d. h. du bist noch nicht verheiratet), und schon behandelst du deine Schwester so. Du hilfst der Angestellten und unterdrückst deine Schwester. Was wirst du mir antun, wenn du erst einmal verheiratet bist?“

Wenn ich mich recht entsinne, dann hatte mich meine Schwester das letzte Mal so zusammengestaucht, als ich zehn Jahre alt war. Wir lebten damals im selben Haus in besonderer Eintracht. Wenn ich jemals vor meiner Verlobung die Worte gebraucht hätte wie an jenem Tag, dann hätten sie nie einen solchen Zwischenfall bewirken können. Da ich damals jedoch bereits ein Jahr und sechs Monate verlobt war, dachte meine Schwester, ich hätte mich bereits verändert und wollte sie ärgern. Da ich jünger war als sie, konnte ich nicht mit ihr streiten. Ich gab keine Antwort mehr und zog mich in mein Zimmer zurück. Meine Schwester hatte extrem schlechte Laune und redete einen halben Tag nicht mit mir. Als es Zeit zum Abendessen war, ging ich zu ihr und bat sie, zum Essen zu kommen. Wir weinten beide.

Ich hatte keine Ahnung, daß meine Mutter und meine Schwester vom Augenblick meiner Verlobung an dachten, nun sei ich ein anderer. Vieles, was ich in dieser Zeit in aller Unschuld sagte, wurde von ihnen so ausgelegt, daß ich Hintergedanken hegte. Zweifel und Argwohn machten sich breit, und mit der Zeit wurde die Situation immer schlimmer. Da mich meine Schwester jedoch liebte, ließ sie nicht zu, daß sich die Sache zu weit entwickelte. So ging es, bis meine Frau kam. Dann warf meine Schwester alle Zurückhaltung von sich: Ich schien ihr offensichtlich völlig egal zu sein. Im Grunde empfand meine Mutter eine besondere Liebe zu mir, und oft, wenn meine Schwester besonders schlechte Laune hatte, fürchtete meine Mutter, daß sie mir weh tun könne und versuchte, sie zu bändigen. Meine Schwester warf dann jedoch meiner Mutter vor, sie würde uns schützen und stritt mit ihr. Für mich war das Leben unter solchen Umständen eine Qual.

Gott gibt Gnade

Gott sei Dank! Inmitten aller Feindseligkeit haben wir Seine Gnade in Fülle erfahren. Obwohl meine Frau zu Hause all diese Prüfungen ertragen mußte, kam nie ein Wort der Klage über ihre Lippen. Sie stützte sich auf die Überzeugung, daß nicht Menschen sie in diese Situation geführt haben, sondern Gott. Außerdem ermutigte und tröstete sie mich ständig. Sie war noch keine zwanzig Jahre alt. Sie war ihrem Mann an einen Ort gefolgt, der dreitausend Meilen von ihrem Elternhaus entfernt lag. Außer ihrem Mann kannte sie in Peking keinen einzigen Menschen. Und zu alldem trafen sie auch noch so harte Bedingungen. Normalerweise hätte sie sehr viel mehr leiden müssen als ich. Aber sie begegnete all diesen Prüfungen mit Gelassenheit, und so linderte sie auch mein eigenes Leiden. Angenommen, meine Frau hätte der Behandlung durch meine Mutter und meine Schwester noch ihr eigenes Nörgeln und Jammern hinzugefügt, um wieviel größer wären dann mein Kummer und Leid gewesen. Aber nicht nur, daß sie sich nicht beklagte, sie spendete auch Trost und Ermutigung.

Lange Zeit verbrachten meine Frau und ich äußerst angsterfüllte Tage. Wir konnten nie vorhersehen, wann meine Schwester wieder einmal plötzlich die Beherrschung verlieren würde. Wir waren stets auf der Hut. Wir wagten nicht, viel mit ihr zu reden. Trotzdem wußten wir nicht, welche Äußerung von uns ein Mißverständnis hervorrufen würde. Es kam vor, daß wir nach Hause zurückkehrten, und kaum waren wir in die Seitenstraße eingebogen, die zu unserem Haus führte, als wir auch schon nervös wurden. Jedesmal, wenn ich von einem Dienst zurückkehrte, fing mein Herz wie wild an zu schlagen, kaum daß ich am Bahnhof ausgestiegen und eine Rikscha herbeigerufen hatte. Ich war unruhig, denn ich wußte nicht, welcher Tonfall oder welche Bemerkung mich zu Hause erwarteten. Meine Frau und ich litten, und meine Schwester litt auch.

Was immer meine Frau auch durchgemacht haben mochte, während ich zu Predigtdiensten unterwegs war, sie beklagte sich nie, wenn ich zurückkam. Manchmal hörte ich mir die unvernünftigen Aussprüche meiner Schwester an, und ich konnte es kaum mehr ertragen. Aber meine Frau meinte dann zu mir: „Wir dürfen der älteren Schwester keine Vorwürfe machen. Es ist nicht so, daß sie genau weiß, daß mich keine Schuld trifft und sie mir absichtlich Kummer bereitet. Sie denkt vielmehr, ich sei wirklich schlecht. Es ist deshalb nicht erstaunlich, daß sie unzufrieden mit mir ist. Ich an ihrer Stelle könnte auch die Beherrschung verlieren. Es gibt wenig Menschen in der Welt, die andere ohne jeden Grund unterdrücken."

Sobald sie solche Worte sprach, wurde ich ruhiger, und die Wut in meinem Herzen verflog. Manchmal hörte meine Frau, wie meine Schwester einen Zornesausbruch bekam. Sie hielt sich dann im äußeren Hof auf und sang still Loblieder vor sich hin, damit sie sich nicht die unziemlichen Ausdrücke anhören mußte und Ärger vermeiden konnte. Sie hat meiner Schwester nie widersprochen und diese Haltung mit folgenden Worten begründet: „Wenn ich mit meiner Schwester aneinandergerate, wie soll ich dann weiterhin mit ihr unter einem Dach wohnen können? Da wir ja den ganzen Tag miteinander verbringen müssen, wollen wir nicht wegen einer vorübergehenden Unzufriedenheit unsere freundschaftliche Beziehung zerstören."

Wir haben auch allen Grund, Gott dafür zu danken, daß unser Sohn, der erst ein paar Jahre alt war, niemals der Großmutter, der Tante oder den Eltern erzählt hat, was die jeweils anderen gesagt haben. Was er von seiner Tante oder seiner Großmutter hörte, erwähnte er nie in unserer Gegenwart. Auch erzählte er nie der Tante oder der Großmutter, was seine Eltern besprochen hatten. Selbstverständlich fragten wir ihn auch nie aus. Manchmal fragte seine Tante ihn nach unseren Angelegenheiten, aber er sprach dann über etwas anderes. Wenn seine Tante beharrlich fortfuhr, ihn auszufragen, dann antwortete er mit einem Lächeln: „Es geht mich nichts an! Es geht mich nichts an!" Es war Gottes Gnade inmitten unserer Prüfungen, daß das Kind nie Anlaß zu Auseinandersetzungen gab.

Als meine Frau sich zum ersten Mal all diesen Schwierigkeiten gegenübersah, war es natürlich nicht leicht für sie, und sie vergoß viele Tränen. Aber von Anfang an war sie zutiefst davon überzeugt, daß keine dieser Schwierigkeiten sie traf, ohne daß ein barmherziger Vatergott dies zuließ. Und da Gott Sein Ja zu diesem Leiden gegeben hatte, gab es bestimmt Lektionen, die Er sie lehren wollte. So besiegte sie ihre Gefühle und ließ nicht zu, daß sie die Beherrschung verlor. Nach einer langen Zeit der Prüfung verstand sie nicht nur sich selbst besser, sondern kannte auch das Herz Gottes besser.

Eine harte Zeit

Von allen Prüfungen, die wir zu Hause erdulden mußten, waren die beiden folgenden die schlimmsten.

Im Frühjahr 1931 erkrankte meine Frau an einem hartnäckigen Husten. Bald war sie völlig entkräftet. Bei einer Untersuchung im Krankenhaus stellte sich heraus, daß beide Lungenspitzen Anzeichen für Tuberkulose zeigten. Ihr Befinden verschlechterte sich täglich. Ich war ständig unterwegs zu Predigtdiensten, und meine Frau hatte ja nicht nur ein Kleinkind, das noch keine zwei Jahre alt war, um das sie sich kümmern mußte. Hinzu kam noch die unglückliche Situation zu Hause. Der Arzt empfahl meiner Frau eindringlich eine klimatische Veränderung und Ruhe. Meine Mutter und meine Schwester dachten jedoch, meine Frau suche nur nach einem Vorwand, um das Haus zu verlassen. Am 10. April begleitete ich meine Frau zu einer weiteren Untersuchung ins Krankenhaus. Der Arzt meinte, die Diagnose sei nahezu hundertprozentig Tuberkulose. Meine Frau müsse sich wenigstens mehrere Monate ausruhen. Er fügte hinzu, daß die Krankheit möglicherweise zum Tode führen könne, wenn die Schwierigkeiten zu Hause nicht bald geklärt würden. Er fragte mich auch, ob ich sie zu einem Sanatorium bringen könne.

Nach meiner Rückkehr aus dem Krankenhause erklärte ich meiner Mutter und meiner Schwester das Ergebnis der Untersuchung. Sie beharrten auf ihrer Meinung, meine Frau leide nicht wirklich an Tuberkulose, sondern wolle nur weggehen. Meine Schwester wurde sogar wütend auf mich. Sie sagte, sie seien noch nicht im Krankenhaus gewesen, und stellte die Diagnose in Frage. Ich drängte die beiden, doch ins Krankenhaus zu gehen und den Arzt zu fragen. Sie antworteten jedoch, daß sie keine Zeit hätten. Zu diesem Zeitpunkt war ich so wütend, daß ich es nicht beschreiben kann.

Einige Tage später gingen meine Frau und ich in das deutsche Krankenhaus, wo sie geröntgt wurde. Ich nahm das Röntgenbild mit nach Hause und zeigte es meiner Mutter und meiner Schwester. Sie wandten ein, sie verstünden es nicht, so, als ob meine Frau und ich uns verbündet hätten, um sie zu betrügen. „Andere Menschen, die mich kennen", so sagte ich, „glauben, was ich ihnen sage. Sie zweifeln nicht an meinen Worten. Sie fragen mich nicht ständig, ob meine Aussagen auch die Wahrheit sind."

Vor meiner Heirat hatten meine Mutter und meine Schwester mir immer geglaubt, aber seither stellten sie meine Worte ständig in Frage. Dies bereitete mir unbeschreiblichen Kummer. Nun da meine Frau krank war, wurde mein Kummer noch dadurch vergrößert, daß sie darauf beharrten, daß ihr nichts fehlte und sie dagegen waren, daß sie in ein Sanatorium ging. Wenn ich meine Frau gegen den Willen meiner Mutter und meiner Schwester einfach wegbrachte, würde ich einen Sturm heraufbeschwören, an den ich gar nicht denken mochte.

Mitte Mai, als ich eine Versammlungsreihe in Hwong-hsien leitete, lud mich die dortige Gemeinde für den Sommer erneut ein. Ich entgegnete, daß ich ihre Einladung leider nicht annehmen könne, da meine Frau krank zu Hause liege. Sobald sie von der Krankheit meiner Frau hörten und davon, daß sie Ruhe brauchte, schlugen sie mir vor, sie doch nach Hwong-hsien zu holen, wo sie eine Weile bleiben könnte. Einige Schwestern aus der Gemeinde erklärten sich bereit, sie zu versorgen. Am 6. Juni kehrte ich nach Peking zurück.

Nach viel Verhandeln – und erst dann – konnte ich meine Frau nach Hwong-hsien bringen. Dort blieb sie vier Monate.

Anfang November reiste sie mit mir aus der Provinz Shandong in den Süden und kehrte in ihr Elternhaus in Hangzhou zurück. Dort blieb sie über ein Jahr. Während dieser langen Zeit der Ruhe besserte sich ihr Befinden. Im Dezember 1932 kam sie mit mir nach Peking zurück.

Zweieinhalb Jahre später, im Sommer 1934, erkrankte mein Schwiegervater an Magenkrebs. Sein Gesundheitszustand war sehr bedenklich, und er mußte sich zu einer Operation nach Schanghai begeben. Der Bruder meiner Frau, der befürchtete, daß die Sache gefährlich sein könnte, schrieb uns in der Hoffnung, meine Frau könnte ihren Vater besuchen. Als ich meiner Mutter und meiner Schwester den Brief zeigte, schrie meine Schwester ärgerlich: „Ich würde auch gerne eine Reise nach Schanghai und Hangzhou machen." Damit meinte sie, daß mein Schwiegervater gar nicht wirklich krank sei, und daß mein Schwager mit seinem Brief beabsichtigte, daß meine Frau leichter zu ihren Eltern komme, um dort Urlaub zu machen. Solch ein Gerede angesichts der damaligen Situation war fast unerträglich. Ich erwiderte: „Die Krankheit ihres Vaters ist gefährlich. Natürlich muß die Tochter ihn besuchen." Wir stritten uns über die Sache, und auf einmal sprang meine Schwester auf und rief: „Ich werde ein Schwert ergreifen und jemanden umbringen." Selbstverständlich konnte meine Schwester niemanden umbringen, noch hätte sie dies jemals getan. Aber wenn sie die Beherrschung verlor, redete sie Dinge, die einem wirklich Angst einjagten.

Ich war sehr verärgert und innerlich aufgewühlt. Mein Schwiegervater war schwer krank, und wenn meine Frau ihn nicht besuchen konnte, dann würde ich ihn verletzen. Wenn ich meine Frau jedoch andererseits ohne das Einverständnis meiner Mutter und meiner Schwester zu ihm gehen ließ, würde dies unweigerlich zu einem Riesenkrach führen. Ich quälte mich so, daß ich mich am liebsten umgebracht hätte. Ich weiß, daß Sie dies nie glauben würden, wenn ich es Ihnen nicht selbst sagte, aber diese Situation war ein Hinweis auf meine Unruhe und Angst.

In einem weiteren Brief schrieb mein Schwager, daß der Sarg meines Schwiegervaters gemäß dem chinesischen Brauch bereits von Hang-zhou nach Schanghai geschickt worden war. Er fürchte, daß Vater und Tochter sich nicht mehr sehen würden, wenn meine Frau nicht sofort käme. Das würde sie dann gewiß ein Leben lang bereuen.

Ich zeigte meiner Mutter den Brief. Sie hatte die Befürchtung, daß ich mich in einem Zustand befände, in dem ich mir soviel Sorgen machte, daß es zu einer Katastrophe kommen könnte. So ließ sie uns gehen.

Zehn Tage später machten wir uns nach Süden auf. Kurz vor unserer Abfahrt hatte meine Schwester wieder einmal schlechte Laune und verließ das Zimmer absichtlich, um uns nicht zu begegnen. Nach unserer Ankunft in Schanghai erreichte mich ein Brief von ihr, in dem sie schrieb, sie habe mich und meine Frau in Rikschas zum Bahnhof fahren sehen. Sie hatte uns rufen wollen, habe es jedoch nicht über sich gebracht. Nachdem wir gegangen waren, hatte sie befürchtet, uns verletzt zu haben und sei darüber bekümmert gewesen. Sie gab zu, daß ihr Verhalten uns allen Grund gegeben habe, verletzt zu sein. Meine Schwester hörte nie auf, mich zu lieben. Da sie jedoch das Mißtrauen gegenüber meiner Frau nicht ablegen konnte, war sie auch weiterhin voller Groll und ohne Ruhe. Erst als sie vom Tod meines Schwiegervaters erfuhr, glaubte sie, daß wir sie nicht getäuscht hatten. Nach unserer Rückkehr nach Peking entschuldigte sie sich zwar nicht, aber ihr Verhalten gegenüber meiner Frau wurde sehr viel besser.

Wir haßten meine Schwester nicht im geringsten. Auch machten wir ihr keine Vorwürfe. Wir hielten dies alles für eine Art Krankheit – eine Krankheit, die Menschen argwöhnisch macht. Es ist in Ordnung, über die Taten kranker Menschen hinwegzusehen, egal, wie verletzend sie auch sein mögen. Wir betrachteten meine Schwester als Kranke. Die Krankheit, die sie argwöhnisch machte, verbitterte sie und ließ sie viele Jahre leiden. Wenn jemand, der dieses Buch liest, dazu neigt, anderen mit Argwohn zu begegnen, dann bitte ich Sie eindringlich, sich davon abzuwenden und diese Sache als eine ernsthafte Krankheit, die Ihnen viel Schaden zufügen kann, vor den Herrn zu bringen und Ihn zu bitten, Sie zu heilen. Anderenfalls leiden Sie selbst und fügen auch anderen Leid zu.

KAPITEL 8

Voneinander lernen

Zwölf Jahre nach unserer Hochzeit kam es zwischen meiner Frau und mir zu Meinungsverschiedenheiten, weil wir vom Temperament her doch sehr unterschiedlich sind.

Ich meinerseits habe es gern, wenn alles nett und sauber ist, während meine Frau in dieser Hinsicht eher nachlässig ist. Bevor ich verheiratet war, konnte ich beispielsweise nachts gut ohne Licht zurechtkommen, weil ich für alles einen festen Platz hatte, und somit auch leicht das finden konnte, was ich suchte. Meine Frau dagegen legt Dinge einfach dahin, wo es ihr gefällt, und selbst, wenn sie am Tag etwas sucht, braucht sie lange, bis sie es endlich findet. Sogar wenn ich morgens ein Zimmer nett und sauber aufgeräumt habe, liegt gegen Mittag schon alles wieder kunterbunt durcheinander. Nun ist es nicht so, daß sie es nicht auch gern hat, wenn ein Zimmer aufgeräumt ist, aber das Aufräumen muß halt warten, bis sie dafür Zeit hat. Dann gibt sie sich auch große Mühe und arbeitet schwer. Nur leider ist das Zimmer bald schon wieder in Unordnung gebracht.

Ich räume lieber auf, sobald es notwendig ist, so daß sowohl die Wohnung als auch der Hof von morgens bis abends sauber und ordentlich sind. Sobald ich sehe, daß das Zimmer schmutzig ist, werde ich ärgerlich. Manchmal mache ich mich daran, es zu putzen; manchmal werde ich zornig und mache viel Aufhebens darum. Meine Frau hat ihre Gewohnheit nie geändert, was meinen Ärger nur noch vergrößerte.

Auch in einer anderen Hinsicht sind wir sehr unterschiedlich. Ich bin sehr genau, auch wenn es um Kleinigkeiten geht, und bin nicht bereit, Fehler zu übersehen. Meine Frau dagegen hat immer die allgemeine Auswirkung, also den großen Zusammenhang, im Blick. Wenn ich einen Brief schreibe, lese ich ihn immer mindestens einmal durch, bevor ich ihn zur Post bringe. Wichtige Briefe lese ich sogar zwei- bis dreimal durch. Wenn meine Frau dagegen einen Brief schreibt, dann macht sie sich nicht die Mühe, ihn auch nur ein einziges Mal durchzulesen. So gibt es in ihren Briefen oft Auslassungen und Rechtschreibfehler. Bevor wir verheiratet waren und sie noch in Hang-zhou wohnte, passierte es einmal, daß sie einen Brief schrieb, ihn in den Umschlag steckte, diesen zuklebte, eine Briefmarke aufklebte und ihn dann zusammen mit einem anderen Brief zur Post brachte. Leider hatte sie vergessen, Adresse und Absender auf den Umschlag zu schreiben. Der Briefkasten war zufällig nicht weit von ihrem Elternhaus entfernt, und da die Familie ein guter Postkunde war, kam der Postbeamte mit dem Brief und erkundigte sich, ob er von ihnen sei. Erst da wurde ihr bewußt, daß sie die Adresse vergessen hatte.

Nach unserer Hochzeit erhielt ich einmal einen Eilbrief, in dem ich wegen eines Predigtdienstes angefragt wurde. Dem Schreiben lag ein Rückumschlag bei und genügend Geld, damit ich auch per Eilbrief antworten sollte. Man bat mich, meine Antwort so schnell wie möglich zu schicken. Ich war zu der Zeit in einer anderen Provinz, wo ich predigte. Meine Frau, die sich der Bedeutung des Briefes bewußt war, legte ihn zur Seite. Jedoch beantwortete sie ihn weder noch schickte sie ihn mir nach. Ich entdeckte den Brief nach meiner Rückkehr, als der Termin für die geplante Veranstaltung bereits zwei Monate verstrichen war. So konnte ich nur einen Brief schreiben, der alles erklärte, und in dem ich mich für den Vorfall entschuldigte.

Ein anderes Mal – ich war wieder auf Predigtreise – erhielt ich von meiner Frau einen Brief, in dem sie erwähnte, daß sie mir drei Tage zuvor drei Briefe nachgeschickt habe. Ich hatte jedoch keinen einzigen erhalten. Wieder zu Hause fragte ich sie, ob sie mir die Briefe auch wirklich nachgeschickt habe. Sie meinte, sie könne sich sehr deutlich daran erinnern, wie sie die drei Umschläge mit meiner Adresse versehen habe. So kamen wir also zu dem Schluß, daß sie auf dem Postweg verlorengegangen sein mußten. Einige Tage später entdeckte ich die drei Briefe jedoch hinter der Nähmaschine.

Ich rege mich oft auf und werde ärgerlich, wenn so etwas geschieht. Aber was bringt dies denn letztlich? Der Ärger kann den Schaden nicht wiedergutmachen und schafft darüber hinaus Unruhe. So habe ich allmählich aufgehört, mich zu ärgern.

Einmal trug sich folgende amüsante Begebenheit zu. Meine Frau wollte an einer Versammlung teilnehmen und hatte es sehr eilig. Sie nahm bei der Gelegenheit ein altes Paar Lederschuhe mit, die sie zum Schuhmacher brachte. Da sie, wie gesagt, in Eile war, stellte sie einfach die Papiertasche auf den Ladentisch und wandte sich zum Gehen um. Der Schuhmacher wollte, daß sie ihm zeige, was zu reparieren wäre. Sie erwiderte jedoch: „Ich habe es eilig und muß gehen. Bitte schauen Sie sich doch die Schuhe an und reparieren Sie sie dort, wo sie abgenutzt sind. Es wird schon okay sein." Sie war jedoch nur einige Schritt weit gegangen, als der Schuhmacher sie zurückrief. Denn als er den Inhalt der Tasche ausgepackt hatte, mußte er feststellen, daß er statt Schuhen drei gepöckelte Schweinsfüße in der Hand hielt. Meine Schwiegermutter aus Hang-zhou hatte sie uns geschickt. Ich konnte diese Begebenheit kaum glauben, aber sie war nur das Ergebnis ihrer leichtfertigen Art. Da ich immer besonders vorsichtig bin, hat mir Gott eine solche Ehefrau gegeben, damit Er mich durch sie wie einen Stein schleifen kann und ich glatt werde. Wirklich unbegreiflich!

Meine Frau war aber nicht nur unbekümmert, sie war auch sehr vergeßlich. Manchmal versprach sie, sich zu einer bestimmten Zeit an einem bestimmten Ort mit jemandem zu treffen. Wenn jedoch die Zeit ihres Besuchs gekommen war, hatte sie die ganze Sache ganz einfach vergessen. Das war keineswegs eine Seltenheit. So kam es vor, daß Leute auf sie warteten und vergeblich nach ihr Ausschau hielten. Es geschah sogar, daß sie vergaß, ein Treffen zu leiten, wie sie es versprochen hatte. Wenn man sie darum bat, etwas zu erledigen, kam es nicht selten vor, daß sie es nicht ausführte. Manchmal kaufte sie auf dem Teemarkt Tee und legte ihn irgendwohin hin und dachte dann nicht mehr daran. Wenn sie sich dann irgendwann daran erinnerte, war er nicht mehr genießbar. Meiner Frau war sehr wohl bewußt, daß wir mit unserem Geld gut haushalten mußten, das war nicht der Punkt. Es geschah einfach, daß anderes ihre Aufmerksamkeit beanspruchte und sie an das Vorige nicht mehr dachte.

Auch ich neige dazu, Dinge zu vergessen. Doch habe ich eine Methode, dem entgegenzuwirken. Wenn ich jemandem verspreche, etwas für ihn zu tun, dann notiere ich dies sofort in meinem Terminkalender. Auch meiner Frau habe ich einen Terminkalender geschenkt, aber sie hat nicht nur vergessen, die Termine einzutragen, sondern auch die Seiten zehn oder noch mehr Tage nicht umgeblättert. Für mich ist Pünktlichkeit von äußerster Wichtigkeit. Meine Frau dagegen kommt zu Veranstaltungen oder Verabredungen häufig zu spät. Ich spürte, wie dies für andere ein schlechtes Beispiel war und war darüber bekümmert.

Ein weiterer Grund für unsere Auseinandersetzungen war mein voreiliges Handeln. Manchmal sagte ich Dinge weiter, die ich von anderen gehört hatte, deren Richtigkeit ich jedoch nicht überprüft hatte. Manchmal übertrieb ich. Manchmal mangelte es mir an Mitgefühl und Einfühlungsvermögen. Wenn meine Frau hört, daß ich so rede, dann korrigiert sie mich sofort, egal, ob wir allein sind, oder ob wir uns in Gesellschaft anderer befinden. Ich war ganz damit einverstanden, daß sie mich unter vier Augen zurechtweist, aber daß sie dies in Gegenwart anderer tut, habe ich nicht akzeptiert. Sie vertrat jedoch die Ansicht, daß es richtig sei, wenn sie mich vor den anderen auf meinen Fehler hinweise, da ich ja auch in ihrer Gegenwart unweise gesprochen habe. Ganz allmählich habe ich begriffen, daß ich wirklich jemanden brauchte, der mein Fehlverhalten auf diese Weise korrigierte. Und um Verlegenheiten zu vermeiden, mußte ich vorsichtiger sein bei dem, was ich sagte.

Ich muß jedoch die Leser darauf hinweisen, daß meine Frau in dieser Hinsicht nicht unbedingt als Vorbild nachgeahmt werden sollte. Nach der Bibel sollen wir einen Bruder, der sich falsch verhält, zunächst unter vier Augen zurechtweisen (Matthäus 18,15-17). Wir sind nun einmal Geschöpfe aus Fleisch und Blut, und manchmal sollte man schon auf das Ansehen des anderen achten. Jemanden vorschnell zu korrigieren, kann dazu führen, daß aus seiner Beschämung und Sorge Wut wird, und dann ist er für Hilfe nicht mehr offen. Im Gegenteil, was Sie gut gemeint haben, schadet ihm.

Was Ehefrauen angeht, so sollten sie nicht unbedingt dem Beispiel meiner Frau folgen. Ihr Ehemann hat sein Ja zu dieser Art der Korrektur gegeben, was jedoch nicht alle Ehemänner können. Da meine Frau weiß, daß ich diese Art von Zurechtweisung annehme, kann sie sich auch entsprechend verhalten. Das ist jedoch nicht unbedingt immer der richtige Weg. Wenn Sie meine Frau unüberlegt nachahmen, werden Sie vielleicht mehr auszurichten versuchen, als Sie wirklich zu erreichen vermögen. Sie möchten vielleicht das Bild eines Tigers abgeben und werden letztlich nur wie ein Hund dastehen. So könnten Sie andere unglückliche Dinge heraufbeschwören. Wenn Sie dem Beispiel anderer folgen, schauen Sie nicht nur auf die äußeren Umstände, sondern denken Sie auch über die inneren Faktoren nach.

Eine positive Haltung

Ich danke Gott, daß Er mir mit vierzehn Jahren einen „ermahnenden Freund" gegeben hat, der mir auf dem ersten Stück meines Glaubensweges half. Noch mehr danke ich Gott dafür, daß Er mir mit achtundzwanzig Jahren eine „ermahnende Frau" zur Seite gestellt hat. Während all der Jahre meines Dienstes für Gott war sie mir eine unsagbar große Hilfe, auch durch ihre Ermahnungen. Sobald sie einen Fehler oder eine Unzulänglichkeit an mir entdeckte, sei es in Wort oder Tat, brachte sie es sofort zur Sprache.

Ich weiß, daß manche Ehefrauen für die Fehler und Unzulänglichkeiten ihrer Männer blind sind. Und selbst wenn sie sie sehen, möchten sie ihre Gatten nicht darauf hinweisen. Wenn andere schlecht über ihren Mann reden, dann werden sie aufgebracht und wütend und entzweien sich mit ihnen. Meine Frau hat meine Fehler nie zugedeckt. Das war mir eine enorme Hilfe.

Ich habe ein hitziges Temperament, und ich bin sehr gefühlsbetont. Wenn ich jemanden mit vielen guten Eigenschaften sehe, dann bin ich bereit, alles für ihn zu tun. Gegen jemanden mit vielen Fehlern habe ich sofort Gefühle der Abneigung. Ihn würde ich am liebsten aus meiner Gegenwart verbannen. Auch hier greift meine Frau korrigierend ein: „Wenn dir jemand mit guten Eigenschaften begegnet, solltest du nicht übersehen, daß dieser Mensch auch Fehler hat. Und wenn dir jemand mit Fehlern begegnet, solltest du nicht vergessen, daß er auch gute Eigenschaften hat. Jeder hat sowohl gute als auch schlechte Seiten. Wir beide sind da nicht anders." Wenn ich so zurechtgewiesen werde, ändert sich meine Haltung gegenüber anderen entscheidend.

Meine Frau hat noch eine andere besondere Eigenschaft. Wenn sie hört, daß jemand kritisiert wird, macht sie sich immer selbst zum höchsten Anwalt dieser Person, um an ihrer Stelle zu handeln und sich für sie einzusetzen.

Natürlich kann man es auch damit übertreiben, andere auf diese Art und Weise zu verteidigen. Es ist jedoch eine Tatsache, daß es oft hilft, die negative Einstellung der betreffenden Person gegenüber zu mindern, und die Wut zu besänftigen. Es hilft auch, Konflikte aus dem Weg zu räumen. Wenn sich jemand verärgert über andere äußert und jemand anders dann nutzlos daherredet, ist es, als würde man Öl auf Feuer gießen. Wenn jemand jedoch zur Zurückhaltung rät, dann ist es, als würde ein Eimer Wasser über das Feuer ausgegossen. Zu viele Frauen sind geübt darin, auf die Zornesflammen ihres Mannes Öl zu gießen. Als Folge davon erleiden beide Brandwunden. Nehmen wir einen Menschen mit einem hitzigen Temperament wie mich. Wenn ich eine Frau hätte, die Öl auf meine Zornesflammen gösse, ich könnte mir gar nicht vorstellen, welche Katastrophen das nach sich gezogen hätte.

Vor meiner Hochzeit hatte ich nicht gedacht, daß ich wenig Liebe habe. Aber nachdem ich mit meiner Frau mehrere Jahre zusammengelebt habe, mußte ich erkennen, daß ich selbstsüchtig und egoistisch bin. Ich liebte zwar das Liebenswerte, was jedoch nicht liebenswert war, liebte ich auch nicht. Meine Frau dagegen ist zu allen gleich freundlich.

Mir machte es immer Freude, anderen zu helfen; vorausgesetzt, dies brachte nicht zuviel Nachteile oder Unannehmlichkeiten mit sich. Wenn das dagegen der Fall war, konnte ich nicht handeln, ohne einen inneren Kampf auszutragen. Meine Frau jedoch ist zu allen Zeiten und an allen Orten bereit, ihr eigenes Vergnügen oder ihre eigenen Vorteile zu opfern, um anderen zu helfen. Und dies geschieht ganz natürlich: Sie muß sich nicht anstrengen. Einmal meinte sie zu mir: „Obwohl du anderen nicht schadest, um selbst zu profitieren, bist du dennoch selbstsüchtig und egoistisch.“ Ihre Worte waren nur zu wahr. In meinen zwanzig Lehrjahren habe ich jedoch einige Fortschritte gemacht.

Meine Frau ist immer höchst rücksichtsvoll gegenüber anderen. Wenn sie morgens als erste aufsteht, verhält sie sich sehr leise und flüstert nur, um die anderen nicht aufzuwecken. Ich selbst habe mich nie so verhalten. Aber nach Jahren des Trainings mache ich allmählich auch darin Fortschritte. Meine Frau bringt andere nur sehr ungern in Verlegenheit. So begegnet sie anderen nur sehr selten mit heftigen Worten oder finsterem Blick. Abgesehen von Menschen, die sie sehr gut kennt, weist sie andere nicht gerne zurecht. Ich dagegen muß nur sehen, daß ein Christ etwas falsch macht, und schon weise ich ihn zurecht, ohne auf Empfindungen Rücksicht zu nehmen. Deswegen neigen manche dazu, sich vor mir zu fürchten. Solche Empfindungen hegen sie gegenüber meiner Frau nicht.

Wenn meine Frau jemandem einen Gefallen tut, verliert sie zuvor darüber kein Wort. Wenn es dann soweit ist, handelt sie. Wenn sie jemandem ein Geschenk machen möchte, erzählt sie niemandem davon, und plötzlich, wenn man es am wenigsten erwartet, macht sie ihr Geschenk. Manchmal legt sie Dinge unbemerkt in die Wohnungen anderer und geht dann wieder weg. Oder sie legt Dinge in die Handtaschen anderer, und erst wenn diese ihre Tasche öffnen, entdecken sie das Geschenk. Sie haben dann keine Ahnung, von wem es stammt.

Ich bin da ganz anders. Wenn ich jemandem einen Dienst erweisen möchte, dann verspreche ich zuerst, daß ich ihn tun werde. Manchmal kann ich mein Versprechen nicht einhalten, so daß die anderen enttäuscht sind. In dieser Hinsicht hat mir meine Frau sehr geholfen, und ich lerne allmählich, noch heute, über solche Dinge nicht im voraus zu reden. Wenn ich den Dienst dann tun kann, mache ich anderen eine unerwartete Freude. Wenn ich ihn dagegen nicht tun kann, enttäusche ich niemanden. Auch verliere ich so nicht an Glaubwürdigkeit.

Ich bin ein Mensch, der dazu neigt, sich Sorgen und Kummer zu machen. Jeden Tag ist mein Herz traurig, voller Sorge, Unruhe und Angst. Meine Frau dagegen kann die Dinge beim Herrn lassen, egal, wie schwerwiegend sie auch sein mögen. Sie braucht nicht niederzuknien und zu beten, sondern in ihrem Herzen legt sie ganz still alles in die Hände Gottes und macht sich dann keine Sorgen mehr darüber. Sie befiehlt dem Herrn ihren Weg an, und der Herr führt sie. So ist ihr Herz leicht, und sie sieht jedem Tag mit einem Lächeln entgegen. Diese Haltung meiner Frau hat auch mich nach und nach beeinflußt.

Sich gegenseitig ergänzen

Es macht mir nichts aus, meine Kraft und mein Geld für andere Menschen einzusetzen. Was ich dagegen nicht leiden kann ist, wenn ich, nachdem ich Kraft und Geld eingesetzt habe, mißverstanden werde.

Meine Frau dagegen macht sich darüber keine Gedanken. Sie meint: „Menschen mögen mich noch so sehr mißverstehen. Solange mein Tun vor Gott in Ordnung ist, bin ich zufrieden." Es ist seltsam, wenn ich darüber nachdenke. Meine Frau hat bestimmt einige Fehler. Aber die guten Eigenschaften, die sie hat, fehlen mir meist. So hat Gott sie gebraucht, um mir so manche Lektion beizubringen.

Wenn es um Geduld geht, dann hinke ich hilflos hinter meiner Frau her. Nicht selten haben wir Besucher, denen es an gesundem Menschenverstand fehlt. Sie haben kein wichtiges Anliegen, aber sie bleiben mehrere Stunden bei uns. Trotzdem verliert meine Frau dann nie die Geduld. Einmal war eine geistesgestörte Frau bei uns. Sie redete mit meiner Frau immer wieder über dieselbe Sache. Bei ihrem ersten Besuch blieb sie mehrere Stunden, bei ihrem zweiten Besuch schon länger als einen halben Tag. Meine Frau hörte jedoch ruhig und geduldig zu. Ich fürchte, daß kaum jemand eine solch langen Unterhaltung ertragen kann. Meine Frau sagte jedoch: „Dieses Mädchen hat zuviel Bitterkeit erfahren. Sie braucht einen Menschen, der ihr ein wenig Mitgefühl und Trost entgegenbringt."

Meine Frau hat nie viel gelesen. Während der ersten Jahre unserer Ehe stellte ich fest, daß deshalb ihre Allgemeinbildung einige Lücken aufwies. Auch interessierte sie sich nicht besonders für das Weltgeschehen. Deshalb neigte ich dazu, auf sie herabzublicken.

Später entdeckte ich jedoch, daß sie weit klüger ist als ich. Sie erfaßt eine Situation schnell und ist bereit, in dringenden Fällen zu handeln. Sie hat eine rasche Auffassungsgabe und kann geschickt mit Situationen umgehen, mit denen sie plötzlich konfrontiert wird. Deshalb rede ich zuerst mit ihr, wenn ich mich einer Situation gegenübersehe, in der ich handeln muß. Sie hat viele ausgezeichnete Vorschläge auf Lager. Ich bezeichne sie oft im Spaß als meinen Stabschef. Und als sie in den Süden zu ihrer Mutter ging, war es für mich, als habe ich einen Arm verloren.

Einmal habe ich wenig auf Essen und Schlaf geachtet. Vom frühen Morgen bis zum späten Nachmittag konnte ich arbeiten, ohne zum Essen zu unterbrechen. Ich saß häufig am Schreibtisch und war bis spät in die Nacht hinein mit Schreiben oder Geschäftlichem beschäftigt. Meine Frau war auch in dieser Hinsicht anders. Wenn sie lange Zeit nicht gegessen hatte, dann wurde ihr Körper schwach und kraftlos. Wenn sie nicht ausreichend schlief, dann bekam sie Kopfschmerzen. Deshalb achtete sie besonders darauf, daß auch ich genügend aß und schlief. Wenn sie feststellte, daß ich meine Mahlzeiten vernachlässigte und bis spät in die Nacht hinein arbeitete, dann griff sie häufig ein. Sie sagte dann: „Wenn du Deinen Körper zerstörst, zerstörst du den Tempel Gottes.“

Zunächst empfand ich ihr Verhalten als Eingriff in meine persönliche Freiheit und wurde ärgerlich über sie. Manchmal stritt ich sogar mit ihr. Nachdem ich jedoch zweimal ernsthaft krank gewesen war, begriff ich, daß ein Mann, der Essen und Schlafen vernachlässigt, wie ich es getan hatte, eine Frau braucht, die wie meine in seine persönliche Freiheit eindringt. Wenn er ungehindert tut, was er will, zerstört er seine Gesundheit und lebt nicht so lange, wie Gott es für ihn vorgesehen hat. Ich habe etliche Leute gekannt, die in diese Kategorie fallen.

Wenn ich auf die Jahre meiner Ehe zurückblicke, dann stelle ich fest, daß unsere Auseinandersetzungen manchmal ziemlich heftig waren. Es gab eine lange Zeit, während der wir fast täglich aneinandergerieten. In wichtigen Dingen waren wir uns immer völlig einig. Bei Nebensächlichkeiten waren wir jedoch schnell dabei, uns zu streiten. Wir waren beide starke Persönlichkeiten, und wenn wir uns stritten, wollte keiner nachgeben. Gott sei Dank, wollte Er dies alles benutzen, um unsere Ecken und Kanten abzuschleifen, so daß wir beide „glatte Steine" würden.

Leider denken viele Paare sobald es Reibereien gibt sofort an Scheidung. Sie meinen, daß ihr Leiden durch eine Trennung beseitigt werde. Tatsächlich bringen sie sich jedoch dadurch um viel Glück. Außerdem geraten sie in viel Sünde und Not. Gott erlaubt den Seinen nicht, sich scheiden zu lassen. Diese Einschränkung soll ihnen jedoch nicht ihre Freiheit nehmen. Sie soll sie vielmehr glücklich machen. Angenommen, es wäre nicht gegen Gottes Gesetz, daß sich ein Ehepaar nach seinem Willen scheiden läßt, und angenommen, wir beide hätten uns scheiden lassen, als wir uns am heftigsten stritten, wo wären wir dann heute?

Wenn unter den Lesern jemand ist, der sich häufig mit seinem Ehepartner streitet, dann bitte ich Sie, schauen Sie auf Gott, seien Sie geduldig und gehorchen Sie Ihm. Früher oder später werden Sie Gottes wunderbare Gnade erleben. Wenn die kleinen (rauhen) Steine glattgeschliffen sind, dann werden Sie verstehen, welch ein Segen darauf liegt, Gott gegenüber gehorsam zu sein.

Unser Hochzeitstag liegt beinahe zweiundzwanzig Jahre zurück. Obwohl wir einmal durch eine lange Zeit der Reibereien gingen, haben wir uns doch immer vertraut. Wir haben uns nie angelogen und einander nie mißtraut. Wir haben uns nie gegenseitig betrogen. Wir waren treu in unserer Freundschaft und aufrichtig in unserer Beziehung.

Ursprünglich sollte meine Traumfrau sprachlich besonders gebildet sein. Dadurch hätte sie meine Sekretärin sein können. Meine Frau entspricht dieser Idealvorstellung jedoch in keiner Weise. Selbst wenn sie einen einigermaßen wichtigen Brief schreibt, in dem sie sich gewählt ausdrücken muß, braucht sie meine Hilfe, um einen Rohentwurf zu machen. Trotzdem kann sie, wann immer dies notwendig ist, meine Manuskripte korrigieren. Sie kann nicht predigen, aber sie kann mir nach der Predigt sagen, wo meine Ausdrucksweise oder der Aufbau meiner Ausführungen mangelhaft waren. Sie ist nicht die perfekte Hausfrau, aber sie ist ein ausgezeichneter Mitarbeiter. Sie ist keine erfahrene Sekretärin, die begabt wäre, Büroarbeiten geschickt zu bewältigen. Aber sie ist ein guter Korrektor sowohl für meine Arbeit als auch für mein Leben. Sie ist nicht die Idealfrau, die ich mir ursprünglich vorgestellt hatte, aber sie ist der perfekte Partner. Heute begreife ich, daß mein ursprüngliches Ideal unvollkommen und mein ursprüngliches Verstehen mangelhaft war. Heute glaube ich mehr denn je, was Gott Selbst gesagt hat:

Denn meine Gedanken sind nicht eure Gedanken, und eure Wege sind nicht meine Wege, spricht der HERR. Denn [so viel] der Himmel höher ist als die Erde, so sind meine Wege höher als eure Wege und meine Gedanken als eure Gedanken. (Jesaja 55, 8.9)

KAPITEL 9

Erinnerungen an meine Mutter

Am 18. Oktober 1947 starb meine Mutter in Frieden in der Gan-yu Gasse Nr. 29 in Peking.

Meine Mutter war keine sonderlich intelligente Frau, aber sie besaß ein sehr gutes Gedächtnis. Selbst mit über achtzig konnte sie noch immer aus den Klassikern die Stellen zitieren, die sie als Kind auswendig gelernt hatte. Ihr Temperament war heftig. Einmal beschloß sie, daß eine bestimmte Sache auf eine gewisse Weise gesehen werden mußte. Niemand konnte sie von ihrer Meinung abbringen. Als Kind habe ich ihr häufig widersprochen. Sie wies mich nicht gerne zurecht, aber sie verlor dann doch ihre Beherrschung und zerbrach in ihrem Zorn Dinge. Wenn sie mit unseren Mietern irgendwelche Angelegenheiten durchsprechen mußte, geriet sie in acht oder neun von zehn Fällen in Wut. In dieser Hinsicht schlugen meine Schwester und ich ihr nach. Hätte Gott nicht verändernd in mein Leben eingegriffen, ich weiß wirklich nicht, wie es heute um mich stünde.

Meine Mutter hatte während meiner Kindheit ein sehr schweres Los zu tragen. Wir hatten nie etwas wirklich Wohlschmeckendes zu essen. Im Winter war es zu Hause nie ausreichend warm. Unsere Kleidung war zu dünn; meine Mutter und ich hatten ständig schmerzende Frostbeulen an den Händen.

In meiner Schulzeit war ich häufig krank. Dann kümmerte sich meine Mutter Tag und Nacht um mich. Ich habe meine Mutter immer geliebt, aber ihre Liebe zu mir war noch sehr viel größer. Allein der Gedanke an sie treibt mir Tränen in die Augen. Als ich klein war, brachte mich meine Mutter immer zur Schule, da sie fürchtete, mir könne auf dem Schulweg etwas zustoßen. Ich wollte nicht, daß meine Klassenkameraden dies mitbekamen, damit sie mich nicht für einen Schwächling hilten. Also wollte ich nicht, daß meine Mutter mich begleitete. Sie löste das Problem durch einen Kompromiß: Sie folgte mir mit einem gewissen Abstand.

Als ich noch ein Kind war, hatten wir drei Familienmitglieder nur ein einziges kleines Zimmer. Aus dem Unterricht wußte ich, daß frische Luft für die Gesundheit äußerst gut war. Also schlug ich vor, daß wir doch zum Schlafen das Fenster öffnen sollten. Meine Mutter war jedoch von der Richtigkeit der alten Methode überzeugt, daß nämlich die Fenster geschlossen bleiben sollten, damit wir uns bei Nacht nicht erkälteten und dann ernsthaft krank würden. Einige Male stritt ich mit Mutter wegen dieser Sache. Um mich nicht unglücklich zu machen, und trotzdem ihre Kinder vor der Kälte zu schützen, gewöhnte sie es sich an zu warten, bis wir eingeschlafen waren und dann die Fenster zu schließen. Morgens öffnete sie sie wieder, bevor wir erwachten. Einmal wachte ich jedoch früher auf und sah, was meine Mutter tat. Erneut hatten wir eine Auseinandersetzung.

Persönliche Bande

Nachdem ich mit vierzehn Jahren Christ geworden war, wurde ich einfühlsamer und begann, mehr Mitgefühl mit meiner Mutter zu haben. Mit siebzehn zog meine Schule in einen anderen Stadtteil, der weiter von meinem Zuhause entfernt lag. Ich war immer um die Gesundheit meiner Mutter besorgt, aber nun bekam ich zum ersten Mal Angst, daß sie sterben würde. Das neue Schulgebäude hatte vier Etagen, und von den Fenstern der oberen Stockwerke konnte ich die vielen umliegenden Häuser sehen und auch viele verschiedene Geräusche des Viertels hören. Die Menschen, die dort lebten, waren meist arm. Jedesmal, wenn jemand starb, wurde vor dem Haus weißes Papier aufgehängt, und es wurden Musiker engagiert, die kleine Trompeten bliesen. Jedesmal, wenn ich den Klang dieser Instrumente hörte, durchfuhr mich die Angst, daß meine Mutter gestorben war. Meine Angst blieb, bis ich am darauffolgenden Samstag nach Hause eilte, und meine Mutter am Leben und bei Gesundheit vorfand. Erst dann wurde ich wieder ruhig. Trotzdem brachte ich am Dienstag oder Mittwoch einen Brief zur Post, in dem ich mich erkundigte, ob es meiner Mutter gut ging oder nicht.

Im Frühjahr 1921, als ich nach meiner Entlassung aus Baoding nach Hause zurückkehrte, enttäuschte ich meine Mutter sehr und versetzte ihr einen schweren Schlag. Eines Abends – ich hielt mich in meinem Zimmer auf – hörte ich meine Mutter im gegenüberliegenden Zimmer schreien: „Ich werde noch verrückt! Ich werde noch verrückt! Ich halte es nicht mehr aus!"

Diese Worten gingen mir wie ein Schwert durchs Herz. Ich hatte damals wirklich Angst, daß meine Mutter geisteskrank würde. Denn einmal konnte sie nach einem Zank mit den Mietern nicht mehr klar denken. Sie ging einfach auf die Straße, ohne zu wissen, wo sie eigentlich war. Ich liebte meine Mutter so sehr, daß ich mir um ihre Gesundheit Sorgen machte. Ich wollte sie nicht leiden sehen. So entschloß ich mich, den Auftrag, den Gott mir gegeben hatte, zur Seite zu legen, und den Weg zu gehen, der meiner Mutter gefiel. Aber der Herr redete zu mir durch ein Wort der Schrift: *Wer Vater oder Mutter mehr liebt als mich, ist meiner nicht würdig* (Mt 10,37). Wie konnte ich da aus Mitgefühl gegenüber meiner Mutter Gottes Auftrag aufgeben?

Es war völlig unmöglich! Selbst wenn sie dadurch geisteskrank würde, ich konnte niemals dem Herrn den Rücken zukehren!

Gott sei Dank! Er ist wirklich treu. Er prüfte mich damals, wie Er auch Abraham geprüft hatte. Abraham gab seinen einzigen Sohn Isaak auf, um Gott zu gehorchen. Aber Gott verschonte Isaak, so daß ihm nichts geschah. So durfte auch ich es erleben. Ich verzichtete auf meine geliebte Mutter, aber Gott verschonte sie. Sie bekam zwar einen Weinkrampf, aber alles ging in Frieden und ohne Zwischenfälle vorüber. Auch wurde sie durch mein Verhalten nicht geisteskrank.

Als Gott mir 1925 eine Ausweitung meines Dienstes schenkte, gab Er mir – gemäß Seiner Verheißung – alles, was ich brauchte durch Menschen, die zu Ihm gehörten. So konnte ich für meine Mutter sorgen. Ich konnte eine Haushaltshilfe einstellen, die die Arbeiten erledigte, um die ich mich gekümmert hatte, solange ich arbeitslos gewesen war. Die Lebensumstände wurden für meine Mutter sehr viel besser.

Im Winter des Jahres 1925 arbeitete ich über eine längere Zeit hinweg in der Provinz Zhe-jiang (südlich des Jangtsekiang). Wegen der Kämpfe zur damaligen Zeit war der Schienenverkehr nördlich und südlich des Flusses unterbrochen. Briefe von Schanghai nach Peking und umgekehrt waren fünf oder sechs Tage unterwegs. Alle paar Tage schrieb ich einen Brief nach Hause, aber ich erhielt nur sehr selten selbst einen von meiner Familie. Meiner Mutter fiel das Schreiben sehr schwer. Und meine Schwester schrieb nicht gerne Briefe. Ich hörte mehrere Tage nichts von zu Hause und machte mir Sorgen um Mutters Gesundheit. In einem Traum kehrte ich zu meiner Familie zurück, wo ich einen Sarg vorfand und erfuhr, daß meine Mutter gestorben war. Ich war tief traurig. Erst als ich erwachte, erkannte ich, daß alles nur ein Traum gewesen war. Nacht um Nacht geschahen in meinen Träumen unglückliche Dinge, und während der gesamten Zeit erhielt ich keine Nachricht von zu Hause. Selbst als ich ein Telegramm schickte, bekam ich keine Antwort. So zog ich die Schlußfolgerung, daß meine Mutter tatsächlich gestorben war und meine Schwester Angst hatte, es mir zu sagen. Ich stand nervlich kurz vor dem Ende. Ich konnte nicht essen und nicht schlafen. Dann hatte ich den Einfall, Frau Pan ein Telegramm zu schicken. Einige Tage später erhielt ich ein Telegramm von meiner Schwester, in dem sie mich wissen ließ, daß es Mutter gutgehe und zu Hause alles in Ordnung sei. Endlich fiel die Spannung von mir ab.

Auch als ich bereits über vierzig war, ermahnte mich meine Mutter noch so, wie sie mich ermahnt hatte, als ich ein Kind gewesen war. Wenn ich verreiste, bat sie mich, nicht in die Nähe von Berggipfeln und anderen gefährlichen Orten zu gehen und beim Ein- und Aussteigen bei Zügen vorsichtig zu sein. Um die Ängste meiner Mutter zu mindern, schickte ich ihr viele Briefe oder Postkarten und nach einer langen Reise manchmal sogar ein Telegramm, wenn ich am Zielort angekommen war.

Ein neues Zuhause

Nach der Fertigstellung des Tabernacle im Jahr 1937 und nach dem Wohnraumanbau im Hof des Geländes zogen meine Frau und ich in dieses Gebäude und richteten uns dort unser Heim ein. Mein ehemaliges Zuhause,wo meine

Mutter und meine Schwester lebten, wurde friedlicher, und ich selbst wohnte nun sehr viel günstiger, um all meine Verantwortlichkeiten in der Gemeinde wahrzunehmen. Wenn ich in Peking war, suchte ich mein altes Zuhause jeden Tag auf. Auch meine Frau besuchte meine Mutter und meine Schwester häufig. Die Mißverständnisse konnten jedoch nie beseitigt werden.

Meine Schwester stirbt

Im März 1946 machte ich die lange Reise in den Südwesten und hatte vor, zwei Monate wegzubleiben. Aus mehreren Gründen verlängerte sich die Reise jedoch auf fünf Monate. So kehrte ich schließlich im August über Schanghai wieder nach Peking zurück. Kurz vor meiner Ankunft, am Abend des 17. August, wurde meine Schwester plötzlich krank. Ich war lange weg gewesen, und viel Arbeit wartete auf mich. Auch hatten wir in Kürze eine Evangelisation unter Studenten geplant. So konnte ich mich über mehrere Tage hinweg nicht richtig um meine Schwester kümmern. Meine Mutter wurde auch krank, und aufgrund ihres Alters hatte ich die Befürchtung, daß sie sich nicht so leicht wieder erholen würde. Vor ihrem Tod hatte meine Schwester ihre Einstellung gegenüber meiner Frau geändert. Am Nachmittag, bevor sie starb, sagte sie: „Ich halte Gottes Hand."

Nach dem Tod der Schwester hoffte ich, daß auch meine Mutter meiner Frau nun freundlicher begegnen würde. Aber es wurde im Gegenteil noch schlimmer. Schließlich hielt ich es für weiser, wenn meine Frau meine Mutter seltener besuchte. Ich ging täglich zu ihr und nahm unseren Sohn mit, wenn es mir möglich war. War meine Mutter krank, blieb ich auch über Nacht bei ihr. Sie beweinte noch immer den Tod meiner Schwester. Manchmal besuchten sie auch Christen, aber sie legte ihr Mißtrauen ihnen gegenüber nie ab. Wegen meiner Arbeit in der Gemeinde, bei der Zeitschrift „Geistliche Nahrung“ und aufgrund anderer Verpflichtungen war es mir unmöglich, immer an der Seite meiner Mutter zu sein. Mehr als ein Jahr nach dem Tod meiner Schwester verließ ich Peking jedoch nicht, mit Ausnahme von zwei kürzeren Reisen nach Tian-jin und zwei anderen Reisen in die Provinz Shan-xi.

Meine Mutter war dadurch gesegnet, daß Gott ihren Sohn erwählt hatte, Seine Arbeit zu tun. Aber sie schätzte das nicht. Sie beklagte sich, weil ich nicht ein mit Erfolg gekrönter, reicher Geschäftsmann geworden war. Wenn Christen ihr sagten, daß die Arbeit ihres Sohnes sehr viel wichtiger sei als die Arbeit eines Staatspräsidenten, dann erwiderte sie: „Zu anstrengend! Zu ermüdend!“

Hätte sie doch nur die Bedeutung der Arbeit für den HERRN erkannt! Wie glücklich hätte sie dann sein können! Aber sie erkannte sie nicht. Das war ihr Verlust, und das war auch ihr Leid.

KAPITEL 10

Man muß Gott mehr gehorchen als den Menschen

Dieses Schlußkapitel kommt chronologisch betrachtet nicht am Ende, stellt jedoch eine gute abschließende Zusammenfassung dar. Es gibt viel Aufschluß über den Charakter unseres Bruders.

Anfang August 1939 (dies war das dritte Jahr der japanischen Besetzung Nordchinas) kehrte ich nach einem Dienst in Hongkong nach Peking zurück. Bei meiner Ankunft zeigte man mir ein Dokument des japanischen Informationsministeriums. Es handelte sich dabei um eine Vorschrift, in der alle Herausgeber von Zeitungen und Zeitschriften in Peking aufgefordert wurden, in ihrer nächsten Ausgabe vier Slogans abzudrucken, die das Büro der japanischen Armee entworfen hatte. Wer immer es wagen sollte, sich dieser Anordnung zu widersetzen, sollte mit einer harten Strafe belegt werden.

Der Bruder, der mir das Schriftstück aushändigte, sagte, was er darüber dachte. „Es ist ganz klar", so sagte er, „daß wir solche Slogans nicht abdrucken können. Wenn wir es jedoch nicht tun, wagen wir bestimmt einen gefährlichen Schritt. Wer würde sich trauen, einer Anordnung des japanischen Militärs nicht Folge zu leisten?" Damals wurde ich schwach.

Während ich entschlossen war, die Wahrheit nicht aufs Spiel zu setzen, indem ich gotteslästerliche Slogans abdruckte, hatte ich nicht den Mut, unsere Zeitschrift „Geistliche Nahrung" wie üblich ohne die Slogans herauszubringen. Ich besprach mich mit mehreren anderen Christen, und diese schlugen einstimmig vor, daß wir die Veröffentlichung der „Geistlichen Nahrung" freiwillig einstellen sollten. Dadurch würden wir die Wahrheit nicht gefährden und gleichzeitig auch vermeiden, uns einer Gefahr auszusetzen. Angesichts der Tatsache, daß ich schwach geworden war, begrüßte ich natürlich einen solchen Rat und begann entsprechend, Vorbereitungen für die Einstellung der Veröffentlichung zu treffen.

In jenem Jahr hatten wir für Frühjahr und Sommer eine

Doppelnummer herausgegeben, die Herbstausgabe war jedoch noch nicht erschienen. Ein Abonnement lief jedoch über ein ganzes Jahr. Wenn wir also mitten im Jahr unsere Veröffentlichung einstellten, mußte ich den Abonnenten den Preis für die verbleibenden Nummern zurückerstatten. Ich bereitete also den Druck und die Verteilung eines Schreibens vor, in dem ich die Abonnenten darüber informieren wollte, daß wir ihnen entweder den Betrag für die verbleibenden Nummern zurückerstatten oder ihnen Bücher im entsprechenden Gegenwert schicken. Während ich das Schreiben aufsetzte, wurde mein Herz von Schmerz erfüllt. Die „Geistliche Nahrung“ war bis dahin zwölfeinhalb Jahre ununterbrochen erschienen. Ja, für mich war diese Zeitschrift wie mein Kind. Jedes Vierteljahr hatte ich selbst das Manuskript geschrieben; ich hatte es korrigiert; und manchmal hatte ich die Zeitschriften sogar selbst verschickt. Von vielen Lesern hatte ich gehört, daß sie durch die Lektüre dieser Zeitschrift Hilfe erfahren hatten. Und nun sollte es die „Geistliche Nahrung“ nicht mehr geben! Das Kind sollte einen frühen Tod sterben. Mein Herz war von Kummer erfüllt.

Am 14. August betete ich abends in meinem Zimmer, als ich in meinem Herzen plötzlich vom Heiligen Geist getadelt wurde. Ich stellte mir selbst einige Fragen: „Als du anfingst, die ‚Geistliche Nahrung‘ herauszugeben, hast du dies dann nicht getan, weil du unmißverständlich von Gott so geführt wurdest? Und ist es nicht eine Tatsache, daß während der vergangenen zwölfeinhalb Jahre vielen Menschen durch diese Zeitschrift geholfen wurde? Wer veranlaßt dich heute, die Veröffentlichung einzustellen? Stimmt es nicht, daß nicht Gott dir den Auftrag gegeben hat, die Veröffentlichung einzustellen, sondern daß du selbst freiwillig die Herausgabe aufgibst, nur weil das Informationsministerium der japanischen Armee eine entsprechende Verordnung erlassen hat? Bist du nicht gerade dabei, auf dem Weg zum Schlachtfeld die Flucht zu ergreifen? Wenn wir diese Slogans veröffentlichen, zeigen wir Satan die weiße Fahne der Kapitulation. Wenn wir uns jedoch freiwillig entschließen, die Veröffentlichung einzustellen, wäre dies dann nicht eine viel größere Kapitulation als das Drucken der Slogans?

Komme was wolle, wir können die Herausgabe unserer Zeitschrift nicht einstellen. Wir brauchen uns keine Gedanken über mögliche Gefahren in der Zukunft zu machen, sondern wir werden vorwärtsgehen und die ‚Geistliche Nahrung' wie immer herausgeben und zwar ohne die Slogans der japanischen Armee."

Nach diesem Gebet fühlte ich mich gestärkt und vorbereitet zu handeln. Ich dachte darüber nach, daß eine Veröffentlichung der Zeitschrift ohne die Slogans nahezu unweigerlich zu Schwierigkeiten führen würde, denn wir mußten mehrere Exemplare jeder Ausgabe an Regierungsbeamte weitergeben. Würde das Informationsministerium der japanischen Armee unsere Unterlassung entdecken, zöge dies ganz sicher deren Verärgerung nach sich. Denn in ihren Augen würde dies ja bedeuten, daß wir ihren Befehlen nicht gehorchen. Die Zukunftsaussichten waren eindeutig nicht rosig. Wenn sie Nachsicht walten ließen, hätten wir zumindest die Anordnung zu erwarten, die Veröffentlichung einzustellen. Würden sie jedoch unnachgiebig reagieren, dann stünde mir wahrscheinlich eine Verhaftung bevor, und ich würde verschiedener Verbrechen angeklagt. Ich traf jedoch den Entschluß, mich von solchen Überlegungen nicht irremachen zu lassen, sondern standhaft zu bleiben und die Sache durchzustehen. Vielleicht würden sie uns zwingen, die Veröffentlichung einzustellen, aber wir würden sie nicht von uns aus einstellen. Welche Gefahren uns auch bevorstehen mögen und was immer wir auch erleiden mögen, ich würde die Aufgabe, die Gott mir anvertraut hatte, nicht aufgeben.

Ich wußte, daß Gott mich erwählt hatte, um mich zu gebrauchen und daß Er in dieser schwierigen Situation, in der wir uns befanden, darauf zählte, daß ich Ihm treu wäre. Ein Sprichwort drückt es folgendermaßen aus: „Ein Soldat wird tausend Tage lang ausgebildet. Aber er wird nur kurz eingesetzt." Nun war die Zeit gekommen, in der Gott mich einsetzen wollte. Und ich durfte auf keinen Fall auf dem Weg zum Schlachtfeld die Flucht ergreifen.

Am nächsten Tag sprach ich mit mehreren Gläubigen über meine Entscheidung. Niemand wollte seine Meinung dazu äußern. Auf der einen Seite wollten sie mich nicht hindern, auf der anderen Seite zögerten sie jedoch damit, mir zuzustimmen. Später teilte ich meiner Frau meine Gedanken mit. Sie fragte mich: „Bist du bereit, von ihnen festgenommen, verhört und eingesperrt zu werden? Wenn du nicht hundertprozentig dazu bereit bist, fürchte ich, daß du nicht in der Lage sein wirst, all dies zu erdulden, wenn es dann tatsächlich eintrifft. Bist du jedoch dazu bereit, dann fasse Mut und geh." Ich erwiderte, ohne lange zu überlegen: „Ich bin bereit." „Dann", so antwortete sie, „sollst du gehen und so handeln, wie Gott es dir gezeigt hat."

Gott sei Dank, genau das habe ich getan. Die „Geistliche Nahrung" wurde wie gewöhnlich veröffentlicht. Nicht ein einziges Wort der Slogans wurde in dieser Ausgabe abgedruckt. Nach dem Erscheinen der Zeitschrift sandten wir wie immer ein Exemplar zur Überprüfung an die Behörden. Und was geschah? Ich wurde nicht verhaftet. Wir erhielten nicht die Anweisung, unsere Zeitschrift einzustellen. Die japanische Armee hielt Nordchina acht Jahre lang besetzt. In dieser Zeit wurde unsere Zeitschrift nie durch politische Dinge verfälscht. Wie Daniel kann ich sagen: *Mein Gott hat seinen Engel gesandt, und er hat den Rachen der Löwen verschlossen, so daß sie mich nicht verletzt haben ...* (Dan 6,22).

Kirchen werden geschlossen

Die Kampfhandlungen erreichten im Frühjahr 1942 ihren Höhepunkt. Im Dezember 1941 hatte Japan Großbritannien und USA den Krieg erklärt. An jenem Morgen wurden alle Gotteshäuser, die von britischen oder amerikanischen Missionsgesellschaften eingerichtet worden waren, geschlossen und versiegelt. Am 14. Dezember, einem Sonntag, wurde nur in sehr wenigen Gemeinden in der Stadt Gottesdienst gefeiert. Zum ersten Mal seit dem Boxeraufstand im Jahr 1900 wurde von den größeren Gemeinden kein Gottesdienst abgehalten. Die Gemeindeleiter waren sehr besorgt. Sie dachten darüber nach, wie man die Arbeit fortsetzen könne und riefen deshalb einen „Pekinger Kirchenausschuß" ins Leben, der an jede Gemeinde einen Rundbrief schickte. Am 17. Dezember erhielt das Christians' Tabernacle in der Shih-jia Gasse Nr. 42, also meine Gemeinde, ordnungsgemäß einen Brief mit folgendem Inhalt:

„Es wurde heute beschlossen, daß am 18. dieses Monats um 15.00 Uhr im großen Festsaal des Hauptquartiers des Innenministeriums ein Treffen einberufen wird, in dem über die notwendigen Schritte zur Bildung eines „Ausschusses zur Erhaltung der christlichen Gemeinden“ nachgedacht werden soll. Wir hoffen, daß Sie zur angegebenen Zeit anwesend sein werden.

– Der Pekinger Ausschuß zur Erhaltung
der christlichen Gemeinden. 15. Dezember“

Als ich dieses Schreiben erhielt, kam mir der Gedanke, daß die Gemeinden genauso handelten wie das Volk Israel, als es Ägypten um Hilfe gebeten hatte. Indem die Gemeinden die Japaner um Hilfe baten, gaben sie ihnen die Möglichkeit, sie auszunutzen. Die Gemeindeleiter hätten allein auf Gott sehen sollen und ihre Hilfe nicht von den Japanern erwarten sollen. Denn ganz gleich, worum es geht, sobald man Menschen um Hilfe bittet, muß man auch die von ihnen gestellten Bedingungen akzeptieren. Der Weg, den diese Gemeinden gingen, war so grundlegend anders als meiner, daß ich unmöglich mit ihnen zusammenarbeiten konnte. Unsere Gemeinde hatte keinerlei Verbindung zu irgendeiner Missionsgesellschaft. Bislang waren auch unsere Gebäude nicht geschlossen und versiegelt worden. Somit gab es für uns gar keinen Grund, mit dem „Erhaltungsausschuß“ zusammenzuarbeiten. Es gab keinerlei Veranlassung für uns, an dem Treffen teilzunehmen.

Von da an maß ich dem Ausschuß zur Erhaltung der christlichen Gemeinden nur wenig Bedeutung bei, obwohl ich ab und zu von ihm hörte. So ging es bis zum 16. Januar 1942. An jenem Tag kam völlig überraschend ein Glaubensbruder zu mir und teilte mir mit, daß die Gemeinden bereits einen „Ausschuß zur Förderung der Föderation der christlichen Gemeinden in Nordchina“ gegründet hätten und daß er vom Vorsitzenden beauftragt sei, uns zur Teilnahme zu drängen. Er hob hervor, daß unsere Gemeinde, wenn wir nicht teilnähmen, höchstwahrscheinlich Schwierigkeiten bekommen würde.

Ich wußte ehrlich gesagt spontan nicht, was ich erwidern sollte. So sagte ich ihm einfach, daß ich ihm die Antwort am Abend geben würde. An jenem Abend besprach ich die Sache mit meiner Frau, zwei Mitarbeitern aus der Gemeinde und einem anderen Bruder. Wir knieten uns zum Gebet hin. Innerhalb weniger Minuten kam mir eine Bibelstelle in den Sinn: *Und welche Übereinstimmung Christus mit Belial? Oder welches Teil ein Gläubiger mit einem Ungläubigen?* (2. Korinther 6,15) Ich hörte auf zu flehen, konnte vielmehr nur noch danken und loben, weil mir schon klar war, wie ich mit der Situation umgehen mußte. Gott hatte mir verboten, mit den Ungläubigen am fremden Joch zu ziehen. Viele der Mitglieder jener Gemeinden hatten nicht wirklich Buße getan und glaubten auch nicht. Schlimmer noch, es gab sogar Pastoren und Pfarrer, die nie Buße getan hatten und nicht glaubten. Gott würde mir nicht gestatten, mit ihnen am fremden Joch zu ziehen. Was die Leiter vieler dieser Gemeinden predigten, erbaute die Zuhörer nicht, sondern zerstörte sogar noch ihren Glauben. In vielen Gemeinden gab es jede Menge von Dingen, die der Wahrheit widersprachen. Sie waren mit der Welt verschmolzen. Gott würde es mir nicht gestatten, mit ihnen am fremden Joch zu ziehen.

Wir erkannten auch, daß der „Ausschuß zur Förderung der Föderation der christlichen Gemeinden in Nordchina“ nun einen politischen Hintergrund hatte, und von den Japanern benutzt wurde. Gott würde mir nicht gestatten, mit denen am fremden Joch zu ziehen, die dort mitarbeiteten.

Am Ende unseres gemeinsamen Gebets fragte ich die anderen, zu welchem Schluß sie gekommen seien. Alle fünf waren „aus verschiedenen Mündern, aber mit einer Stimme“ zu der Erkenntnis gelangt, nicht teilzunehmen. So sandten wir am Abend eine Antwort an den Bruder, der mich aufgesucht hatte, und teilten ihm unsere Entscheidung mit.

Am nächsten Tag wies einer meiner Mitarbeiter (derjenige, der am Abend zuvor unseren Entschluß überbracht hatte) darauf hin, daß ihm durch die Reaktion des Ausschusses auf unsere Antwort klar geworden sei, daß die Mitarbeit dort für alle Gemeinden, auch für uns, obligatorisch sei. Ganz gleich, ob man wollte oder nicht, man mußte dem Ausschuß beitreten. Man hatte gar keine Wahl. Auch hinge unsere Existenz als Gemeinde von unserer Mitarbeit ab.

Ich hatte den Eindruck, daß meine Mitarbeiter und ich mit dem Kapitän und dem ersten und zweiten Offizier eines Schiffes verglichen werden konnten, das in einen heftigen Sturm geraten war und nun auf der wilden See hin- und hergeworfen wurde. Die Sicherheit des Schiffes und seiner Besatzung (der gesamten Gemeinde) hing allein von uns, dem Kapitän und den Offizieren, ab. Die Verantwortung, die auf uns lastete, war enorm: Schon ein Fehler genügte, und das gesamte Schiff würde auf den Meeresgrund sinken. Am 18. redete ich persönlich mit dem Mann, der ursprünglich mit uns in Kontakt getreten war, und teilte ihm mit, daß wir dem Ausschußvorsitzenden raten würden, sich nicht länger um unsere Belange zu kümmern, da wir beschlossen hatten, dem Ausschuß nicht beizutreten.

Anfang März – ich war gerade bei einem Dienst in Tientsin – erhielt ich einen Brief von einem Mitarbeiter, in dem er mir mitteilte, daß der Ausschußvertreter, der uns schon früher kontaktiert hatte, nochmals zu einem Gespräch erschienen sei und uns eindringlich aufgefordert habe, Mitglied des Ausschusses zu werden. Seine Antwort sei gewesen: „Herr Wang hält sich gegenwärtig nicht in Peking auf. Ich kann während seiner Abwesenheit eine solche Sache nicht entscheiden.“

Ein Vorbild, das man nachahmen sollte ...

Am 7. Juli kehrte ich gerade rechtzeitig aus Tientsin nach Peking zurück, um noch eine Schwester anzutreffen, die eigens aus der Provinz An-hui gekommen war, um mich zu sehen. Sie erzählte mir, daß die Mädchenschule, deren Direktorin sie gewesen war, von den Japanern in Besitz genommen worden sei, und daß die japanischen Behörden sie gezwungen hätten, ihre Tätigkeit als Schulleiterin auch weiterhin auszuüben und sie bei der Verwaltung der Schule zu unterstützen. Sie habe eingewandt, daß sie nicht mit Ungläubigen zusammenarbeiten würde. Und obwohl die Japaner sie von Anfang bis Ende sowohl durch verlockende Angebote als auch durch Drohungen für sich zu gewinnen versucht hätten, habe sie die Zusammenarbeit verweigert. Schließlich sei sie zur Militärpolizei gebracht worden, sei jedoch nicht im geringsten von ihrer Haltung abgerückt. Und die Japaner seien völlig machtlos gewesen.

Dieses Zeugnis stärkte meinen Glauben und bekräftigte mich in meiner Entschlossenheit. Ich dachte über die Sache nach. Vor mir stand eine Frau, die sich mutig weigerte, nachzugeben, und die Gott treu blieb. Und hier war ich, ein Mann, der für eine ganze Gemeinde verantwortlich war – ein Mann, der darüber hinaus von Gott einen feierlichen Auftrag erhalten hatte – wie konnte gerade ich dem Druck der feindlichen Mächte nachgeben? Durch das Gespräch mit dieser Schwester wurde ich enorm gestärkt, und meine Entschlossenheit, dem Ausschuß nicht beizutreten, ganz gleich, welche Folgen dies nach sich ziehen würde, war neu bekräftigt worden.

... und eines, das man nicht nachahmen sollte

Am 18. April nahm ich an einer Beerdigungsfeier teil, auf der ich einen japanischen Pastor traf. Nach der Feier unternahm er jede Anstrengung, mich davon zu überzeugen, daß ich dem Ausschuß beitreten solle. Er erwähnte, daß Herr Takeda von der Behörde für Wohlstand in Asien unbedingt mit mir reden wolle. Außerdem meinte er: „Der Ausschuß braucht Männer mit einem starken Willen, Männer wie Sie.“ Ich antwortete: „Gerade weil ich einen starken Willen besitze, habe ich mich entschlossen, nicht Mitglied zu werden.“ So unterhielten wir uns eine Stunde lang auf der Straße.

Am 19. April predigte ich in meiner Gemeinde über die Heiligen im glühenden Feuerofen, also über Schadrach, Meschach und Abed-Nego, und über Daniel in der Löwengrube. Damals fürchtete ich sehr die bedrohliche Gefahr, und so predigte ich über dieses Thema, um den anderen Mut zuzusprechen, aber auch, um mich selbst zu ermutigen.

Der Druck wird größer

Am Abend des 30. April gab mir meine Frau, als ich zum Abendessen nach Hause kam, einen Brief. Der Absender war der „Ausschuß zur Förderung der Föderation der christlichen Gemeinden", und er enthielt folgende Worte:

„Angesichts der jüngsten Ereignisse und zur Förderung des wahren Geistes von Selbstversorgung, Selbstverwaltung und Selbstverbreitung in den Gemeinden, sind wir, die wir verschiedene Denominationen und Gruppen der einen christlichen Gemeinde vertreten, gerade damit befaßt, einen Ausschuß zur Förderung der Föderation der christlichen Gemeinden in Nordchina ins Leben zu rufen. Am 18. April wurde offiziell eine Hauptverwaltung gegründet. Nach der Satzung ist vorgesehen, in dieser Stadt eine Zweigstelle zu errichten. Da Ihr geschätztes Gemeindehaus im Bereich liegt, der von dieser Zweigstelle aus verwaltet wird, müssen Sie dem Ausschuß beitreten. Wir fordern Sie deshalb auf, am 1. Mai um 10.00 Uhr einen Vertreter zu schicken, damit weiteres besprochen werden kann. Der Treffpunkt ist in der Gemeinde in X.

Pekinger Zweigstelle
Der Ausschuß zur Förderung der Föderation
der christlichen Gemeinden in Nordchina"

Während der vorausgegangenen drei bis vier Monate hatte mich der Ausschuß zwar wiederholt ermahnt, aber dabei immer einen Vertreter beauftragt, mit mir zu reden. Dieses Mal fand die Kommunikation auf schriftlichem Weg statt. Die Botschaft lautete eindeutig: „Die Teilnahme ist unumgänglich." Außerdem mußten wir ihnen nun ebenfalls eine formelle schriftliche Antwort geben.

So konnte es dieses Mal nicht ausbleiben, daß wir die Klingen miteinander kreuzten. An jenem Abend saß ich gegen halb zehn Uhr, nachdem alle anderen zu Bett gegangen waren, allein vor meinem Gemeindehaus und ließ mir die ganze Sache durch den Kopf gehen. Nach dem alten Kalender war es der 16. Tag des dritten Monats. Der Mond schien sehr hell und erleuchtete den ganzen Hof. Ich dachte an die vergangenen zehn Jahre und daran, wie Gott mich geführt hatte, wie wir mit einer kleinen Schar von zwei oder drei Personen bei mir zu Hause begonnen hatten und wie die Zahl ganz allmählich zugenommen hatte: zuerst waren wir zehn, zwanzig, dreißig Personen gewesen, dann ein- bis zweihundert. Ich erinnerte mich daran, wie wir uns Räumlichkeiten für unsere Versammlungen gemietet hatten und wie wir später das Land, auf dem ich jetzt saß, gekauft und darauf ein Gebäude errichtet hatten. Die Zahl der Gottesdienstteilnehmer war auf fünf- bis sechshundert angestiegen. Mit diesem neuen Gemeindehaus mußten wir nicht länger Sorge haben, alle Besucher unterzubringen. Ich sann auch darüber nach, wie Gott sich in den letzten Jahren um Seine Gemeinde gekümmert hatte und wie es überall beträchtliche Fortschritte gegeben hatte. Alle Gläubigen der Gemeinde und meine Mitarbeiter waren ein Herz und eine Seele und arbeiteten zusammen, um das Evangelium zu verbreiten. Nun stand uns jedoch eine Zeit der Krise bevor.

Dem babelähnlichen Ausschuß zur Förderung der Föderation der christlichen Gemeinden in Nordchina beizutreten, würde für mich Ungehorsam gegenüber Gott bedeuten. Ein Nichtbeitritt würde unweigerlich zum Eingriff der Japaner führen. Das Gemeindehaus würde wahrscheinlich geschlossen werden, und ich selbst würde nur schwer der Gefahr entrinnen können. Ich dachte auch an meine alte Mutter. Wenn sie von meiner Festnahme hören würde, würde sie gewiß voller Sorge und Angst sein und sich fragen, welches Unheil dies nach sich ziehen würde. Mir war sehr wohl bewußt, daß jeder, der sich der japanischen

Armee widersetzte, mit unangenehmen Folgen rechnen mußte.

Außerdem würden sie wahrscheinlich unser Gemeindehaus besetzen und es zweckentfremdet nutzen. Dann würde es nicht mehr möglich sein, daß mehrere hundert Gläubige allwöchentlich zusammenkämen, um gemeinsam Gott fröhlich anzubeten. Wenn der Hirte im Gefängnis wäre, würde die Herde zerstreut.

Als ich über all das nachdachte, kam ein großer Konflikt in meinem Herzen auf. Ich konnte nicht mehr klar denken und auch nicht meine Gedanken zu einer Schlußfolgerung bringen. Ich erkannte, daß ich, wollte ich diese tragischen Konsequenzen vermeiden, nachgeben und der Föderation beitreten mußte. Wenn ich jedoch diesen Schritt tat, würde ich mit denen gemeinsame Sache machen, die ich früher immer kritisiert hatte, die Spannung würde sich unendlich hinziehen. Während wir oberflächlich betrachtet eins wären, würden wir in unseren Ansichten doch meilenweit auseinanderliegen. Während wir im Herzen getrennt wären, würden wir miteinander diskutieren, als wären wir eins. Ich würde mit Menschen zusammenarbeiten müssen, die meinten *die Gottseligkeit sei [ein Mittel] zum Gewinn.* (1Tim 6,5) In meinem Herzen würde ich Dinge sehen, die falsch sind, aber mit meinem Mund müßte ich sagen, daß sie in Ordnung sind. Ich würde schwarz als weiß anerkennen müssen, auf einen Hirsch zeigen und ihn ein Pferd nennen müssen. Ich würde meinen Glauben und meine Grundsätze in einer Schublade verschließen müssen.

Wenn ich dem Ausschuß beitreten würde, müßte ich viele meiner Briefe und Artikel den Flammen übergeben. Ich habe immer vehement die Meinung vertreten, daß die

Gemeinde nicht zulassen darf, sich in ihren Aktivitäten an weltlichen Maßstäben zu orientieren und daß Gottes Mitarbeiter nicht mit falschen Propheten und Lehrern kooperieren können. Immer habe ich die Meinung vertreten, daß Gemeinden, die für die Wahrheit eintreten, daß man durch Glaube und Gnade gerettet wird, nicht Vereinigungen oder Gruppen angehören können, die hinter dieser Wahrheit nicht stehen. Mir wurde auch bewußt, daß ich durch einen Beitritt zum Ausschuß unweigerlich mein Zeugnis zunichte machen würde, das ich während der vergangenen zwanzig Jahre in ganz China abgelegt hatte. Der Name Gottes würde durch mein Handeln entehrt, und zahllose Gläubige würden straucheln. Wie könnte ich so etwas tun? Wie könnte ich den Herrn verraten, dem ich über zwanzig Jahre gedient habe? Ich könnte als ein Judas niemals glücklich sein. Über diese Probleme habe ich in jener Nacht bei Mondschein nachgedacht. Dann ging ich in den kleinen Versammlungsraum und kniete mich zum Beten nieder. Nach dem Gebet begab ich mich wieder nach draußen in den Mondschein und durchdachte die Situation erneut. Dann kehrte ich wieder zum Gebet in den kleinen Versammlungsraum zurück. So ging es mehrere Male. Normalerweise bete ich selten laut, aber in jener Nacht betete ich mit so lauter Stimme, daß viele meiner Mitarbeiter, die in den oberen Zimmern schliefen, mich deutlich hören konnten. In jener Nacht bekam ich eine kleine Ahnung davon, was der Herr in Gethsemane durchgemacht hat.

Erst um zwei Uhr morgens ging ich zu Bett. Gott sei Dank: Er kam mir zu Hilfe. In jener Nacht gab Er mir Stärkung, Er gab mir Glaube und Mut, so daß ich den Entschluß fassen konnte, auf keinen Fall dem Ausschuß beizutreten. In jener Nacht schlief ich nur vier Stunden, und sogar im Schlaf träumte ich ununterbrochen von den Dingen, die mich so sehr beschäftigten. Früh am Morgen verfaßte ich einen Brief und bat den Botenjungen der Gemeinde, ihn dem Ausschuß zur Förderung der Föderation der christlichen Gemeinden in Nordchina zu überbringen. Das Schreiben hatte folgenden Wortlaut:

„Ich bestätige den Erhalt Ihres Briefes, in dem Sie mich auffordern, Mitglied des Ausschusses zur Förderung der Föderation der christlichen Gemeinden in Nordchina zu werden. Eine Prüfung Ihrer Aussagen unter Hinweis auf die Missionsgesellschaften aus dem Westen und Ihre angestrebten Ziele der Selbstversorgung, Selbstverwaltung und Selbstverbreitung hat ergeben, daß es für uns nicht notwendig ist, Ihrer Gruppe beizutreten. Außerdem besteht Ihr Ausschuß aus Gemeinden, die sich in ihrem Glauben von unserem unterscheiden. Da es unser Ziel ist, einen unverfälschten Glauben aufrechtzuerhalten, hätten wir Schwierigkeiten, uns mit Gemeinden verschiedener Glaubensrichtungen zusammenzuschließen. Folglich ist es uns unmöglich, Ihren Anordnungen Folge zu leisten und einen Vertreter zu Ihrem Treffen zu entsenden. Ich hoffe, Sie haben Verständnis für unsere Haltung."

An jenem Morgen suchte mich ein Christ auf, der Delegierter einer Gemeinde war, die der Föderation beigetreten war. Er berichtete mir, der Pförtner habe meinen Brief hereingebracht, als sie zum Treffen beisammen waren. Nachdem sie ihn gelesen hätten, hätten sie zugeben müssen, daß niemand einen Mann beeinflussen könne, der so störrisch sei wie ich. Das einzige, was sie tun könnten sei, den Brief an die Japaner zu übergeben. Sollten sie sich doch um die Sache kümmern! Später sei dann ein Japaner gekommen, dem man den Brief übergeben habe. Er habe ihn gelesen und eingesteckt. Am Ende des Treffens sei er in nördlicher

Richtung vom Treffpunkt weggegangen. Höchstwahrscheinlich, so die Vermutung meines Informanten, habe er sich zum Hauptquartier der japanischen Armee begeben.

Mein Besucher drängte mich, sofort Schritte zu unternehmen, um die Situation, die bereits sehr gefährlich sei, noch zu retten. Er redete mir ins Gewissen, auf keinen Fall die japanische Armee zu verärgern, denn das würde schlimme Folgen nach sich ziehen. Er bedrängte mich, sofort dem Ausschuß beizutreten, solange noch Zeit dazu sei. Ich antwortete ihm, daß mein Entschluß bereits feststehe und daß ich beschlossen habe, nicht Mitglied des Ausschusses zu werden. Ich dankte ihm für seine freundlichen Ratschläge, erklärte ihm jedoch, daß ich ihnen nicht folgen könne. Als er sah, daß ich tatsächlich entschlossen war, an meiner Haltung nicht zu rütteln, meinte er: „Jeder hat seine Gabe, und jeder hat seine Art der Auslegung. Da Ihr Entschluß feststeht, werde ich Sie nicht länger bedrängen. Trotzdem braucht Sie nichts davon abzuhalten, mit Herrn Kawano (einem Japaner) zu sprechen, um unnötige Mißverständnisse zu vermeiden.“ Er gab mir Herrn Kawanos Adresse und Telefonnummer.

Ein Augenblick der Schwäche

Nachdem er gegangen war, dachte ich über seinen Vorschlag nach und mußte ihm recht geben, daß solch ein Gespräch bestimmt nicht verkehrt wäre. So entschloß ich mich, nach einem Christen zu suchen, der die japanische Sprache beherrschte und mich als Dolmetscher begleiten könnte. Als ich die Sache jedoch mit meiner Frau besprach, teilte sie meine Meinung nicht: „Warum möchtest Du Herrn Kawano aufsuchen? Er seinerseits versucht nicht, mit dir zu sprechen. Wenn du nun als erster das Gespräch mit ihm suchst, deutet dies darauf hin, daß du Angst hast, er könnte dich mißverstehen. Wir haben uns entschlossen, dem Ausschuß nicht beizutreten, und wir haben schwerwiegende Gründe dafür. Du hast überhaupt keinen Grund, diesen Herrn aufzusuchen."

Da meine Frau gegen meinen Besuch war, modifizierte ich meine Haltung ein wenig. Es war Freitag, und freitags hatten wir unsere Bibelstunde. Eine Schwester, die Japanisch sprechen konnte, kam regelmäßig zu diesen Treffen. So beschloß ich, daß ich, wenn sie auch an jenem Abend kommen würde, Herrn Kawano aufsuchen wollte. Sollte sie jedoch abwesend sein, würde ich dies als Führung Gottes nehmen und als Stopschild von Ihm. Als die Frau an jenem Abend nicht zur Bibelstunde kam, ließ ich den Plan, Herrn Kawano aufzusuchen, fallen.

Der Druck wächst noch mehr

Am Abend des 24. Juni kam ein Bruder zu mir, der regelmäßig an unseren Veranstaltungen teilnahm. Er teilte mir mit, daß er erfahren habe, daß die örtlichen Behörden in Übereinstimmung mit den Anordnungen der japanischen Armee beschlossen hätten, alle Kirchen zu schließen, die nicht dem Ausschuß angehörten. Er fuhr fort: „Fast alle Gemeinden der Stadt sind Mitglied der Föderation. Warum beharren Sie so sehr darauf, diesen Schritt nicht auch zu tun?" Er hatte den Eindruck, ich würde aus persönlichen Gründen so eigensinnig sein. Und es wäre wirklich äußerst bedauerlich, wenn die Gemeinde geschlossen würde. Er bezeugte, daß er sich zu Beginn seines Aufenthalts in Peking auf der Suche nach einer geistlichen Heimat viele

Gemeinden angesehen habe und daß er sich schließlich für unsere entschieden habe. Wenn unsere Gemeinde schließen würde, könnte er nirgendwo hingehen. Er drängte mich, schnell beizutreten, um so die drohende Gefahr zu vermeiden. Wir hatten daraufhin ein langes Gespräch, und ich erläuterte ihm ausführlich die Gründe, die mich zum Nichtbeitritt bewogen. Als er sie verstand, lautete sein Kommentar: „Da Sie so stichhaltige Gründe haben, kann ich Ihnen nur raten, bis zum Ende fest zu bleiben."

In den folgenden Wochen drangen alle Arten von unangenehmen Gerüchten an mein Ohr. Es schien, daß unser Gemeindehaus früher oder später geschlossen werden würde. Auch gab es innerhalb der Gemeinde eine Gruppe, die mit meinem Tun nicht einverstanden war. Sie machten sich so viele Gedanken darüber, daß das Schließen der Gemeinde eine höchst unwillkommene Entwicklung wäre und sahen nicht, daß ein Beitritt zum Ausschuß Ungehorsam gegenüber Gott bedeuten würde. Auf einem Treffen der Gläubigen, das am 28. Juni stattfand, erklärte ich, in welcher Hinsicht ein Beitritt zur Föderation nicht mit dem Festhalten an der Wahrheit vereinbar wäre. Deshalb wäre es besser, die Gemeinde zu schließen, als dem Ausschuß beizutreten. Während dieser ganzen Zeit wurde ich den Eindruck nicht los, jede Veranstaltung könnte unsere letzte sein.

Wir hörten einmal von einem Ausspruch eines japanischen Pastors, der gesagt haben soll, daß jede Gemeinde, die nicht der Föderation beitrete, sich einer „Chungking Verbindung" schuldig mache. Ich dachte, daß es sich dabei um ein Verbrechen handle, das nicht gesühnt werden könne. Im Krieg zwischen Japan auf der einen Seite und Großbritannien und Amerika auf der anderen Seite waren alle

Gemeinden, die mit Großbritannien oder Amerika zu tun hatten, als „Gemeinden mit feindlicher Verbindung“ bezeichnet worden. Da unsere Gemeinde nicht von Briten oder Amerikanern gegründet worden war, und da wir keine Unterstützung von britischen oder amerikanischen Missionsgesellschaften erhielten, konnten wir nicht einer „britischen Verbindung“ oder einer „amerikanischen Verbindung“ angeklagt werden. Aber unsere Verbindung war eine chinesische, und so wurden wir beschuldigt, eine „Chungking Verbindung“ zu haben. (Chungking war im Krieg die Hauptstadt Chinas.) Wie konnte ein solches Verbrechen jemals gesühnt werden? Das Gefühl hielt an, daß die Gefahr unmittelbar vor uns lauerte, und so konnten wir natürlich auch nicht vermeiden, daß wir uns Sorgen machten. Trotz aller Besorgnis war unser Entschluß jedoch gefallen, und das bedeutete, daß wir innerlich Frieden und Ruhe hatten.

So vergingen die Tage, die Gerüchte wurden immer zahlreicher und die Lage wurde so gespannt, daß einige derer, die bislang regelmäßig zur Gemeinde gekommen waren, nun langsam wegblieben. Unter ihnen war ein Mann, der offen zugab, daß er nicht mehr komme, weil er Angst davor habe, festgenommen zu werden. Aber aus welchem Grund sollten ihn die Japaner denn verhaften?

Es konnte in jenen Tagen wirklich gesagt werden, daß „die Gerüchte die Lieder der Kraniche waren und Holz und Gras die Soldaten“. Viele Menschen machten sich meinetwegen Sorgen. Darüber hinaus schrieben mir mehrere Christen von weit her, die von unserer Lage gehört hatten, und drängten mich, der Föderation beizutreten, um Gefahr zu vermeiden. Jedesmal, wenn mich ein solcher Brief erreichte, war dies für mich eine Ermahnung derart, wie

Petrus sie einst zum Herrn gesagt hatte, als dieser ihm dann geantwortet hatte: *Geh hinter mich, Satan! Du bist mir ein Ärgernis, denn du sinnst nicht auf das, was Gottes, sondern auf das, was der Menschen ist.* (Mt 16,23)

Gott sei Dank, denn Er bewahrte mich und hielt mich davon ab, Seine Führung zu bezweifeln und in meinem ursprünglichen Entschluß wankelmütig zu werden. Ich danke Ihm besonders dafür, daß Er mir die Augen dafür geöffnet hat, daß viele Heilige aus Angst straucheln und sündigen. Ich verstand, daß König Saul von seiner hohen Stellung in einen Zustand der Not fiel, weil er am Anfang das große Heer der Philister sah und sein Herz dadurch von Angst erfüllt wurde. Auch lehnte er sich gegen Gott auf (1. Samuel 13,1-15). Es lag auf der Hand, daß zahlreiche Gemeinden aus Angst vor den Japanern dem Ausschuß beigetreten waren. Auch dachte ich darüber nach, daß Saul von Gott verworfen wurde und daß er nicht mehr wert war, ein Diener Gottes zu sein. Ich erkannte, daß ich damals auch in der Gefahr stand, wie Saul in einen jämmerlichen Zustand zu fallen. Da mir die Geschichte Sauls geholfen hatte, wählte ich sie als Predigtstoff für unsere alljährliche Sommerkonferenz, die in jenem Jahr vom 3. bis 16. August stattfand.

Im August/September änderte sich die Bezeichnung des Ausschusses zur Förderung der Föderation der christlichen Gemeinden nochmals. In Japan selbst war der Name der Organisation, die alle Kirchen vereinigte, in „Christliche Vereinigung Japans" geändert worden. Die Japaner bewirkten nun eine Änderung der chinesischen Bezeichnung von „Ausschuß zur Förderung der Föderation der christlichen Gemeinden in Nordchina" in „Christliche Vereinigung Nordchinas".

Die Beamten der Organisation waren zunächst nicht mit diesem Wandel einverstanden, da der Ausdruck nicht biblisch ist und ganz offensichtlich von den Japanern zu Manipulationszwecken durchgeführt worden ist. Da jedoch die Japaner darauf bestanden, daß in die Tat umgesetzt würde, was sie wollten, und niemand im Ausschuß stark genug war, um sich der japanischen Vorschrift zu widersetzen, akzeptierten sie sie schließlich. So rief das Innenministerium am 8. August die Leiter aller Gemeinden und eine Bibelschule für Frauen zu einer Konferenz zusammen, auf der die Vereinigung ins Leben gerufen werden sollte. Die Konferenz war für die Dauer von drei Tagen anberaumt.

Als ich diese Nachricht hörte, spürte ich, wie der Tag, an dem unsere Gemeinde geschlossen würde, unbarmherzig näherrückte, und ich gab mir besonders viel Mühe, die Gläubigen eindringlich zu bitten, stark und mutig zu sein, als Soldaten Christi zu handeln und auf keinen Fall den Mächten des Bösen nachzugeben.

Der Höhepunkt des Konflikts

Die entscheidende Schlacht stand tatsächlich unmittelbar vor uns. Am 9. Oktober kamen um 6.00 Uhr morgens der Japaner Herr Kawano und ein chinesischer Dolmetscher in unser Gemeindehaus, um mich zu sprechen. Herr Kawano teilte mir mit, daß der Untersuchungsbeamte der Kulturbehörde Nordchinas (die Teil der Behörde für Wohlstand in Asien war) mich sprechen wollte. Er bat mich, am nächsten Morgen um 9.00 Uhr in ihr Büro zu kommen.

Nun wußte ich, daß die letzte Schlacht unmittelbar vor uns stand. Die Zukunft meiner eigenen Arbeit sowie die

Zukunft der des Christians' Tabernacle hingen beide von dieser so wichtigen nahe bevorstehenden Unterredung ab. Ich konnte nicht mehr zurück. Und ich wollte auch nicht mehr zurück. Deshalb sagte ich mein Kommen zu.

Ich erinnerte mich daran, daß ich vor einiger Zeit, am 1. Mai, darauf verzichtet hatte, Herrn Kawano aufzusuchen. Nun, fünf Monate später, kam er zu mir. Am nächsten Morgen – es war der 10. Oktober 1942 – kamen mehrere Gläubige zum Tabernacle, um speziell für mich zu beten. Vor 9.00 Uhr setzte ich mich auf mein Fahrrad. Als ich die Straße entlangfuhr, sang ich das Lied „Steht auf, steht auf zum Streite!"

Steht auf, steht auf zum Streite! Des Feindes Macht ist groß;
Es stehet ihm zur Seite der Hölle finstrer Troß.
Doch fürchtet nicht sein Toben, fasset Glaubensmut,
Zieht an die Macht von oben, Für euch floß Christi Blut.
Steht auf, steht auf zum Streite! Hier ist Immanuel!
Der Feind flieht in die Weite, Errettet ist die Seel'!
Dem Sieger winkt entgegen als selger Gnadenlohn
Des Himmels Heil und Segen, des ew'gen Lebens Kron'.

Ich konnte meine Ausgelassenheit nicht zurückhalten. Es war, als führte ich Tausende von Kriegern in die Schlacht. Ich erreichte pünktlich das Büro und wurde von Herrn Takeda empfangen. Zuerst plauderten wir über Belanglosigkeiten, dann sagte er: „Am 15. dieses Monats wird die Christliche Vereinigung Nordchinas offiziell gegründet; Japaner und Chinesen gleichermaßen hoffen, daß Sie dort eine leitende Funktion übernehmen werden." Ich erwiderte: „Herr Takeda, ich möchte gerne, daß Sie zwei Dinge wissen. Erstens werde ich persönlich auf keinen Fall irgendeiner Gruppe oder Organisation beitreten. Zweitens wird die Gemeinde, die in meiner Obhut steht, auf keinen Fall irgendeiner Gruppe oder Organisation beitreten."

Dann erläuterte ich ihm einige meiner Glaubenseinstellungen, meine Grundsätze und auch meinen Auftrag. Ich führte die Gründe an, die mich dazu bewogen, keiner Gruppe oder Organisation beizutreten. Er meinte daraufhin, ich habe sehr feste Überzeugungen. Aber er fuhr fort: „Die Regierung hat beschlossen, daß alle Kirchen vereint werden. Diese Politik muß ausgeführt werden."

Ich konnte nur antworten: „Um dem Gott zu gehorchen, dem ich diene und um fest an der Wahrheit festzuhalten, an die ich glaube, werde ich niemals einer Vorschrift Folge leisten, die gegen Gottes Willen ist. Ich bin bereit, jeden Preis zu zahlen, jedes Opfer zu bringen, und nichts wird mich von diesen Grundsätzen abbringen. Es steht für mich und für meine Gemeinde außer Frage, der Vereinigung beizutreten."

„Bitte, denken Sie doch über die Sache nach", bat mich Herr Takeda. „Ich habe über mehrere Monate hinweg darüber nachgedacht. Es ist nicht nötig, dies nochmals zu tun", war meine Antwort.

Er wiederholte seine Bitte noch mehrere Male, und genauso oft sagte ich ihm, daß weiteres Überdenken unnötig sein. Ich erkannte, daß meine Antwort hart und unbeugsam scheinen mußte und keinen Raum ließ, mein Ansehen zu retten. Aber ich konnte nicht lügen. Da ich mich entschlossen hatte, nicht länger über die Sache nachzudenken, konnte ich auch nicht sagen, daß ich das tun würde. Auch war ich nicht bereit, meinem Gesprächspartner Raum zu lassen, noch weiteren Druck auf mich auszuüben. Ich mußte es ausnutzen, wenn ich mich stark genug fühlte, mir keine Möglichkeit des Rückzugs zu geben. Würde die Gemeinde geschlossen werden, dann sollte es so sein. Würde ich festgenommen werden, dann sollte es so sein.

An diesem Punkt angekommen hatten wir etwa eine Stunde miteinander geredet. „Herr Takeda“, sagte ich, „wenn es nichts anderes Wichtiges zu besprechen gibt, dann möchte ich gerne gehen.“ Ich erhob mich. Auch er erhob sich von seinem Platz. Er ergriff sehr herzlich meine Hand.

Damals verstand ich die Bedeutung dieser freundlichen Geste nicht. War er vielleicht durch unsere Unterhaltung innerlich bewegt? Oder drückte er ein gutes Gefühl aus, bevor er der Militärpolizei Anordnung gab, mich zu verhaften und zu bestrafen? Ich wußte es nicht. Was immer es auch war, Gott hatte mich gewiß die ganze Zeit beschützt.

Der nächste Tag war ein Sonntag. Wir versammelten uns sowohl am Morgen als auch am Nachmittag. Nun hatte ich wirklich den Eindruck, daß dies die letzten Versammlungen in unserem Gemeindehaus sein würden. Ich hatte so offen gesprochen, daß es kein Zurück mehr gab. Wir hatten uns geweigert, der Vereinigung beizutreten. Wie konnten wir dann noch die Schließung unserer Gemeinde verhindern?

Vier Tage vergingen. Dann hielt die „Chinesische Christliche Vereinigung Nordchinas“ eine große Gründungsveranstaltung ab. Vier Merkmale dieses Treffens erregten unsere Aufmerksamkeit:

1) Die Gründungsfeier fand nicht in einem Kirchengebäude statt, sondern in einem Regierungsgebäude.

2) Bedeutende Japaner aus Armee und Politik, die sich in Nordchina aufhielten, kamen neben anderen wichtigen Vertretern aus der Politik ans Rednerpult und hielten Glückwunschansprachen.

3) Der fünfte Programmpunkt lautete folgendermaßen: Gedenkminute für die im Krieg gefallenen Offiziere und Männer aus befreundeten Staaten im großen Ostasien (obwohl später, am Jahrestag dieses Treffens, nur die Worte „Gedenkminute" gedruckt wurden).

4) An jenem Tag wurden in der ganzen Stadt Plakate angebracht mit den Worten: Treffen der „Neuen Bürger". Herzlichen Glückwunsch zur Gründung der „Christlichen Vereinigung Nordchinas"!

Wir brauchen nicht nachzuforschen, was sich hinter der Bühne abspielte. Wer nicht dumm ist, braucht nur auf die vier Punkte zu schauen, und er wird sofort den Hintergrund der Christlichen Vereinigung Nordchinas verstehen. Einige aus meiner eigenen Gemeinde, die zuvor nicht nachvollziehen konnten, weshalb ich der Vereinigung nicht beitreten wollte, haben die Gründe allmählich doch verstanden.

Die letzte Prüfung

Damals konnte ich mir absolut kein Bild davon machen, welche Veränderungen die Zukunft bringen würde. Ich wußte nur, daß wir täglich damit rechnen mußten, widrigen Umständen zu begegnen.

Am 18. November überbrachte mir die örtliche Polizei einen Brief, in dem sie mich aufforderte, mich sofort zum

Büro der japanischen Militärpolizei zu begeben. Seit die japanische Armee Peking besetzt hielt, hatte ich noch nie irgendeine Nachricht von der japanischen Militärpolizei erhalten. Nun wurde ich ohne Vorankündigung in ihr Hauptquartier geladen. Ich nahm an, daß dies mit der Kirchenvereinigung zusammenhinge. Ich vermutete, daß die Japaner die Macht der Militärpolizei benutzen würden, um mich in die Enge zu treiben und mir zu drohen. So würden sie, wenn ich dann immer noch nicht nachgäbe, mich zuerst einsperren und sich dann näher mit mir beschäftigen. Keinen Augenblick dachte ich daran, daß die Einladung einen anderen Grund haben könnte.

Also nahm ich schnell meinen Mantel, meine Bibel, mein Brillenetui, Taschentuch, Zahnbürste und ein Paar Wollsocken. Ich zog zwei andere Kleidungsstücke an und bereitete mich auf eine Inhaftierung vor. Was immer geschehen würde, ich war nach wie vor fest entschlossen, der Vereinigung nicht beizutreten. Ich versprach nicht nur Gott, daß ich Ihm bis zum Ende folgen würde, sondern ich wandte mich auch mit folgenden Worten an meine Gemeinde: „Sollte ich eines Tages nachgeben und unsere Gemeinde zum Beitritt der Christlichen Vereinigung Nordchinas führen, dann müßt Ihr mich unverzüglich aus dem Amt abwählen. Hört meinen Predigten nicht mehr zu. Ihr sollt mich dann Judas Ischariot nennen."

Diese Worte sprach ich bei dem Treffen der Gläubigen am 25. Oktober. Ich hatte die Boote schon versenkt. Ich hatte mir den Fluchtweg verbaut. Als ich meine Frau an jenem Tag verließ, sagte ich zu ihr: „Wenn ich bis Sonnenuntergang nicht zurück bin, dann bin ich von der Militärpolizei verhaftet worden. Egal, was geschieht, ich werde nicht nachgeben."

Ich hatte seit langem damit gerechnet, daß die Militärpolizei mich eines Tages festnehmen würde, und so hatte ich zu meinen Mitarbeitern gesagt: „Sollte ich von der Militärpolizei festgenommen werden, dann darf keiner von Euch irgendwelche Schritte unternehmen, daß die Gemeinde der Vereinigung beitritt, nur um meine Freilassung zu erreichen. Wenn Ihr so handeln würdet, würde ich Euch bei meiner Freilassung nicht nur nicht danken, sondern Euch auch Vorwürfe machen. Und da wir dann in Ungnade gefallen wären, täten wir besser daran, gleich die Türen zu schließen und die Gemeindearbeit einzustellen."

An jenem Tag sagte ich nur sehr wenig zu meiner Frau. Als sie mich zur Tür begleitete, ging ich weg, ohne nochmals zurückzuschauen. Als ich beim Hauptquartier der Militärpolizei ankam, sah ich, daß auch Pastoren von anderen Gemeinden dort waren. Als ich nachfragte, weshalb sie gekommen waren, erfuhr ich, daß sie von der Militärpolizei vorgeladen worden waren wegen der Übergabe von Besitz, der den Missionsgesellschaften gehörte. Als ich die Militärpolizei direkt ansprach, bekam ich heraus, daß die ganze Angelegenheit nichts mit mir zu tun hatte: Ich war aus Versehen vorgeladen worden. So kehrte ich also nach Hause zurück. Obwohl es falscher Alarm gewesen war, erkenne ich im Rückblick, daß dieses Erlebnis trotzdem sehr bedeutend gewesenwar. Der Herr hat mir soviel Kraft gegeben, wie ich gebraucht habe, und hat nicht zugelassen, daß Sein Name entehrt wurde.

Seit mich Herr Kawano am 10. Oktober besucht hatte, war niemand mehr weder von den Japanern noch von der Kirchenvereinigung zu mir gekommen. Über mehrere Monate hinweg war ich jeden Augenblick auf eine mögliche Gefahr gefaßt. Und erst nach 1942 ging ich davon aus, daß die Wahrscheinlichkeit für weitere Befragungen allmählich nachließ.

Im November 1943 hatte ich die Gelegenheit, in Tsingtau besondere Veranstaltungen durchzuführen. Einer der Brüder dort erzählte mir von Aussagen, die Herr Takeda gemacht habe, als er von den Gemeinden der Vereinigung nach Tsingtau eingeladen worden war. Einer der Teilnehmer an den Veranstaltungen der Vereinigung habe ihn gefragt: „Herr Takeda, müssen nicht alle Gemeinden Nordchinas der Vereinigung beitreten? Wie ist es dann möglich, daß die Gemeinde von Wang Ming-tao nicht Mitglied ist?“

Darauf habe Herr Takeda erwidert: „Ich hatte einmal ein Gespräch mit Herrn Wang. Er hat eine Vielzahl von Gründen für seinen Nichtbeitritt. Auch ist seine Haltung sehr bestimmt. Wir verfügen über kein Mittel, ihn zum Beitritt zu zwingen.“ Der Fragesteller sei fortgefahren: „Wenn andere Gemeinden dieselbe Haltung einnehmen würden und sich dem Beitritt entgegenstellen würden, wäre dies dann nicht das Ende der Vereinigung?“ „Andere Gemeinden können nicht so handeln“, lautete die Antwort von Herrn Takeda.

Als ich von diesem Gespräch hörte, wußte ich, daß die Freundlichkeit und Wärme, die Herr Takeda mir nach unserem Gespräch im Winter 1942 gezeigt hatte, aufrichtig gewesen waren und daß sich keine böse Absicht dahinter verborgen hatte.

Wenn ich zurückschaue, dann danke ich dem Herrn dafür, daß Er mir den Mut und Glauben gegeben hat, den ich damals gebraucht habe. Er erfüllte wirklich die Verheißung aus Matthäus 10,18-20: *... und auch vor Statthalter und*

Könige werdet ihr geführt werden um meinetwillen, ihnen und den Nationen zum Zeugnis. Wenn sie euch aber überliefern, so seid nicht besorgt, wie oder was ihr reden sollt; denn es wird euch in jener Stunde gegeben werden, was ihr reden sollt. Denn nicht ihr seid die Redenden, sondern der Geist eures Vaters, der in euch redet.

Wenn wir über den bitteren Kampf vor drei Jahren nachdenken, dann erinnern wir uns dankbar und fröhlich an Gottes Gnade, die uns beschützte und uns einen so großartigen Sieg gab. Aber damals war die Spannung riesig. Denn wer wagte es, sich der Macht der japanischen Armee auch nur ein wenig zu widersetzen?

Ich erinnere mich an einen Freund, der mich damals unter Druck setzte. „Ming-tao", sagte er, „ich bitte dich innigst, ein bißchen weise zu werden. Wenn die Situation einen Punkt erreicht, an dem es keine Alternative gibt, dann ist es auch ein klein wenig mehr Opfer wert. Aber wir haben noch nicht die Zeit des Opfers erreicht."

„Wenn dies noch nicht eine Zeit des Opfers ist, wann wird es dann soweit sein?" fragte ich zurück.

Aber er fuhr fort: „Bist du dir nicht im klaren darüber, daß für die japanische Armee das Töten eines Chinesen nichts anderes ist, als wenn wir eine Ameise umbringen?" Bei diesen Worten beschlich mich Angst. Nach einer Weile konnte ich ihm jedoch antworten: „Was du sagst, ist richtig. Aber ich bin keine Ameise. Ich bin der Diener des allerhöchsten Gottes. Wenn Gott es nicht zuläßt, dann kann mir auch niemand schaden."

Als das Jahr langsam zu Ende ging, war mein Glaube

manchmal stark und manchmal schwach. Wann immer ich Gerüchte über Böses hörte, wurde mein Herz von Angst ergriffen. Von Natur aus bin ich ja scheu und schwach. Zur Zeit des Boxeraufstands wurde mein Vater von Furcht ergriffen und nahm sich das Leben. Ich bin sein Sohn. In dieser Hinsicht bin ich ihm sehr ähnlich. Den herrlichen Sieg, den wir in dieser Sache davontrugen, war ganz einfach die große Macht Gottes, die sich in mir zeigte. Ich kann mich nicht rühmen, ich rühme nur die Treue Gottes und Seine Kraft und Macht, die sich in denen zeigen, die Ihm vertrauen. Mein Mut ist klein, aber Gott, dem ich diene, ist unvergleichlich größer.

Es gibt Menschen, die sagen, ich sei furchtlos. Dies stimmt jedoch nicht. Ich habe von Natur aus keinen Mut. Wovor ich am meisten fürchte ist, gegen Gottes Willen zu handeln. Wenn ich Menschen verletzte, dann werden sie ganz gewiß aufstehen und mir schaden. Aber Gott muß nur Seine Hand ausstrecken, und schon werden rauhe Orte weich, und Gefahr wird zu Frieden.

Andererseits, wenn ich gegen Gott handle und Er wird zornig, so daß ich mich dem Gericht gegenübersehe, was wird dann geschehen? Selbst wenn alle Menschen dieser Welt mich retten wollten, sie könnten es nicht. Es geht also nicht darum, daß ich keine Angst hätte. Es geht eher darum, daß ich Gott fürchte, den wir fürchten sollen, während ich die nicht gefürchtet habe, die wir nicht fürchten sollen.

Was ich in diesem geistlichen Konflikt am schwersten ertragen konnte, war nicht die Gewalt der bösen Kräfte, sondern daß es so lange dauerte. Wenn die Zeit der Schlacht auf einen oder mehrere Tage begrenzt gewesen wäre, dann wäre sie unendlich viel leichter zu ertragen gewesen. Sogar ein oder zwei Monate wären erträglich gewesen. Aber die Schlacht dauerte vom ersten bis zum letzten Monat des Jahres. Jeden Tag einer sehr langen Zeit wurden wir von den immer höher anschwellenden Wellen hin- und hergeschüttelt. Unsere Gemeinde wurde nie geschlossen, aber wir mußten immer auf die Schließung vorbereitet sein. Ich wurde nie festgenommen, aber ich mußte immer dazu bereit sein.

Während der gesamten Zeit wurden wir immer wieder von Satan angegriffen. Nur wer dies schon einmal erlebt hat, kann verstehen, was solches Leiden bedeutet, und ich bin ein Mensch. Ich habe menschliche Gedanken, menschliche Gefühle, menschliche Wünsche. Ich möchte meine Zeit gerne in Ruhe und Frieden verbringen. Ich habe Angst vor körperlichen Schmerzen und Unglück. Mir war die Grausamkeit der japanischen Militärpolizei bekannt. Ich wußte, daß eine Gefängnisstrafe hart sein würde. Meine Mutter war fast achtzig Jahre alt, und ich wollte nicht, daß sie sich beunruhigt oder Angst hat. Aber um der Ehre Gottes willen, um der Gemeinde Gottes willen und Gottes Wahrheit willen, um der Lehre willen, die ich bezeuge und um des Herrn willen, dem ich diene, kann ich vor Satan nicht die weiße Fahne der Kapitulation heben und Dinge tun, die mir der Wille Gottes und mein Gewissen verbieten.

Ich danke meinem Gott, daß Seine Kraft in meiner Schwachheit vollendet wird und daß Er mich in Christus immer triumphieren läßt. Ich danke Gott auch dafür, daß meine Mitarbeiter und meine Frau eines Sinnes mit mir waren. Keiner von ihnen hat mein Tun behindert. Sie waren wirklich meine Freude und Krone. Ich kann sagen, ohne Widerspruch fürchten zu müssen, daß wir im Jahr 1942 mehr als dreihundert Tage im Feuerofen verbracht haben. Aber wir waren nicht allein. Der Sohn Gottes war mit uns. Er, der Gott Schadrachs, Meschachs und Abed-Negos und der Gott Daniels, ist auch unser Gott. Laßt uns Ihn gemeinsam loben!

KAPITEL 11

Glattgeschliffene Steine

1. Samuel 17,38-40.48-51

Das folgende Kapitel ist ein Auszug aus Wang Mingtaos vierteljährlich erscheinenden Heftchen „Geistliche Nahrung". Wir drucken ihn hier ab, weil er ausgezeichnet Wangs Dienst widerspiegelt und darüber hinaus ein passender Kommentar zu seinem eigenen Leben ist, wie der Leser selbst feststellen wird.

Lesern des Alten Testaments ist die Geschichte von David und Goliath wohlvertraut. Goliath war der Held der Philister. Die gesamte Armee Israels fürchtete ihn. David tötete ihn jedoch und befreite so das Volk Israel aus der Hand der Philister. Er tat das mit einem einzigen kleinen Stein. Seltsam! Wirklich sehr seltsam! In einem einzigen kleinen Stein steckte soviel, daß durch ihn die Befreiung des gesamten Volkes Israel erreicht werden konnte.

Gewiß war ein wichtiger Faktor bei dieser Leistung die Gewandtheit Davids beim Steineschleudern. Am wichtigsten ist jedoch, daß sie eine Wundertat Gottes war. Denn zur Befreiung brauchte Gott nur einen kleinen Stein, um den Helden zu töten, den grimmigen Helden, vor dem jeder aus Angst die Flucht ergriff.

Dies gilt auch heute: Wenn Gott Befreiung wirkt, dann kann Er den schwächsten Christen gebrauchen, um das zu vollbringen, was ohne Ihn sogar für eine Armee unmöglich wäre.

Die Menschen in Davids Umgebung dachten, daß man einen starken Feind nur mit Schwert, Speer und Wurfspieß besiegen könne. Gott jedoch gebraucht das, was Menschen übersehen: einen Stein.

Heutzutage herrscht die Meinung vor, nur Menschen mit Wissen, Können, einer gewissen Position und Reichtum können etwas Großartiges vollbringen. Gott jedoch bedient sich einfältiger, schwacher, armer und niedriger Christen, damit diese Wunderbares für Ihn tun. *... sondern das Törichte der Welt hat Gott auserwählt, damit er die Weisen zuschanden mache; und das Schwache der Welt hat Gott auserwählt, damit er das Starke zuschanden mache. Und das Unedle der Welt und das Verachtete hat Gott auser-*

wählt, das, was nicht ist, damit er das, was ist, zunichte mache, daß sich vor Gott kein Fleisch rühme. (1. Korinther 1,27-29) Gott konnte früher so Wunderbares tun; Er kann es heute genauso. Er allein ist es wert, gepriesen zu werden.

Gleichzeitig sehen wir uns hier einer Sache gegenüber, die wir nicht leichtfertig übergehen dürfen. Als Gott David gebrauchte, um Goliath zu töten, benutzte David keine gewöhnlichen Steine. Es waren vielmehr „glatte Steine", die er speziell für diese Aufgabe aus dem Bach geholt hatte.

Nun gab es aber im Bach eine Unmenge an Steinen, so daß man sie nicht zu zählen vermochte. Aber nur einige wenige waren für Davids Schleuder geeignet. Bevor David auf das Schlachtfeld gehen konnte, mußte er sich zuerst zum Bach aufmachen und von den Tausenden von Steinen fünf glatte Steine für seine Schleuder auswählen. Er mußte dann genau zielen, um die Stirn des Feindes zu treffen. Die Steine mußten glatt sein. Wir müssen jedoch auch bedenken, daß der Vorgang, durch den sie für den Gebrauch glatt genug wurden, sich nicht an einem Tag abspielen konnte. Im Gegenteil, es brauchte Jahre der Bearbeitung und somit Vorbereitung.

Die Steine in Bächen oder am Meeresufer wurden vor langer Zeit durch Explosionen aus Felsen herausgeschleudert. Damals hatten all diese Steine scharfe Ecken und Kanten. Kein einziger war glatt. Doch das Wasser, das sie unablässig umspülte, bewirkte, daß sie ständig aufeinandertrafen und sich aneinander rieben. Dadurch wurden die Ecken allmählich abgerieben. In den Tausenden von Jahren des Aneinanderreibens wurden die Steine mit der Zeit vollkommen glatt. Heute sammeln wir häufig solche Steine aus

Bächen und am Meeresufer auf. Denken wir dabei jedoch jemals darüber nach, welch langer Reibungsprozeß diese Steine so glatt hat werden lassen? Je häufiger und fester diese Steine aufeinandertrafen, desto besser wurden ihre Ecken abgerieben und desto glatter wurden die Steine. Gleichzeitig wurden sie immer schöner und nützlicher.

Da Steine leblose Objekte sind, empfinden sie keine Gefühle, und so verbinden wir mit dem Glättungsprozeß auch keine Schmerzen. Würden die Steine jedoch Schmerzen empfinden, wenn sie über einen so langen Zeitraum hinweg immer wieder zusammenstoßen, ich weiß ehrlich gesagt nicht, wie sehr sie leiden würden.

Die Menschen, die Gott erwählt und gebraucht, sind in einer ähnlichen Situation. Sie sind errettet, die Sünden ihrer Vergangenheit sind vergeben, aber es gibt noch viele Ecken und Kanten in ihrem Leben. Da sind noch Nachlässigkeit, Stolz, Selbstsucht, Habsucht, Neid und Haß. Erst wenn diese Ecken einen langen Prozeß des Geriebenwerdens und Hin- und Hergestoßenwerdens erleben, verschwinden sie.

Nun stellt sich die Frage, welche Mittel Gott einsetzt, um diesen Prozeß des Geriebenwerdens durchzuführen. Die Antwort lautet: Er gebraucht die Menschen unserer Umgebung dazu. Was einen Stein unaufhörlich reibt und glättet, ist nicht Boden oder Sand, es sind auch nicht Ziegelsteine oder Holzstücke. Noch weniger wird ein Stein durch Gras, Laub, Watte oder Schafwolle glatt. Keines dieser Materialien ist so hart wie ein Stein. Und keines wird jemals die Ecken abreiben. Steine werden glatt, weil sie sich ständig an anderen Steinen reiben – an einer Unzahl von anderen Steinen. Nur was hart ist, kann auch etwas Hartes abschleifen. Wenn die reißenden Gebirgsströme die kleinen Steine mit sich reißen und sie dadurch aneinanderreiben, verlieren sie allmählich ihre Ecken.

Genauso müssen wir uns an anderen Menschen reiben, damit die Ecken unserer Persönlichkeit abgeschliffen werden. Ich stoße mich an dir, du stößt dich an mir. Von Natur aus möchten wir mit Menschen zusammenleben, die sanftmütig, friedfertig, demütig, geduldig, barmherzig und gütig sind. Gott scheint sich jedoch geradezu besondere Mühe zu geben, uns mit Menschen zusammenzuführen, die böse, gewalttätig, stolz, empfindlich, egoistisch und grausam sind. Murrend begehren wir gegen Gott auf, weil Er uns nicht freundlicher behandelt. Wir beklagen uns, daß uns ein so schweres Los trifft. Und wir sehnen uns danach, der Situation zu entfliehen. Wir erkennen nicht, daß Gott uns absichtlich an diesen Platz, zu diesen Menschen gestellt hat, daß die Ecken in unserer Persönlichkeit, die Er so gut sieht, im Laufe der Zeit vollkommen glattgeschliffen werden mögen. Ohne eine solche Behandlung blieben die Ecken. Wenn man einen kleinen Stein mit Ecken und Kanten in Watte einwickelt, werden die Ecken kein bißchen abgerieben, selbst wenn der Stein dort Hunderte von Jahren bleibt. Genauso werden auch wir unsere Ecken und Kanten behalten, wenn wir immer nur unter rechtschaffenen Menschen leben – vielleicht bleiben sie uns erhalten, bis der Herr wiederkommt.

Wir fragen uns oft, weshalb Gott uns noch immer an einem Ort festhält, an dem wir uns nicht wohlfühlen und an dem wir mit Menschen zusammen sind, die uns überhaupt nicht liegen.

So wünscht sich ein Mann beispielsweise von Natur aus eine Frau, die rechtschaffen und weise ist und sich gern unterordnet. Nun entspricht seine Frau jedoch nicht diesen Vorstellungen: Sie ist vielmehr heftig und reizbar.

Eine Frau wünscht sich von Natur aus einen liebenswürdigen und aufmerksamen Ehemann. Entgegen ihren Vorstellungen ist ihr Mann dann jedoch grob und ungehobelt.

Eine ältere Frau wünscht sich eine treue und pflichtbewußte Schwiegertochter. Entgegen ihren Hoffnungen heiratet ihr Sohn eine Frau, die den Älteren keinen Respekt entgegenbringt.

Eine junge Frau wünscht sich eine freundliche Schwiegermutter, aber entgegen dieser Wünsche ist die Mutter ihres Mannes unvernünftig und gehässig.

Arbeitgeber wünschen sich treue und gehorsame Untergebene. Ihre Bediensteten sind jedoch hinterlistig, gerissen und verdorben. Diener möchten für freundliche und aufmerksame Herren arbeiten. Diese sind jedoch ständig grausam und unterdrücken sie. Vermieter finden keine guten Mieter; Mieter finden keine guten Vermieter. Höhere Regierungsbeamte finden keine guten Untergebenen; untergebene Regierungsbeamte suchen vergeblich nach guten Vorgesetzten.

So ist die allgemeine Lage recht unbefriedigend. Die Wirklichkeit entspricht selten den Idealvorstellungen. Gott scheint uns feindlich gesinnt zu sein und uns absichtlich Schwierigkeiten aufzuerlegen.

Sobald wir jedoch die Bedeutung der glatten Steine verstehen, verschwindet unser Mißtrauen völlig. Mit manchen Familienmitgliedern kommt man nur schwer zurecht, ebenso mit manchen Mietern und Nachbarn. Aber Gott hat uns ausdrücklich an diesen Platz gestellt, so daß diese Menschen mit dazu beitragen, daß unsere Ecken und Kanten abgerieben werden. Das einzige, das wir in einer solchen Situation tun können, ist, ein dankbares und gehorsames Herz zu behalten, und das unvermeidbare Hin- und Hergestoßenwerden zu ertragen, so daß wir am Ende wie glatte Steine sein werden. Dann wird uns der Herr auf wunderbare Weise gebrauchen können.

Selbst wenn andere uns grob behandeln, werden wir, wenn wir die Bedeutung der Steine erst einmal verstanden haben, aufhören, murrend gegen Gott aufzubegehren. Wir werden nicht mehr versuchen, einer Situation vorzeitig zu entfliehen, oder Menschen zu meiden, die uns nicht liegen. Wir akzeptieren Gottes vollkommenen Willen und erdulden, was Er uns schickt, so daß Er uns um so früher zu glatten Steinen machen kann.

Die Schmerzen, die durch das anhaltende Hin- und Hergestoßenwerden hervorgerufen werden, mögen zwar stark sein, aber die Vorteile, die wir gewinnen, wenn wir diesen Preis bezahlen, können nicht mit Silber und Gold gekauft werden.

Es gibt so viele Steine im Bach, daß man sie unmöglich zählen kann. Dennoch kann nur einer oder zwei von zehn Steinen gebraucht werden. In Davids Hirtentasche war kein Platz für Steine, die nicht glattgeschliffen waren. Der Reibevorgang war wesentlich. Genausowenig können Christen, die noch nie durch Prüfungen und Leid gegangen sind und die auch noch nie von Gott gezüchtigt wurden, von Gott gebraucht werden.

Wir haben dann auch gesehen, daß David fünf Steine aus

dem Bach auswählen mußte, bevor er in den Kampf ging. Meine Frage ist, ob Gott in der großen Menge von Gläubigen fünf auswählen kann, die glattgeschliffen und vorbereitet sind, wie die fünf Steine Davids es waren.

Was mich jedoch vor allem bewegt, ist die Frage, ob ich selbst zu diesen fünf „glatten Steinen" zähle, die Gott auswählt und in Seiner Hand hält.

Arthur T. Pierson:

Georg Müller

Der Waisenvater von Bristol

CLV – Hardcover,
256 Seiten, DM 18.80

Ein Mann bringt den Beweis, daß der Gott der Bibel zu allen Zeiten zu Seinen Verheißungen steht und ein Leben im unbedingten Gehorsam reich an Belohnung ist – Georg Müller (1805 bis 1898), der Waisenvater von Bristol.

Obwohl eine Tragik darin liegt, daß die Christen diesen Beweis der Welt weitgehend schuldig blieben, lag gerade darin für Georg Müller die Herausforderung, ein Leben der völligen Abhängigkeit von Gott zu führen.

Die radikale Umkehr nach einer in Schuld und Verirrungen verstrickten Jugendzeit war der Anfang eines Weges, der für sehr viele zum Segen und zur Wegweisung wurde.

Das ernsthafte Fragen nach dem Willen Gottes für sein Leben führte ihn zunächst nach London und schließlich nach Bristol, wo er dann seine Lebensaufgabe fand – mit einer Zweieinhalb-Schilling-Spende begann er die Gründung des ersten Waisenhauses, dem in Laufe der Jahre vier weitere folgten. 10.000 Waisen fanden in diesen Häusern Nahrung, Kleidung, Unterricht und Ausbildung.

Später gründete Georg Müller christliche Schulen und als 70jähriger begann er ausgedehnte Missionsreisen in Europa, Amerika, Asien, Afrika und Australien.

Mehr als 60 Jahre lang lebte er den Beweis, daß Gott die, welche Ihn beim Wort nehmen und Ihm vertrauen, niemals enttäuscht.

Bis in die heutige Zeit ist sein Leben eine starke Herausforderung, den Ausgang seines Wandels anzuschauen und seinen Glauben nachzuahmen.